명쾌한 설명과 풍부한 그림으로 배우는

TCP/IP
쉽게, 더 쉽게

SURA SURA WAKARU NETWORK & TCP/IP NO KIHON

Copyright ⓒ 2014 LibroWorks

Korean translation copyright ⓒ 2016 J-PUB
Original Japanese language edition published by SB Creative Corp.
Korean translation rights arranged with SB Creative Corp., through Danny Hong Agency

이 책의 한국어판 저작권은 대니홍 에이전시를 통한 저작권사와의 독점 계약으로 제이펍에 있습니다.
저작권법에 의해 한국 내에서 보호를 받는 저작물이므로 무단 전재와 무단 복제를 금합니다.

명쾌한 설명과 풍부한 그림으로 배우는
TCP/IP 쉽게, 더 쉽게

1쇄 발행 2016년 9월 21일
5쇄 발행 2024년 9월 21일

지은이 리브로웍스
옮긴이 신상재
펴낸이 장성두
펴낸곳 주식회사 제이펍

출판신고 2009년 11월 10일 제406-2009-000087호
주소 경기도 파주시 회동길 159 3층 / **전화** 070-8201-9010 / **팩스** 02-6280-0405
홈페이지 www.jpub.kr / **원고투고** submit@jpub.kr / **독자문의** help@jpub.kr / **교재문의** textbook@jpub.kr
소통기획부 김정준, 이상복, 안수정, 박재인, 송영화, 김은미, 배인혜, 권유라, 나준섭
소통지원부 민지환, 이승환, 김정미, 서세원 / **디자인부** 이민숙, 최병찬

내지디자인 황혜나 / **표지디자인** 미디어픽스
용지 타라유통 / **인쇄** 한길프린테크 / **제본** 일진제책사

ISBN 979-11-85890-67-8 (93000)
책값은 뒤표지에 있습니다.

※ 이 책은 저작권법에 따라 보호를 받는 저작물이므로 무단 전재와 무단 복제를 금지하며,
이 책 내용의 전부 또는 일부를 이용하려면 반드시 저작권자와 제이펍의 서면 동의를 받아야 합니다.
※ 잘못된 책은 구입하신 서점에서 바꾸어드립니다.

제이펍은 여러분의 아이디어와 원고를 기다리고 있습니다. 책으로 펴내고자 하는 아이디어나 원고가 있는 분께서는
책의 간단한 개요와 차례, 구성과 저(역)자 약력 등을 메일(submit@jpub.kr)로 보내주세요.

명쾌한 설명과 풍부한 그림으로 배우는

TCP/IP
쉽게, 더 쉽게

리브로웍스 지음 / 신상재 옮김

쉽게, 더 쉽게

"더 쉽게, 더 깊게" 시리즈는
쉬운 설명, 다양한 예제, 풍부한 그림으로 구성된,
외국의 IT 각 분야 대표 입문 서적들로 이루어져 있습니다.
여러분의 기본기를 더욱 튼튼히 다져 줄 것입니다.

※ 드리는 말씀

- 이 책에 기재된 내용을 기반으로 한 운용 결과에 대해 저/역자, 소프트웨어 개발자 및 제공자, 제이펍 출판사는 일체의 책임을 지지 않으므로 양해 바랍니다.
- 이 책에 기재한 회사명 및 제품명은 각 회사의 상표 및 등록명입니다.
- 이 책에서는 ™, ⓒ, ® 등의 기호를 생략하고 있습니다.
- 이 책에서 사용하고 있는 제품 버전은 독자의 학습 시점이나 환경에 따라 책의 내용과 다를 수 있습니다.
- 책의 내용과 관련된 문의사항은 옮긴이나 출판사로 연락주시기 바랍니다.
  - 옮긴이: phrack@naver.com
  - 출판사: help@jpub.kr

 차 례

옮긴이 머리말 ··· xiii
머리말 ··· xv
베타리더 후기 ··· xvii
윈도우 명령 프롬프트 실행하기 ··· xix
맥 OS X의 터미널 실행하기 ··· xxi

CHAPTER 1 컴퓨터 네트워크 ··· 1

01 컴퓨터 네트워크의 종류 ··· 4
- 컴퓨터와 컴퓨터를 연결하는 컴퓨터 네트워크 • 4
- 전 세계의 컴퓨터를 연결하는 인터넷 • 5
- 휴대전화나 스마트폰을 연결하는 모바일 네트워크 • 5

02 컴퓨터 네트워크의 역할 ··· 6

03 서버와 클라이언트 ··· 8
- 서버와 클라이언트의 정의 • 8
- 피어 투 피어 • 9

04 패킷 교환 방식 ··· 10
- 패킷 교환 방식이란? • 10
- 회선 교환 방식과 패킷 교환 방식 • 11

05 컴퓨터 네트워크와 계층 모델 ··· 12
- 컴퓨터 네트워크를 구성하는 계층들 • 12
- 오픈 마켓과 계층 모델 • 13
- 각 계층을 통과하는 데이터의 형태 • 14

06 4개 계층의 동작 방식 ······ 16
- 애플리케이션 계층 • 16
- 트랜스포트 계층 • 17
- 인터넷 계층 • 18
- 네트워크 인터페이스 계층 • 19

07 통신 규약과 프로토콜 ······ 20
- 프로토콜이란? • 20
- 프로토콜은 눈에 보이지 않는다 • 21
- 프로토콜 조합하기 • 22

08 인터넷의 영향 ······ 24
- 인터넷의 특징 • 24
- 인터넷의 영향을 받기 전인 과거의 컴퓨터 네트워크 • 25
- 인터넷의 영향을 받은 후인 오늘날의 컴퓨터 네트워크 • 26

CHAPTER 2 네트워크 서비스와 애플리케이션 계층 ······ 29

01 애플리케이션 계층의 역할 ······ 32
- 애플리케이션 계층은 사용자가 직접 사용하며 체감하는 계층 • 32
- 사용자가 직접 사용하는 프로토콜 • 33
- 사용자가 간접적으로 사용하는 프로토콜 • 33

02 웹 페이지를 전송하는 HTTP ······ 34
- 웹 페이지가 표시되기까지의 과정 • 34
- HTTP 메시지 • 35
- HTTP 요청과 URL • 36
- HTTP 응답과 상태 코드 • 37

03 웹 서비스와 웹 애플리케이션 ······ 38
- 검색 서비스에서 게시판까지 • 38
- 웹 서비스도 HTTP 메시지로 정보를 교환한다 • 39
- GET 방식과 POST 방식 • 40
- 웹 서비스의 사용성을 높여주는 AJAX • 41

04 세션을 유지하기 위한 쿠키 ········ 42
- 쿠키로 세션을 유지한다 • 42
- 쿠키가 하는 일 • 43
- 쿠키를 사용해서 주고받는 정보 • 43

05 이메일 ········ 44
- 송신과 수신에 서로 다른 프로토콜을 사용한다 • 44
- SMTP의 동작 방식 • 45
- 이메일을 수신하는 POP • 46
- SMTP에도 인증은 필요하다 • 47
- 서버에 메일을 보관하는 IMAP • 47

06 PC끼리 파일 공유하기 ········ 48
- 피어 투 피어 통신 • 48
- 공유할 상대 컴퓨터를 찾는 방법 • 49
- 파일 공유 프로토콜은 OS마다 서로 다르다 • 49

07 파일을 전송하는 FTP ········ 50
- 서버로 파일을 전송한다 • 50
- 데이터 커넥션과 컨트롤 커넥션 • 51
- 액티브 모드와 패시브 모드 • 51

08 원격지의 컴퓨터 제어하기 ········ 52
- 원격지 컴퓨터를 명령어로 제어하기 • 52
- 원격지 컴퓨터의 데스크톱 제어하기 • 53

09 Voice over IP와 영상 스트리밍 ········ 54
- 실시간으로 음성과 동영상을 보내기 위한 기술 • 54
- 클라이언트 서버 방식과 조합하기 • 55
- 동영상 공유 서비스가 사용하는 프로토콜 • 55

10 크롬 개발 도구로 HTTP 메시지 살펴보기 ········ 56
- 크롬 개발자 도구 • 56
- 요청과 응답 내용 살펴보기 • 57

CHAPTER 3 트랜스포트 계층 ... 59

01 트랜스포트 계층의 역할 ... 62
- 트랜스포트 계층은 애플리케이션에 데이터를 전달한다 · 62
- 데이터의 정확한 전달을 중시하는 TCP · 63
- 데이터의 전송 속도를 중시하는 UDP · 63

02 포트 번호 ... 64
- 포트 번호는 컴퓨터 내부의 수신지를 표현한다 · 64
- 포트 번호의 범위 · 65
- 클라이언트와 서버의 접속이 완료되기까지의 과정 · 66
- 포트 번호와 IP 어드레스의 조합으로 상대방을 식별한다 · 67

03 TCP가 정확하게 데이터를 전달하는 방법 ... 68
- TCP가 하는 일 · 68
- TCP 헤더의 구조 · 69
- 통신 개시부터 통신 종료까지의 흐름 · 70
- 데이터 전송 과정에서 일련번호는 어떻게 변화하나? · 71
- 연속된 데이터를 몰아서 보내면 전송 속도가 빨라진다 · 73
- 네트워크의 혼잡 상태를 확인한다 · 75

04 UDP가 고속으로 데이터를 전달하는 방법 ... 76
- UDP는 다른 처리 없이 전송만 한다 · 76
- 브로드캐스트와 멀티캐스트 · 77
- UDP를 애플리케이션 계층으로 둘러싼다 · 77

05 netstat 명령으로 네트워크의 상태 확인하기 ... 78
- netstat 명령을 실행한다 · 78
- FTP의 접속 상태를 확인한다 · 79

CHAPTER 4 라우팅과 인터넷 계층 ... 81

01 인터넷 계층의 역할 ... 84
- IP 어드레스 정보를 보고 데이터를 전달한다 · 84
- 라우터와 라우팅 · 85
- IP 어드레스와 관련된 여러 기술 · 85

02　IPv4와 IPv6 · 86
- IPv4는 32비트 어드레스 · 86
- IPv4 헤더 · 87
- IP 패킷에도 유통기한이 있다 · 87
- 좁은 길을 지날 때는 작게 분할해서 지나간다 · 88
- IPv6 · 89

03　IP 어드레스의 활용 · 90
- 네트워크 부와 호스트 부 · 90
- 어드레스 클래스 · 91
- 서브넷 마스크 · 92
- 가정이나 사무실에서 자유롭게 사용하는 프라이빗 IP 어드레스 · 94
- 퍼블릭 IP 어드레스의 관리 · 95

04　라우팅이란? · 96
- 라우팅과 경로 탐색 · 96
- 라우팅 프로토콜 · 97
- 자율 시스템 · 97

05　라우터와 라우팅 프로토콜 · 98
- 라우터의 역할 · 98
- 라우팅 테이블 · 99
- 정적 라우팅과 동적 라우팅 · 100
- 동적 라우팅 알고리즘 · 101
- AS 내에서 사용되는 OSPF · 102
- AS 간에 사용되는 BGP · 103

06　네트워크 오류를 통보하는 ICMP · 104
- ICMP의 동작 방식 · 104
- 주요 ICMP 메시지 · 105

07　어드레스 변환 · 106
- 네트워크 어드레스 변환(NAT)의 동작 방식 · 106
- NAT에서 발생할 수 있는 제약 사항 · 107
- 네트워크 어드레스 포트 변환 · 108
- 외부에서 접속이 가능하게 하려면 · 109

- **08 도메인명** ··············· 110
  - 호스트명과 도메인명 · 110
  - 도메인의 계층 구조 · 111
  - DNS 서버에 질의하는 처리 과정 · 112
  - DNS에 도메인 등록하기 · 113
- **09 IP 어드레스를 자동으로 할당하는 DHCP** ··············· 114
  - DHCP의 장점 · 114
  - IP 어드레스 할당 방법 · 115
- **10 ipconfig 명령과 ping 명령** ··············· 116
  - ipconfig 명령 · 116
  - ping 명령으로 통신 상대의 생사 확인하기 · 117
- **11 tracert 명령으로 통신 경로 확인하기** ··············· 118
  - tracert 명령 · 118
  - 해외 서버까지의 경로 확인하기 · 119
- **12 nslookup 명령으로 IP 어드레스 알아내기** ··············· 120
  - 도메인명으로 IP 어드레스 알아내기 · 120
  - IP 어드레스로 도메인명 알아내기 · 121
  - MX 레코드 살펴보기 · 121

CHAPTER 5 하드웨어와 네트워크 인터페이스 계층 ··············· 123

- **01 네트워크 인터페이스 계층의 역할** ··············· 126
  - 다양한 하드웨어를 네트워크에 연결한다 · 126
  - 네트워크 인터페이스 계층의 프로토콜 · 127
  - 네트워크에 연결되는 하드웨어 · 127
- **02 MAC 어드레스** ··············· 128
  - MAC 어드레스란? · 128
  - 수신지 주소로 MAC 어드레스를 사용한다 · 129
  - IP 어드레스와 MAC 어드레스의 차이점 · 129
- **03 이더넷** ··············· 130
  - 이더넷이란? · 130
  - 프리앰블은 프레임의 시작을 알린다 · 131
  - 케이블의 종류 · 131

04 네트워크 허브 132
- 네트워크 허브의 동작 방식 • 132
- 접속된 상대를 식별하는 L2 스위치 • 133
- 대규모 사무실에 적합한 L3 스위치 • 135

05 무선 LAN 136
- 무선 LAN의 통신 방식 • 136
- 무선 LAN의 프레임 구조 • 137

06 ARP 138
- IP 어드레스로 MAC 어드레스 알아내기 • 138
- ARP 헤더 • 139
- 프락시 ARP • 139

07 FTTx와 xDSL 140
- 광섬유 케이블을 사용하는 FTTx • 140
- 금속 케이블을 사용하는 xDSL • 141

08 PPP와 PPPoE 142
- PPP • 142
- 이더넷에서 사용하는 PPPoE • 143

09 arp 명령으로 MAC 어드레스 알아내기 144
- MAC 어드레스 목록 확인하기 • 144
- IP 어드레스와 MAC 어드레스의 연결 정보 추가하기 • 145
- 와이어샤크를 사용해서 ARP 감시하기 • 145

CHAPTER 6 보안 147

01 네트워크와 보안 150
- 네트워크상에서의 보안 위협 • 150
- 암호화로 데이터를 보호한다 • 151
- 전자 인증서와 전자 서명 • 151

02 공유 키와 공개 키 152
- 하나의 키로 암호화와 복호화를 하는 공유 키 암호화 • 152
- 서로 다른 키로 암호화와 복호화를 하는 공개 키 암호화 • 153

03 전자 증명서와 전자 서명 ... 154
- 전자 인증서로 자기 자신이라는 것 증명하기 · 154
- 전자 인증서를 사용하여 신분 사칭 막기 · 155
- PKI · 155
- 전자 서명의 동작 방식 · 156
- 이메일의 안전한 전달을 보장하는 S/MIME · 157

04 SSL/TLS ... 158
- SSL/TLS로 암호화 통신을 하는 방식 · 158
- SSL/TLS를 사용한 보안 프로토콜 · 159

05 SSH ... 160
- SSH로 원격지의 컴퓨터를 안전하게 제어하기 · 160
- SSH의 공개 키 인증 방식 · 161

06 방화벽 ... 162
- 다양한 통신 접점에서 컴퓨터 보호하기 · 162
- 접속을 허가하고 차단하는 방법 · 163

07 무선 LAN의 보안 ... 164
- 무선 LAN의 보안 프로토콜 · 164
- 패스프레이즈와 취약성 · 165

08 VPN ... 166
- 원격지 거점과 연결된 안전한 LAN 환경 만들기 · 166
- VPN에 사용되는 기술 · 167

찾아보기 ... 169

옮긴이 머리말

역자는 과거에 컴퓨터공학을 전공했다. 물론, 네트워크도 배웠다. 통신 계층에 대해 배우고, 그 계층에 사용되는 수많은 프로토콜을 배웠다. 그리고 그 프로토콜에서 사용되는 패킷의 헤더 구조도 하나하나 분해해 보고 통신이 이루어지기까지의 절차를 모두 살펴보기도 했다. 한편, 역자는 현재 ICT 관련 회사에 다닌다. 이 회사에서도 교육 과정의 일환으로 네트워크를 다시 또 배웠다. 여전히 통신 계층을 단계적으로 살펴보고, 그 계층에 사용되는 프로토콜들을 배웠으며, 패킷의 헤더 구조도 살펴보았다. ICT 업계에 발을 담그면서 네트워크를 공부할 기회가 종종 있었는데, 학습한 후에 항상 남았던 것은 '여전히 어렵다'는 느낌과 '배우긴 했는데 이걸 어디에 사용하지?' 아니면 '이걸 내가 제대로 사용할 수 있을까?'라는 의구심이었다. 그도 그럴 것이 그간 배워 왔던 수많은 프로토콜 이름과 헤더 필드의 약자, 필드의 길이, 핸드 쉐이킹 절차들이 삭막한 텍스트 사이에서 무미건조하게 느껴졌기 때문이다.

반면, 이 책은 쉽다. 그것도 아주 쉽다. 역자가 과거에 느꼈던 텍스트 행간에 무미건조하게 나열되었던 각종 약어와 필드명과 바이트들이 최소한의 정보로 절제되어 있다. 대신, 상상력을 자극하는 그림이 넘쳐난다. 디테일하게 따지고 들어가면 틀린 그림일지도 모르지만, 그건 상관없다. 이 정도로 간결하게 표현되었으면 그걸로 충분하다 싶을 정도로, 보이지 않는 네트워크를 눈에 보이는 것처럼 잘 표현하고 있다. 이 책을 보면서 '네트워크를 배워서 어디에 써먹지?'와 같은 부담스러운 걱정은 할 필요가 없다. 그냥 지금 사용하고 있는 네트워크를 이해하고 그것을 알았을 때 느끼는 지적 포만감을 만끽하면 된다.

이 책은 크게 6개의 장으로 구성되어 있다. TCP/IP의 4개 계층을 중심으로 제일 앞에서는 네트워크 전반에 관해 다루고, 마지막으로 보안에 관해서 다룬다. 1장 네트워크 전반에 관해서는 말 그대로 네트워크의 큰 그림을 이해하기 위해 부담 없이 읽어두면 된다. 2장은 애플리케이션 계층에 관한 내용이라 업무나 취미로 컴퓨터를 사용하는 사람이면 큰 무리 없이 공감하며 읽을 수 있는 부분이다. 3장 트랜스포트 계층과 4장 인터넷 계층 부분은 업무상 전산

인프라 쪽이나 네트워크 업무를 하려는 사람, 혹은 통신 프로그램을 개발하려는 사람에게 도움이 된다. 5장 네트워크 인터페이스 부분은 하드웨어 의존적인 저수준의 기술 영역이라 접근이 어려울 것 같지만, 오히려 가정에서 초고속 인터넷에 가입하고 공유기를 사용하면서 LAN 환경을 구축하는 데 관심 많은 사람이라면 고개를 끄덕이며 볼 수 있는 내용이 나온다. 마지막 6장 보안에 관해서는 개발자라면 반드시 봐 둬야 할 부분으로, 의외로 많은 사람이 공개 키 인증 방식이나 전자 인증, 전자 서명에 대해 헷갈리고 SSH나 SSL을 제대로 활용하지 못하고 있다.

이 책은 네트워크에 입문하려는 이들에게 좋은 길잡이가 될 것이 분명하다. 대부분의 내용이 두세 줄의 문장으로 설명되고, 한두 개의 그림으로 표현되기 때문에 바쁜 출퇴근 지하철에서도 짬짬이 보기에 좋고, 많은 시간을 할애하기 어려운 화장실에서조차 두어 페이지를 소화해 낼 수 있다. 이 책을 다 보고 나면 내 컴퓨터는 어떻게 IP를 부여받았고, 우리 집 혹은 사무실의 컴퓨터들은 어떻게 파일을 공유하고 있으며, 왜 내가 집에서 구동한 서버는 외부에서 접속이 되지 않는지 알 수 있게 될 것이다. 만약 네트워크에 관심이 없는 사람이라도 내가 사용하고 있는 공인 인증서는 어떤 원리로 동작하고, 내가 접속한 사이트는 어떻게 보안이 지켜지는지도 이해하게 될 것이다.

네트워크는 어렵게 접근하면 한도 끝도 없이 어렵게 갈 수 있고, 쉽게 접근하면 딱 필요한 만큼만 가볍게 이해하고 넘어갈 수 있다. 이 책은 후자에 해당하는데, 네트워크에 대해 딱 기분 좋게 읽고 이해하기에 좋은 책이다. 혹시 이전에 의미를 알 수 없는 각종 약어에, 이걸 왜 알아야 할지 모르는 필드의 길이에 압도되어 네트워크 학습을 중도에 포기한 사람이 있다면 이 책으로 다시 한 번 도전해 보길 바란다. 뭔가를 외워야 한다는 부담은 없어지고 자연스럽게 머릿속에 그림이 연상되는 놀라운 경험을 하게 될 것이다. 이 책을 다 읽은 후, 본문이 너무 요약되어 더 상세한 내용을 알기 어려웠다거나 이것만으로는 부족하다고 느꼈다면 그것 역시 좋은 현상이다. 일단, 다음 한 발을 내딛기 위한 자신감이 생겼고 동기부여도 된 셈이기 때문이다.

이 책을 번역한 역자 입장에서 컴퓨터를 나름 잘 다루는, 혹은 개발자나 시스템 운영자의 초입에 위치한 분들에게 이 책을 감히 권한다. 그들의 네트워크에 대한 관심에 날개를 달아 줄 수 있을 것이다. 모쪼록 이 책이 읽는 모든 이들의 지적 호기심을 충족시켜 보다 효과적으로 네트워크를 활용하는 데 도움이 되길 바란다.

여러분과 연결된 네트워크의 끄트머리에서

옮긴이 **신상재**

머리말

우리는 네트워크가 없으면 일상생활이 불편해지는 정보화 사회에 살고 있다. 이 책을 손에 든 독자 중에는 스마트폰으로 이메일을 확인하고 인스턴트 메시지를 보내는 수준으로 가볍게 네트워크를 활용하는 사람도 있을 것이고, 기업의 네트워크를 관리하면서 불철주야 고군분투하는 사람도 있을 것이다. 사람마다 네트워크를 활용하는 수준에 정도의 차이는 있겠지만, 네트워크가 제공하는 문명의 이기를 단 한 번도 누리지 않은 사람은 아마도 없을 거라고 생각한다.

네트워크의 흥미로운 점은 순식간에 이루어지는 통신 과정이 중앙 집중 방식으로 관리되는 통신 설비에서 이루어지는 것이 아니라, 전 세계에 흩어진 독립적인 장비들의 조합으로 이루어진다는 점이다. 이것은 마치 개미들의 이동 행태와 비슷한데, 먹이를 찾은 개미들이 집까지 이어지는 긴 행렬을 만들면서 운반하는 모습을 보면 마치 누군가의 지시를 받아 그 먼 거리를 일사불란하게 이동하고 있는 것처럼 보인다. 하지만 실제로는 먹이를 발견한 개미는 땅에 냄새를 묻혀가며 개미집으로 돌아가는 습성이 있어서 다른 개미들은 단지 그 냄새를 따라 먹이가 있는 곳으로 이동하고 있을 뿐이다.

네트워크도 이와 비슷하다. 네트워크를 구성하는 각각의 장비나 그 장비에서 실행되는 프로그램은 단지 프로토콜이 정한 규칙에 따라 동작할 뿐이지만, 그 결과로 수천 킬로미터가 떨어진 곳에 있는 데이터를 수 초 만에 가져올 수도 있다.

이 책은 복잡한 네트워크의 동작 방식을 이해하기 쉽도록 재미있는 그림으로 표현하였다. 네트워크에 관해서는 수많은 자료와 정보가 있지만, 너무 많은 정보를 담아내다 보면 자칫 더 이해하기 어려운 그림이 될 수 있어서 이해를 위해 꼭 필요한 정보만 표현하고 불필요한 정보는 생략하는 등 수위를 조절하는 것에 심혈을 기울였다.

네트워크의 동작 방식은 단순히 호기심이나 재미로 배워도 상관없지만, 막상 익혀두면 네트워크에 장애가 발생했을 때 원인을 추측하고 문제를 해결하는 데도 적잖은 도움을 줄 수 있다. 특히, 평소 대수롭지 않게 사용하던 컴퓨터나 스마트폰도 네트워크를 이해하고 나면 이들 기기에 대한 활용도도 좀 더 높아질 것이라 생각한다. 부디 이 책이 독자 여러분의 네트워크 라이프에 조금이라도 도움을 줄 수 있었으면 한다.

마지막으로, 이 책이 나오기까지 도움을 아끼지 않으셨던 Gene 님, SB 크리에이티브의 토모야스 켄타 님, 그리고 이름을 적지 못했지만 여러 도움을 주신 분들께 진심으로 감사의 마음을 전한다.

리브로웍스

베타리더 후기

 고승광(플랜티넷)

TCP/IP 네트워크에 대해서 초보자도 알기 쉽게 설명한 책입니다. 내용도 비교적 충실한 편이라서 네트워크를 배운 지 오래되어 기억이 잘 나지 않는 분들이 다시 정리하는 용도로도 딱 적당할 듯싶습니다. 다만, 조금 더 깊이 있는 내용으로 가기 위한 참고 자료나 주석 등이 추가로 제공되었더라면 하는 아쉬움이 있습니다. 그래도 지금까지 본 초보자 대상의 TCP/IP 네트워크 책 중 가장 좋았던 것 같습니다.

 김종욱(KAIST 학부생)

이 책은 그림을 통해 TCP/IP는 물론 네트워크 전반을 매우 쉽게 이해할 수 있도록 구성되어 있습니다. 내용이 어렵지 않아 초보자들도 읽기 쉽고, 나중에 내용이 기억나지 않을 때 옆에 두고 참고하기에도 좋은 책입니다. 컴퓨터가 너무 딱딱하다고 느껴지는 분들이 있다면 이 책을 통해 생각을 바꿔 보길 권합니다. 어쩌면 이 책의 매력에 푹 빠질지도 모르겠네요.

 김지만(Shine Products)

네트워킹의 가장 기본이라 할 수 있는 TCP/IP와 라우팅에 관해 아주 깔끔하게 정리되어 술술 읽히는 책이었습니다. 네트워크 전반을 이해할 수 있는 창의적 그림도 좋았지만, 무엇보다 최대한 쉽게, 그러나 부실하지 않은 설명이 이 책의 가장 큰 장점인 것 같습니다.

이보라(아주대학교 소프트웨어공학 석사과정)

'소프트웨어'라는 것이 중요해지면서 그 근간인 하드웨어를 소홀히 할 때가 많은 것 같습니다. 클라우드 컴퓨팅 산업이 성장하고 안정화되면서 이런 경향은 가속화되는 듯합니다. 하지만 의사결정 권한을 가지는 위치에 올라갔을 때 네트워크 지식과 경험이 없으면 안 되기에 네트워크 공부는 꾸준히 해야 한다고 생각합니다. 그래서 기존의 네트워크 관련서들을 가끔 살펴보는데, 설명이 딱딱하거나 이해하기 어려운 부분이 꽤 있어 보기가 쉽지 않습니다. 그런 책들에 비해 이 책은 그림과 함께 설명하기 때문에 정말 쉽게 이해할 수 있습니다. 네트워크 관련 교과목의 부교재로도 적당해 보입니다. 제이펍에서 펴낸 《그림으로 공부하는 IT 인프라 구조》와 함께 일독한다면, 소프트웨어를 지탱하는 인프라를 잘 이해하는 개발자가 될 것 같습니다.

 한홍근(고려대학교 세종캠퍼스 학부생)

네트워크에 입문하거나 빠르게 기본을 복습하고자 하는 분들께 추천합니다. 네트워크부터 보안까지 기본적으로 담고 있어야 할 내용을 담고 있으면서도 어려울 수 있는 내용은 그림을 통해 쉽고 정확하게 이해시키고 있는 책이었습니다. '쉽게, 더 쉽게' 시리즈답다는 생각이 들었습니다. 기술서적이 쉬워 봐야 얼마나 쉽겠냐는 의구심을 떨쳐버리게 만든 책이기에 주위 분에게 강력히 추천하려 합니다.

 허찬순(삼성전자)

이 책의 장점은 한마디로 네트워크 전반에 관해 이해하기 쉽게 설명하고 있다는 점입니다. 자칫 큰 숲을 보기도 전에 나무에 집착해 길을 잃거나 질리지나 않을까 걱정했지만, 전혀 그렇지 않았습니다. 기본적인 내용을 습득하고 더욱 깊이 있는 내용, 관심 있는 내용을 습득하는 데 디딤돌 역할을 충실히 할 것입니다.

제이펍은 책에 대한 애정과 기술에 대한 열정이 뜨거운 베타리더의 도움으로
출간되는 모든 IT 전문서에 사전 검증을 시행하고 있습니다.

윈도우의 명령 프롬프트 실행하기

3장에서 5장까지는 네트워크의 상태 정보를 확인하기 위해 네트워크 관련 명령어를 사용한다. 이들 네트워크 명령어는 '명령 프롬프트'에서 실행할 수 있다.

윈도우 10*을 사용하는 경우

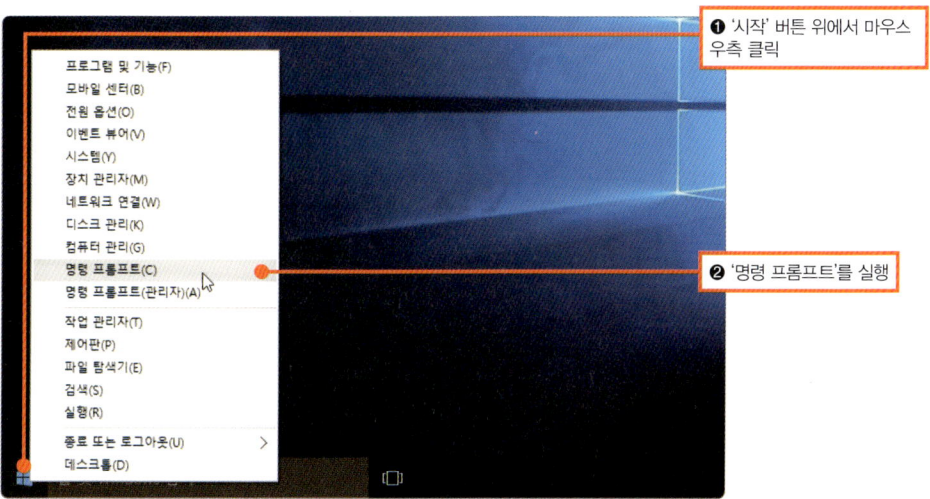

윈도우 8.1을 사용하는 경우

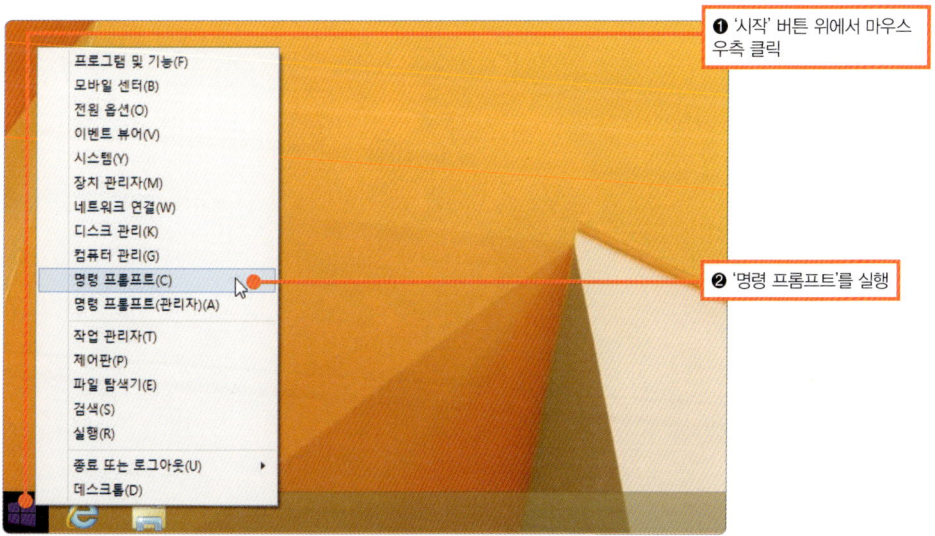

* 역주 원서에는 윈도우 8.1이 최신 버전으로 나옵니다만, 번역서 출판 시점에는 윈도우 10 보급률이 높다고 판단되어 윈도우 10의 스크린샷을 사용합니다.

윈도우 7 이하 버전을 사용하는 경우

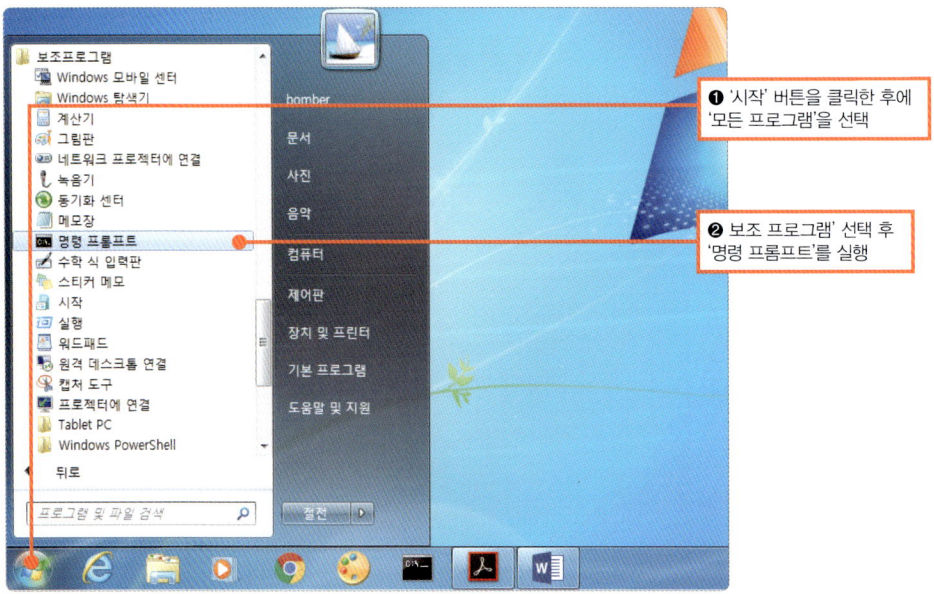

맥 OS X의 터미널 실행하기

맥 OS X에서는 '터미널'을 사용해서 네트워크 명령을 입력한다. 화면에 표시되는 내용이나 명령어가 윈도우와는 조금씩 차이가 있지만, 이 책에서 설명하는 네트워크 관련 명령어들은 모두 비슷한 방법으로 실행할 수 있다.

❶ 'Launchpad'를 클릭
❷ '그 외'를 선택
❸ '터미널'을 실행
❹ '터미널'이 실행된 모습

CHAPTER 1

컴퓨터 네트워크

이 장에서 살펴볼 내용

컴퓨터 네트워크와 TCP/IP

컴퓨터를 이용해서 블로그를 보고, 이메일을 보내며, 인터넷 쇼핑몰에서 장을 보는 것과 같이 컴퓨터 네트워크는 이제 우리의 일상생활에서 떼려야 뗄 수 없는 존재가 되었다. 이전에는 컴퓨터를 잘 다루지 못했던 노년층들조차 이제는 스마트폰을 사용해서 자녀나 손주들과 문자 메시지를 주고받고 있으니 전 연령층에 걸쳐 컴퓨터 네트워크의 혜택을 누리고 있는 셈이다.

컴퓨터 네트워크는 인터넷과 관련이 깊다. 그래서 컴퓨터 네트워크를 배운다는 것은 곧 인터넷에서 사용되는 TCP/IP 기술을 배우는 것과 같다. 이 책에서는 네트워크를 제대로 이해시키기 위해 TCP/IP를 책 전반에 걸쳐 설명하고 있다.

과거에는 다양한 네트워크 기술이 각각 독립적으로 존재했었지만, 오늘날에는 TCP/IP를 중심으로 통합되고 표준화되었다. 그래서 가정이나 기업에서 사용하는 로컬 컴퓨터 네트워크를 인터넷에 연결하는 데 더이상 큰 어려움이 없다. 만약 네트워크 관련 기술이 새롭게 개발된다고 하더라도 TCP/IP를 중심으로 통합되므로 신기술의 도입과 적용이 이전보다 빨라질 것이다. 또한, 인터넷이 기존의 통신망을 대체함으로써 지구 반대편에 있는 사람들과 실시간으로 전화해도 과도한 통화료를 걱정하지 않아도 된다. 이 모든 혜택이 바로 인터넷과 TCP/IP가 있기에 가능한 일이다.

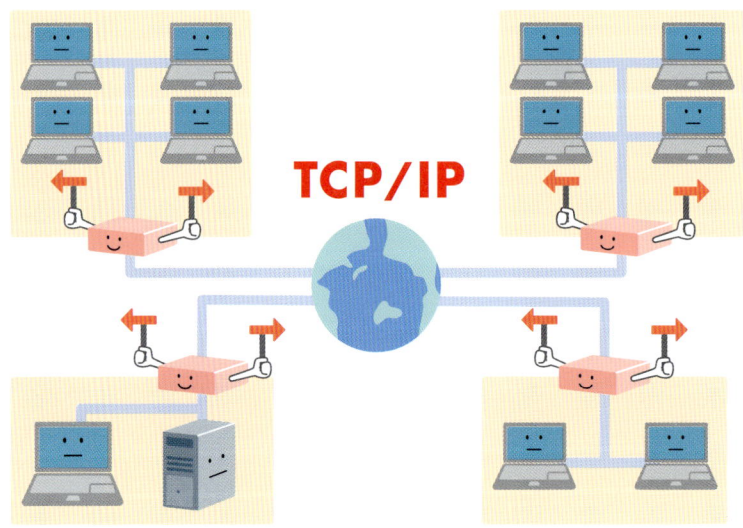

네트워크의 전체 그림 이해하기

컴퓨터 네트워크 안에서는 다양한 프로그램과 데이터, 그리고 통신 장비가 한데 어우러져 동작하고 있다. 이러한 동작들은 각각의 역할에 따라 크게 애플리케이션 계층, 트랜스포트 계층, 인터넷 계층, 네트워크 인터페이스 계층의 4개 계층으로 분류되고, 위아래로 인접한 계층끼리 서로 정보를 주고받으면서 네트워크 통신을 한다. 이 책에서는 2장부터 6장에 걸쳐 각 계층에 대해 살펴볼 것이다. 단, 각 장에서 너무 상세한 내용에 빠져들게 되면 전체 네트워크 안에서 각 계층이 어떻게 상호작용을 하는지 놓치게 될 수 있으므로 네트워크의 전체 모습을 항상 머릿속에 그려가면서 읽어나가도록 하자.

그런 의미에서 우선 1장에서는 컴퓨터 네트워크를 구성하는 각 계층을 분리하지 않고 네트워크 전체에 걸쳐 어떤 방식으로 동작하는지 살펴볼 것이다. 이어 각 계층이 어떤 역할을 하는지도 알아볼 것이다.

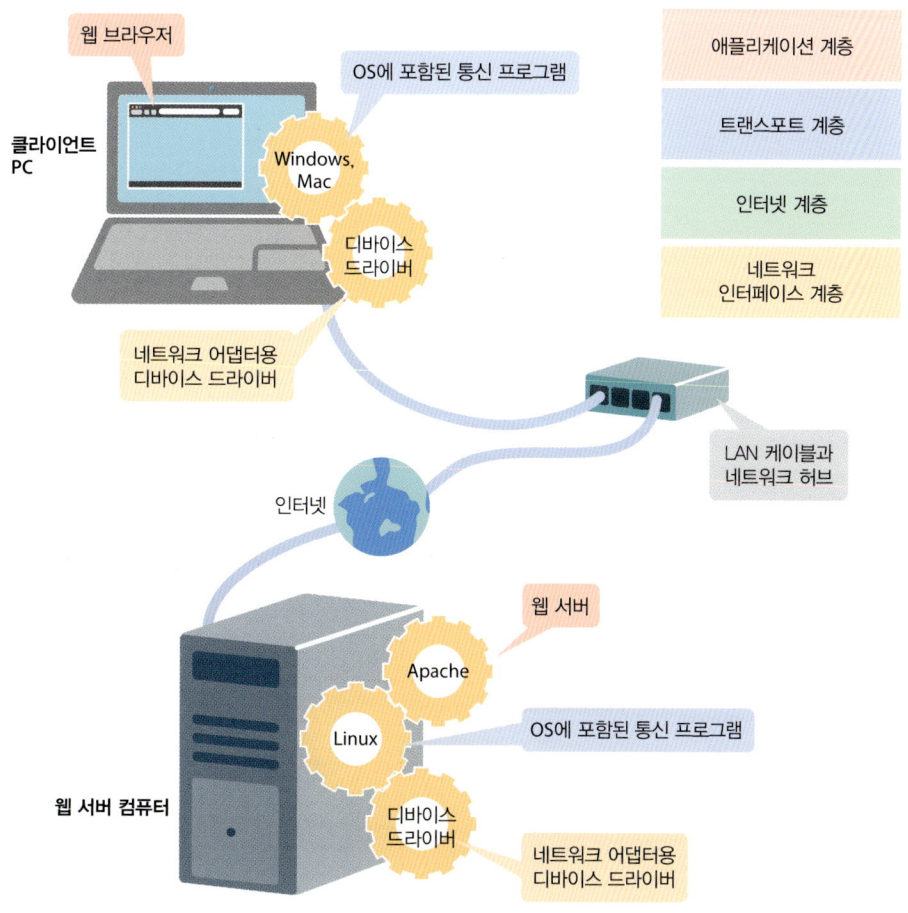

CHAPTER 1

01 컴퓨터 네트워크의 종류

컴퓨터 네트워크는 연결 방식이나 연결되는 컴퓨터들의 규모에 따라 다음과 같이 몇 가지 유형으로 구분할 수 있다.

■■ 컴퓨터와 컴퓨터를 연결하는 컴퓨터 네트워크

컴퓨터 네트워크는 여러 대의 컴퓨터를 서로 연결하여 서로 데이터를 주고받을 수 있도록 망이 사전에 구축된 것을 말한다. 연결되는 컴퓨터의 대수가 많아질수록 네트워크의 규모는 커지고, 규모가 커진 만큼 더 다양한 정보를 교환하거나 통신 방식을 사용할 수 있게 된다.

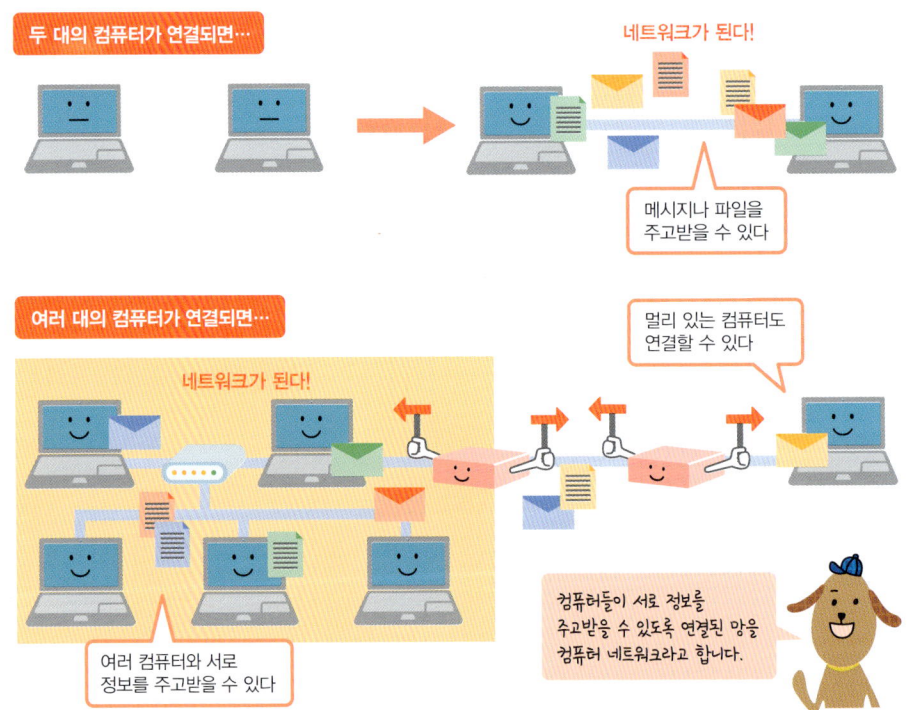

> **NOTE** **LAN과 WAN**
> 가정이나 사무실처럼 실내에서 비교적 근거리에 위치한 컴퓨터들이 연결된 것을 LAN(Local Area Network)이라고 하고, 집 밖이나 회사 건물 밖처럼 비교적 먼 거리에 위치한 컴퓨터들과 연결된 것을 WAN(Wide Area Network)이라고 한다.

전 세계의 컴퓨터를 연결하는 인터넷

여러 네트워크 중에서도 가장 규모가 큰 네트워크가 바로 인터넷이다. 가정이나 기업들의 네트워크가 인터넷에 연결되면 서로 다른 네트워크에 속해 있더라도 인터넷을 통해 자유롭게 데이터를 주고받을 수 있다.

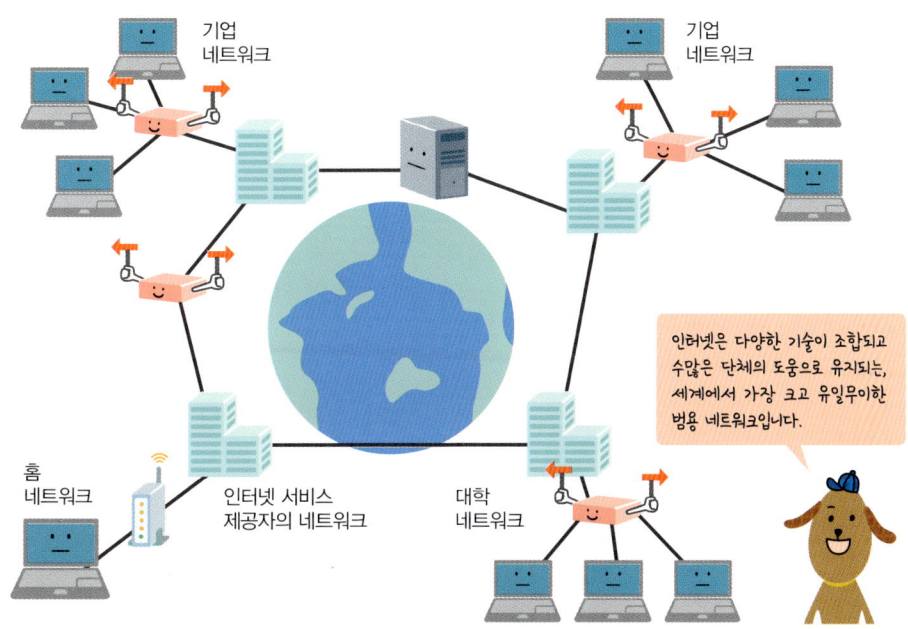

휴대전화나 스마트폰을 연결하는 모바일 네트워크

여러 네트워크 중에서도 휴대전화나 스마트폰을 연결하기 위해 무선 기술을 활용한 것을 **무선 네트워크** 혹은 **모바일 네트워크**라고 부른다. 과거에는 무선 네트워크의 비중이 유선 네트워크보다 크지 않았지만, 오늘날에는 무선으로 접속하는 장비의 대수가 많아지고 무선 네트워크의 규모도 점점 커지고 있다.

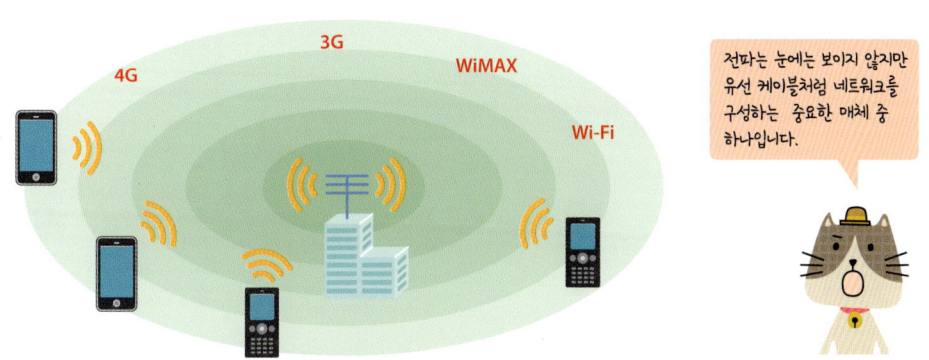

CHAPTER 1

02 컴퓨터 네트워크의 역할

 개인적인 용도부터 비즈니스 업무까지, 간단한 커뮤니케이션부터 파일이나 주변 기기의 공유까지 컴퓨터 네트워크는 다양한 목적으로 폭넓게 활용되고 있다.

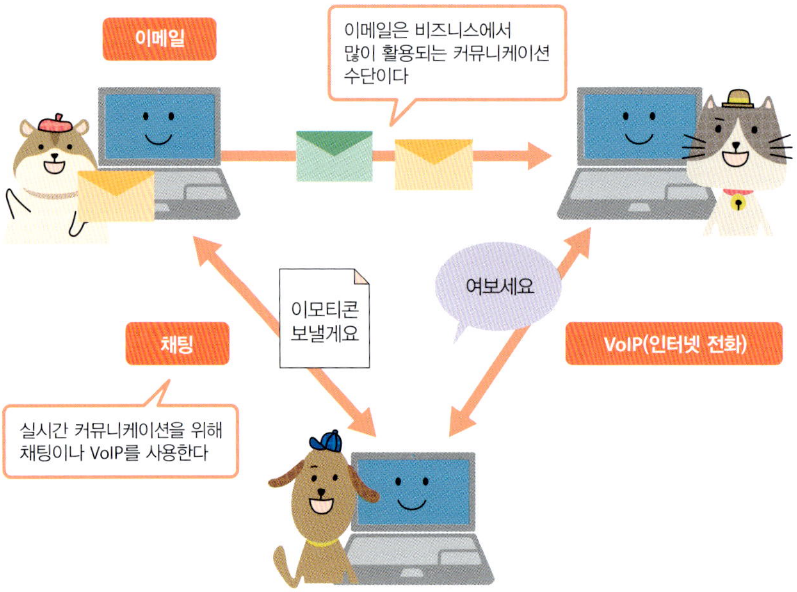

이메일

이메일은 비즈니스에서 많이 활용되는 커뮤니케이션 수단이다

채팅

이모티콘 보낼게요

VoIP(인터넷 전화)

여보세요

실시간 커뮤니케이션을 위해 채팅이나 VoIP를 사용한다

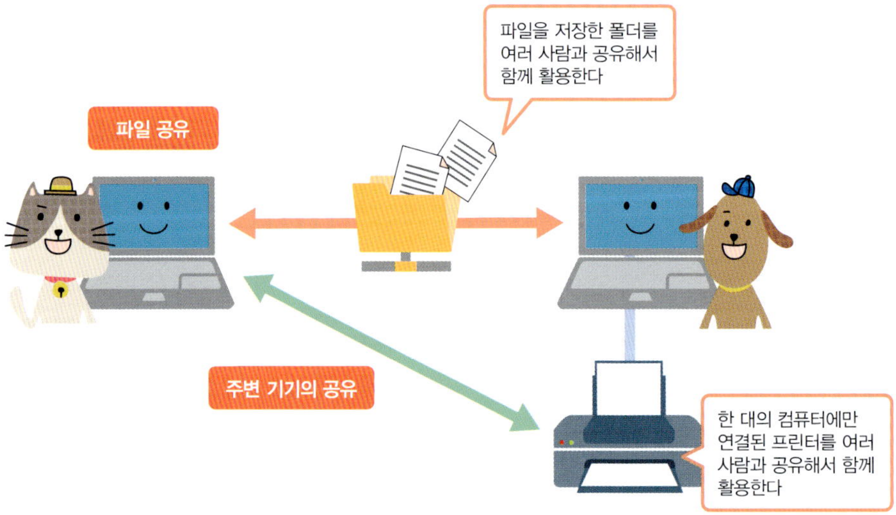

파일 공유

파일을 저장한 폴더를 여러 사람과 공유해서 함께 활용한다

주변 기기의 공유

한 대의 컴퓨터에만 연결된 프린터를 여러 사람과 공유해서 함께 활용한다

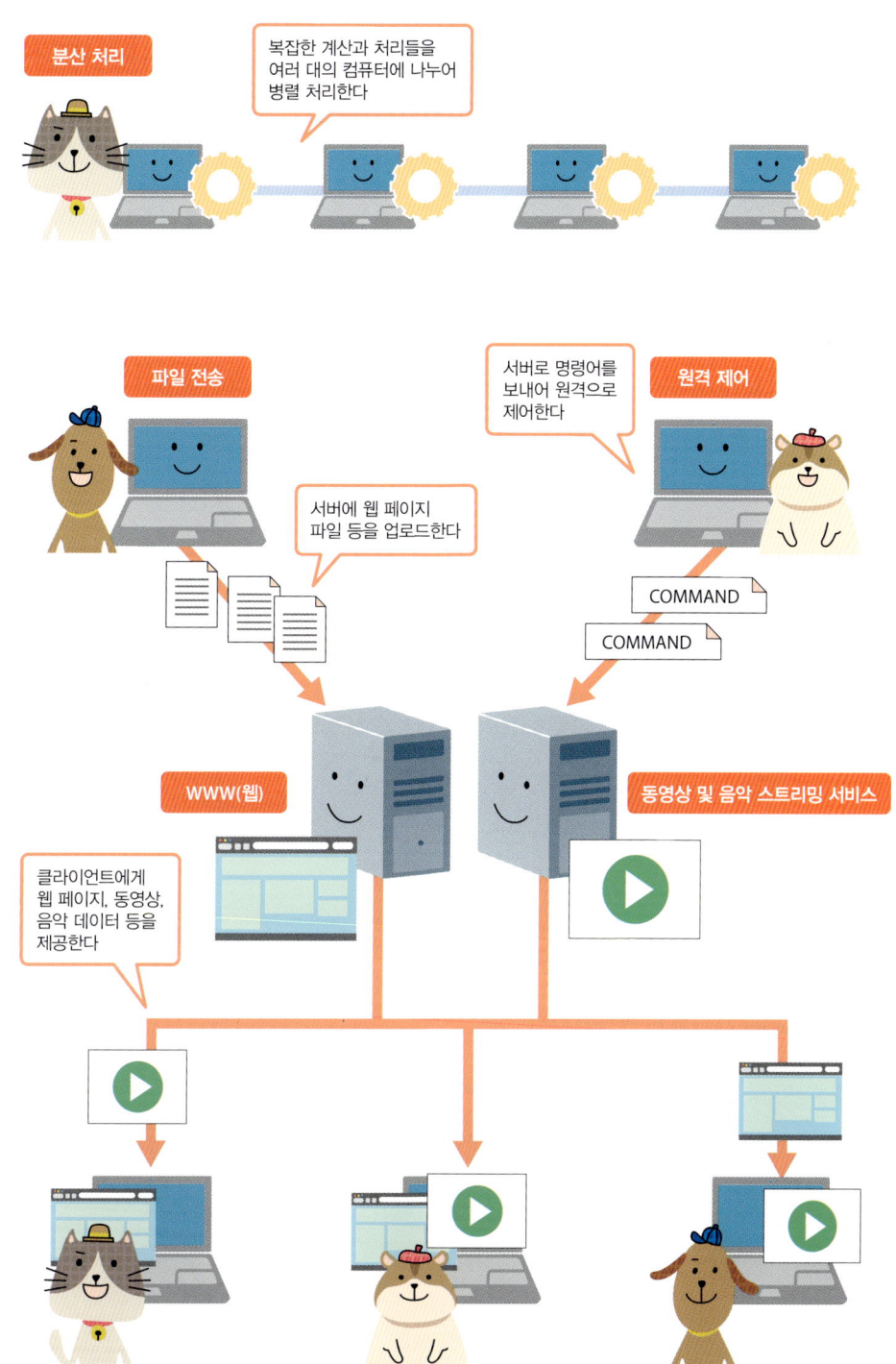

CHAPTER 1

03 서버와 클라이언트

네트워크에서 서로 통신하는 컴퓨터들은 서버가 아니면 클라이언트이지만, 피어 투 피어(Peer-to-Peer, P2P) 방식으로 통신한다면 각각의 컴퓨터는 서버이면서도 클라이언트가 된다.

■■ 서버와 클라이언트의 정의

네트워크에 연결된 컴퓨터들 중 서비스를 제공하는 쪽을 **서버**(server)라고 부르고, 그 서비스를 받는 쪽을 **클라이언트**(client)라고 부른다.

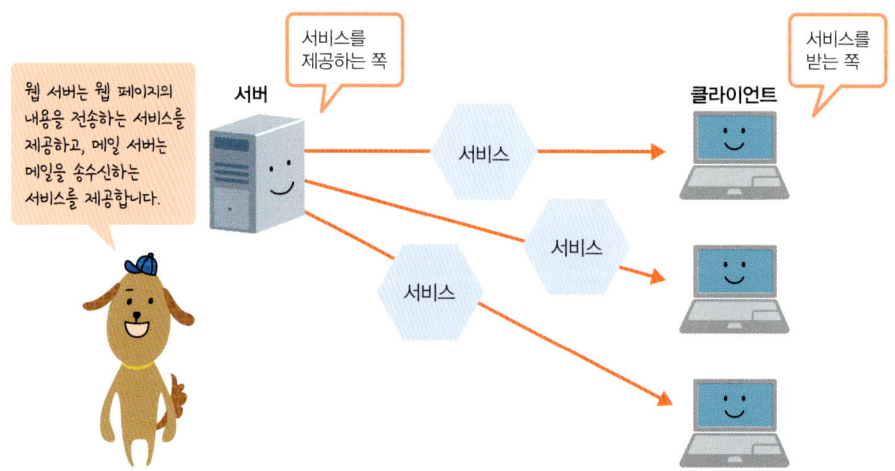

■■ 서버와 클라이언트를 구분하는 기준

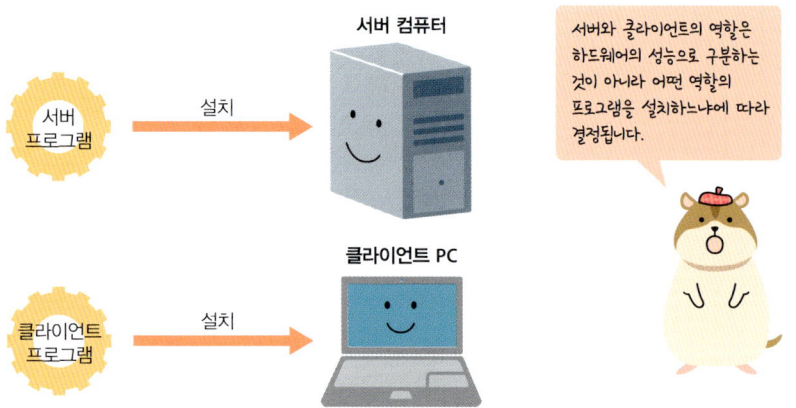

서비스별 서버와 클라이언트의 역할

서비스 이름	서버의 역할	클라이언트의 역할
웹 서비스	클라이언트로부터 요청을 받고 해당하는 웹 페이지를 전송한다.	서버에 웹 페이지를 요청하고 응답으로 받은 웹 페이지를 화면에 표시한다.
메일 서비스	메일을 전달하는 송신 기능과 받은 메일을 저장하는 수신 기능이 있다.	사용자가 작성한 메일을 메일 서버로 보내고 다른 사람이 보낸 메일을 받아 화면에 표시한다.
FTP 서비스	서버 컴퓨터의 하드 디스크 폴더 안으로 업로드한 파일을 저장하는 기능과 하드 디스크 폴더 안에 있는 파일을 다운로드하는 기능이 있다.	클라이언트 PC에 저장된 파일을 서버에 업로드하거나 서버의 파일을 클라이언트 PC에 다운로드한다.
원격 제어 서비스	클라이언트가 내린 명령을 서버에서 실행하고 그 결과를 클라이언트에게 보여준다.	사용자의 제어 명령을 원격지의 서버에 전달하고 그 결과를 받아 화면에 표시한다.

피어 투 피어

네트워크에 연결된 두 대의 컴퓨터가 클라이언트와 서버의 역할을 동시에 할 수 있어서 서로에게 서비스를 주거나 받을 수 있는 통신 방식을 **피어 투 피어**(P2P, Peer-to-Peer) 방식이라고 한다. 주로 개인 컴퓨터 간의 파일 공유나 인터넷 전화(VoIP, Voice over IP) 등에 활용된다.

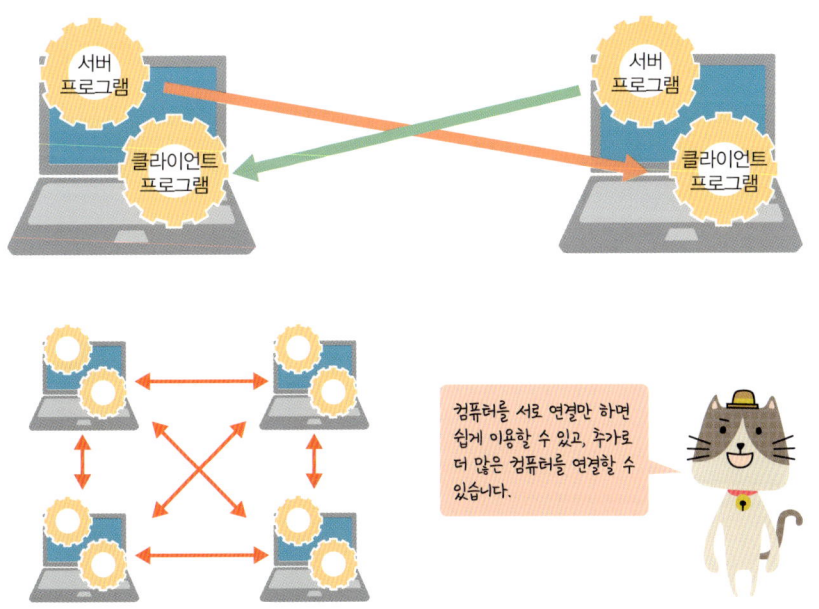

컴퓨터를 서로 연결만 하면 쉽게 이용할 수 있고, 추가로 더 많은 컴퓨터를 연결할 수 있습니다.

CHAPTER 1

04 패킷 교환 방식

컴퓨터 네트워크는 패킷 교환 방식을 이용하여 여러 대의 컴퓨터와 혼선 없이 데이터를 주고받을 수 있다.

■■ 패킷 교환 방식이란?

컴퓨터 네트워크에서는 이메일이나 파일과 같은 데이터를 **패킷(Packet)**이라는 작은 단위로 분할한 후 주고받는다. 패킷은 자신이 어디로 전달되어야 하는지 알 수 있도록 **어드레스(Address)** 정보를 가지고 있다.

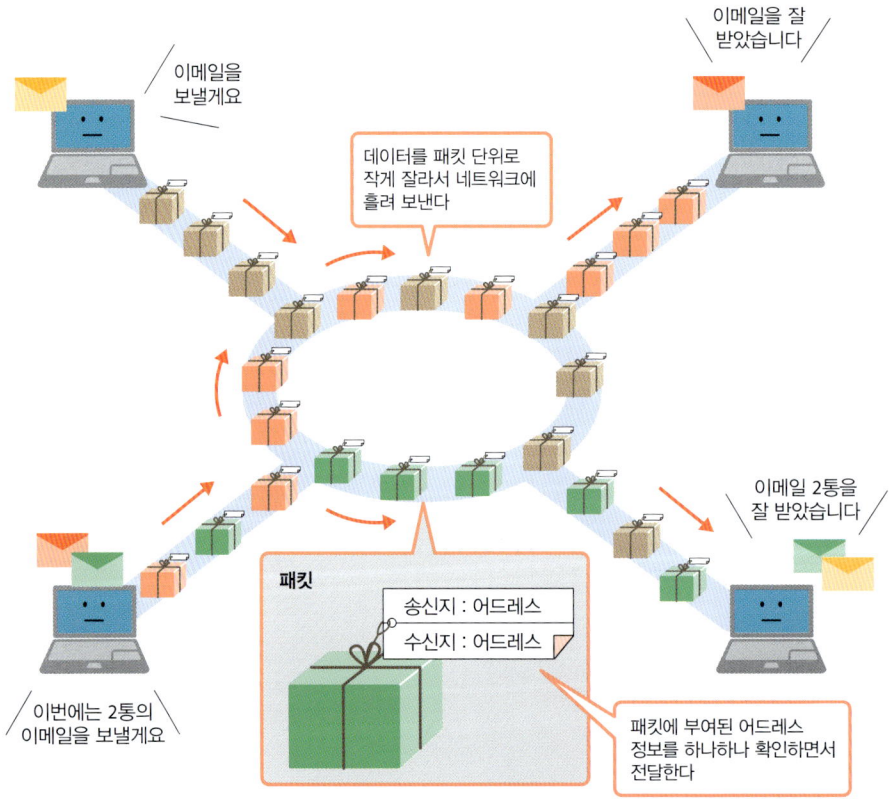

IP 어드레스에 대해서는 86페이지 참고

회선 교환 방식과 패킷 교환 방식

아날로그 방식의 유선 전화나 3G 방식의 휴대전화는 **회선 교환 방식**을 사용한다. 회선 교환 방식은 통신하려는 양측을 연결하기 위해 하나의 통신 경로를 점유한 후 통신하는 방식이라서 기본적으로 일대일 통신만 할 수 있다. **패킷 교환 방식**은 주고받을 데이터를 작게 쪼갠 후 다른 데이터의 조각들과 통신 경로를 공유하며 전송하는 방식이라서 여러 상대와 통신할 때 효과적이다.

회선 교환 방식

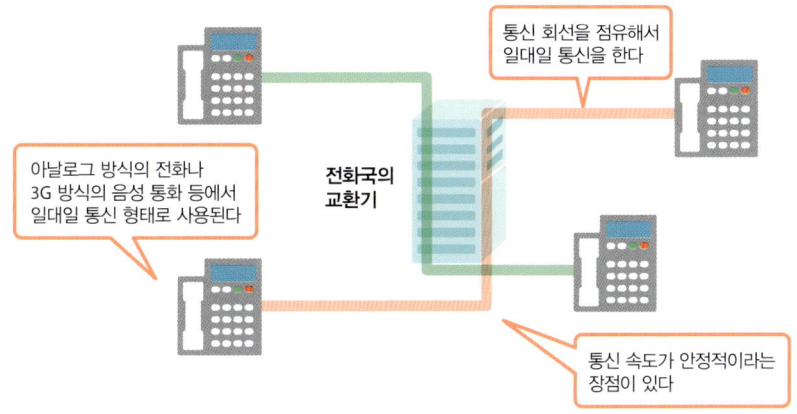

패킷 교환 방식

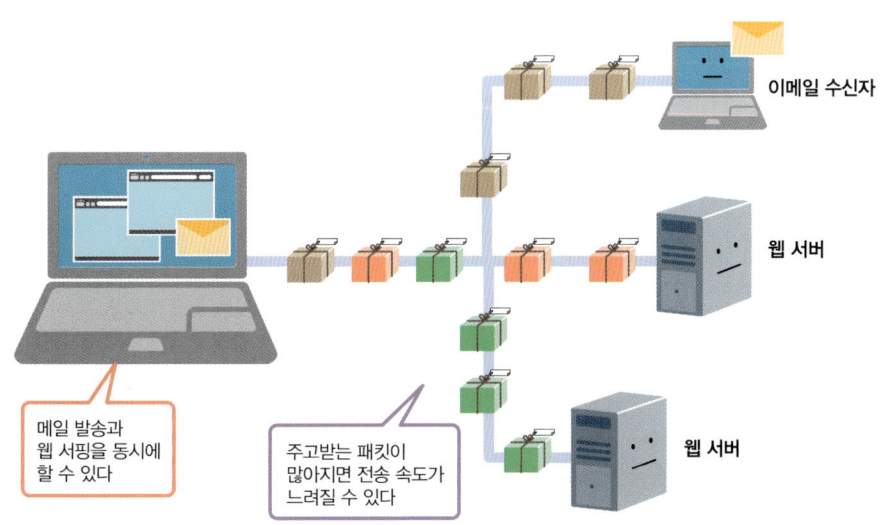

CHAPTER 1

05 컴퓨터 네트워크와 계층 모델

컴퓨터 네트워크는 여러 개의 통신 계층이 조합된 형태로 구성된다.

■■ 컴퓨터 네트워크를 구성하는 계층들

컴퓨터 네트워크에서는 다양한 통신 장비와 프로그램이 어울려 통신을 가능하게 한다. 이렇게 통신에 참여하는 여러 장비나 프로그램은 각각 맡은 역할이 있는데, 이 역할들을 이해하기 쉽게 분류하고 추상화한 것을 **계층 모델**이라고 한다.

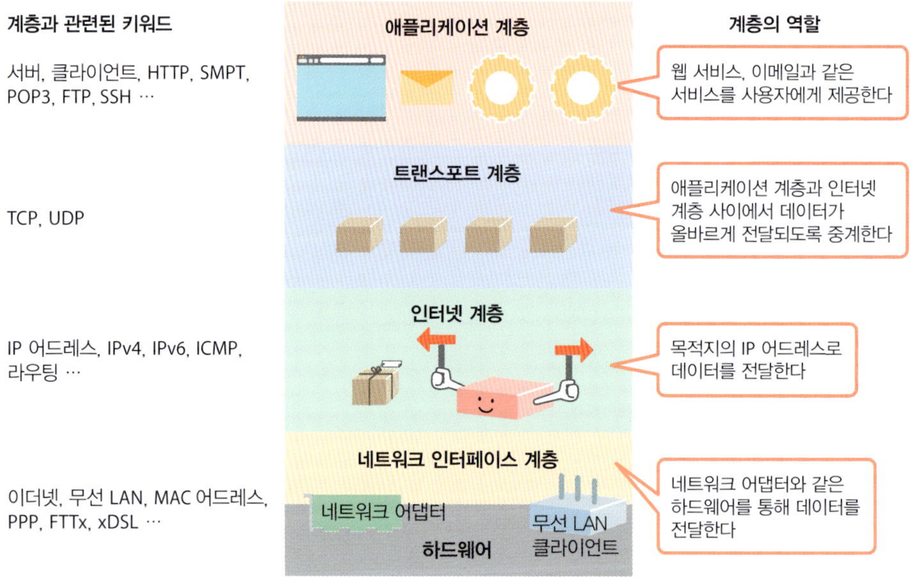

계층과 관련된 키워드

서버, 클라이언트, HTTP, SMPT, POP3, FTP, SSH …

애플리케이션 계층

계층의 역할: 웹 서비스, 이메일과 같은 서비스를 사용자에게 제공한다

TCP, UDP

트랜스포트 계층

애플리케이션 계층과 인터넷 계층 사이에서 데이터가 올바르게 전달되도록 중계한다

IP 어드레스, IPv4, IPv6, ICMP, 라우팅 …

인터넷 계층

목적지의 IP 어드레스로 데이터를 전달한다

이더넷, 무선 LAN, MAC 어드레스, PPP, FTTx, xDSL …

네트워크 인터페이스 계층

네트워크 어댑터 / 무선 LAN 클라이언트 / 하드웨어

네트워크 어댑터와 같은 하드웨어를 통해 데이터를 전달한다

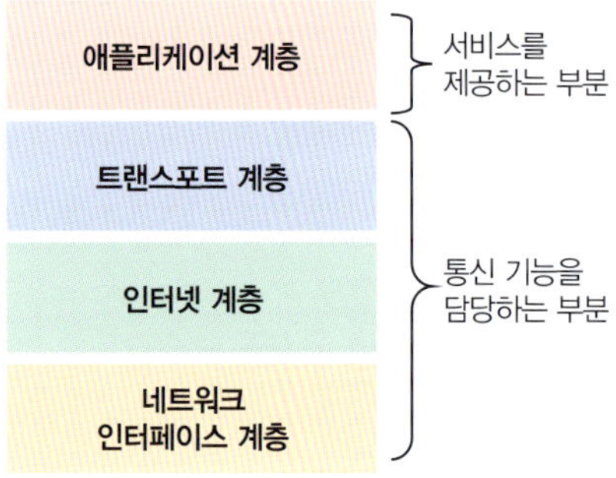

애플리케이션 계층 — 서비스를 제공하는 부분

트랜스포트 계층
인터넷 계층
네트워크 인터페이스 계층
— 통신 기능을 담당하는 부분

> 4개 계층 중 서비스의 내용을 결정하는 것은 애플리케이션 계층뿐입니다. 나머지 3개 계층은 데이터를 전달하는 통신 기능을 담당합니다.

오픈 마켓과 계층 모델

어떤 작업을 할 때 전문 영역을 나누어 분업하는 방식은 비단 컴퓨터 네트워크의 계층 모델만의 특징은 아니다. 우리 주변에서 흔히 볼 수 있는 홈 쇼핑이나 오픈 마켓에서도 상품이 배송되는 형태나 과정을 계층 모델로 표현할 수 있다. 컴퓨터 네트워크의 계층 모델과 완전히 똑같지는 않지만 많은 부분이 닮았음을 알 수 있다.

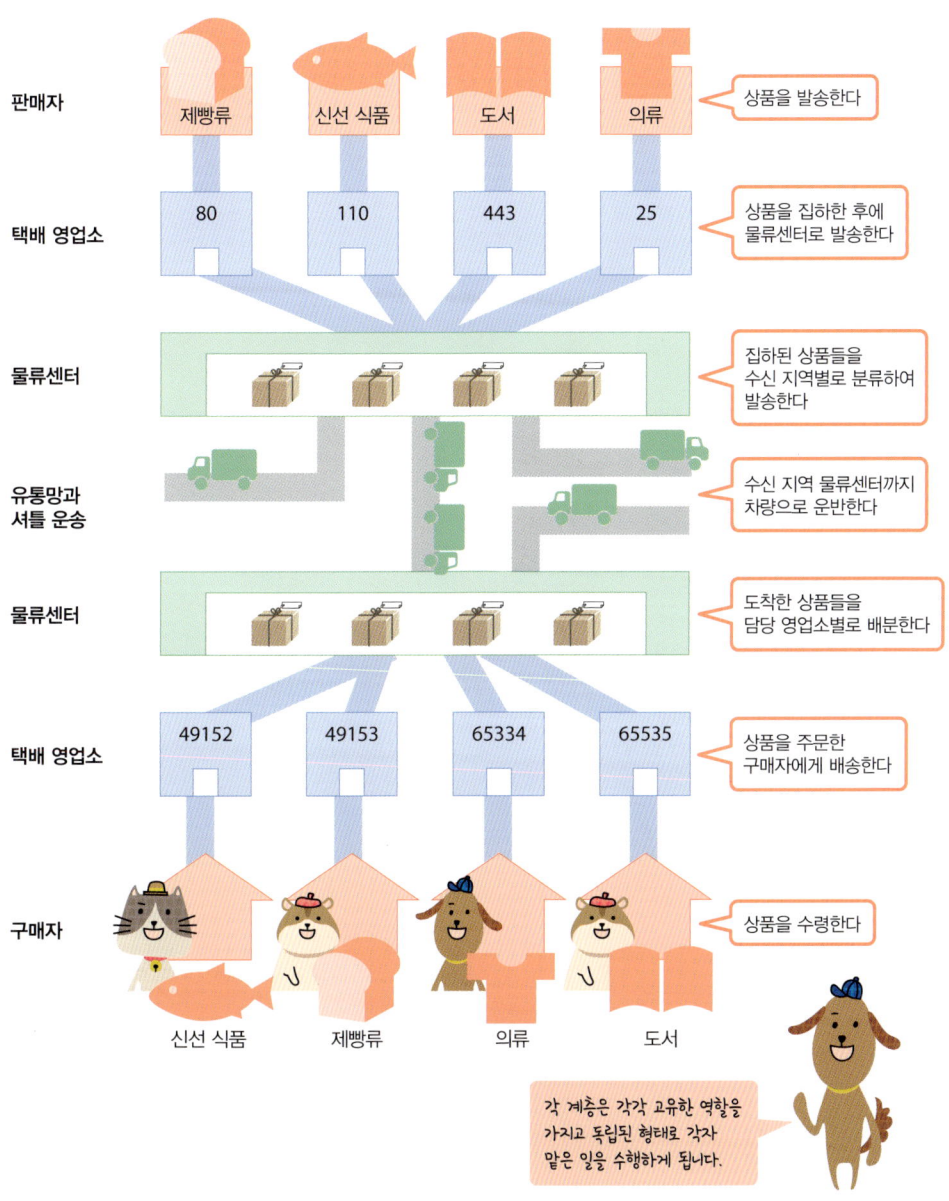

각 계층을 통과하는 데이터의 형태

통신 과정에서 각 계층을 지나는 데이터는 패킷 단위로 작게 쪼개지고 목적지 정보와 같은 부가 정보가 헤더의 형태로 덧붙여지게 된다.

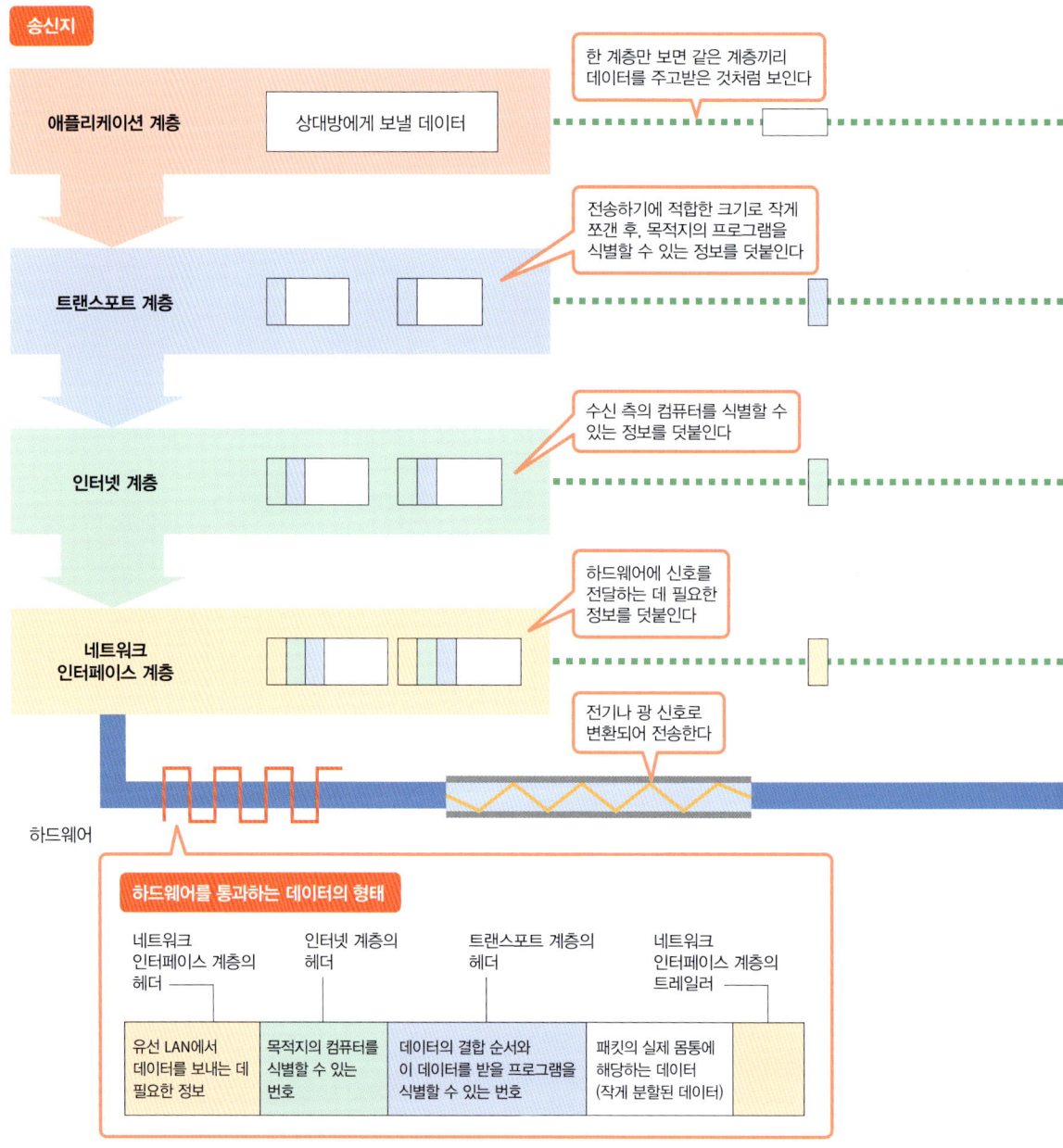

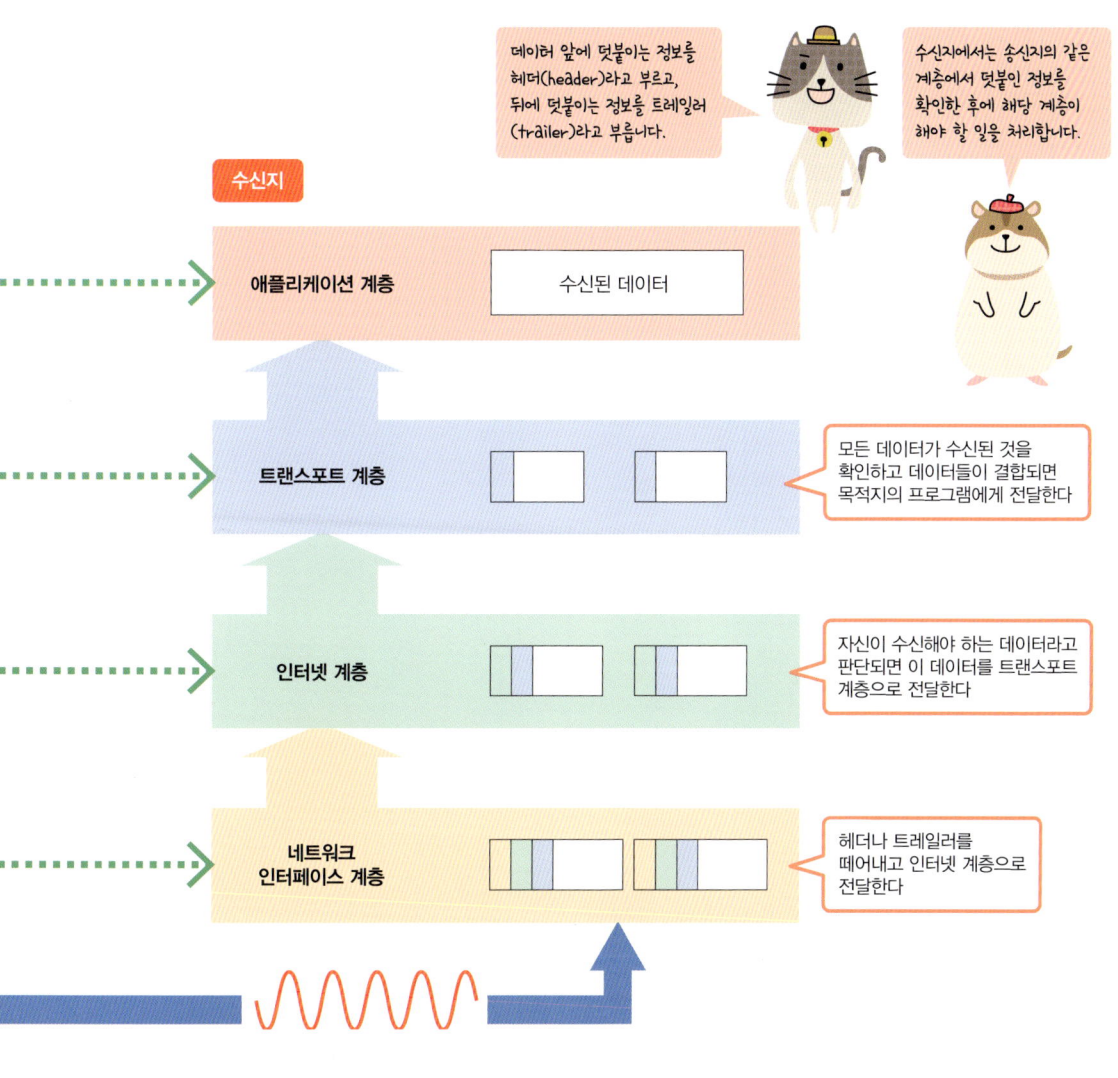

NOTE OSI 참조 모델

여기서 소개한 것은 인터넷에서 사용되는 TCP/IP의 계층 모델이다. 네트워크 관련 문서들을 보다 보면 OSI 참조 모델이 언급되기도 하는데, OSI 참조 모델은 TCP/IP 계층 모델보다 더 세분화된 7개의 계층으로 구성되어 있다.

TCP/IP 계층 모델	OSI 참조 모델
애플리케이션 계층	애플리케이션 계층
애플리케이션 계층	프레젠테이션 계층
애플리케이션 계층	세션 계층
트랜스포트 계층	트랜스포트 계층
인터넷 계층	네트워크 계층
네트워크 인터페이스 계층	데이터 링크 계층
네트워크 인터페이스 계층	물리 계층

CHAPTER 1

06 4개 계층의 동작 방식

컴퓨터 네트워크를 구성하는 4개 계층의 동작 방식을 살펴보기 위해 웹 브라우저를 사용하여 웹 페이지를 표시하는 과정을 예로 들어보자.

■■ 애플리케이션 계층

애플리케이션 계층의 역할은 사용자가 실제로 체감할 수 있는 서비스를 제공하는 것이다. 예를 들어, 웹 브라우저와 웹 서버는 애플리케이션 계층에 속하는 프로그램이고, 이때 주고받은 데이터는 페이지를 요청하는 URL과 그 응답 결과로 전달되는 웹 페이지 데이터다.

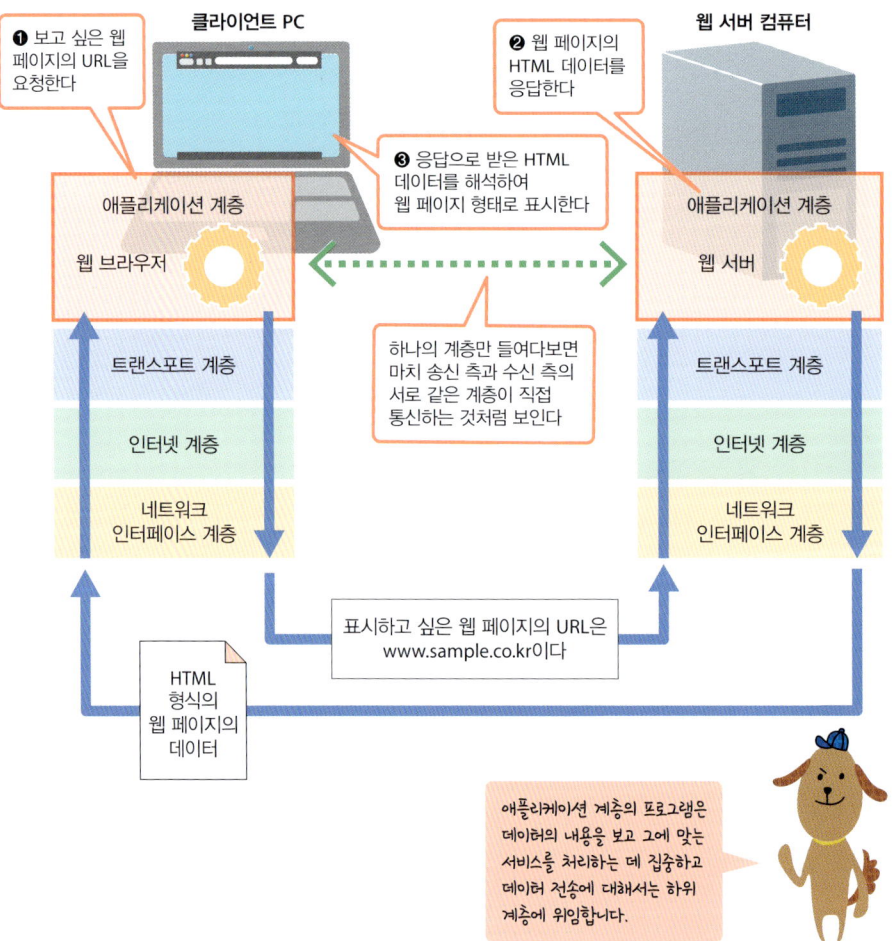

트랜스포트 계층

트랜스포트 계층의 역할은 애플리케이션 계층의 프로그램에서 전달받은 데이터를 목적지 애플리케이션 계층의 프로그램까지 전달하는 것이다. 데이터가 제대로 전달되지 않았을 때 재전송하는 것도 이 계층이 하는 일이다.

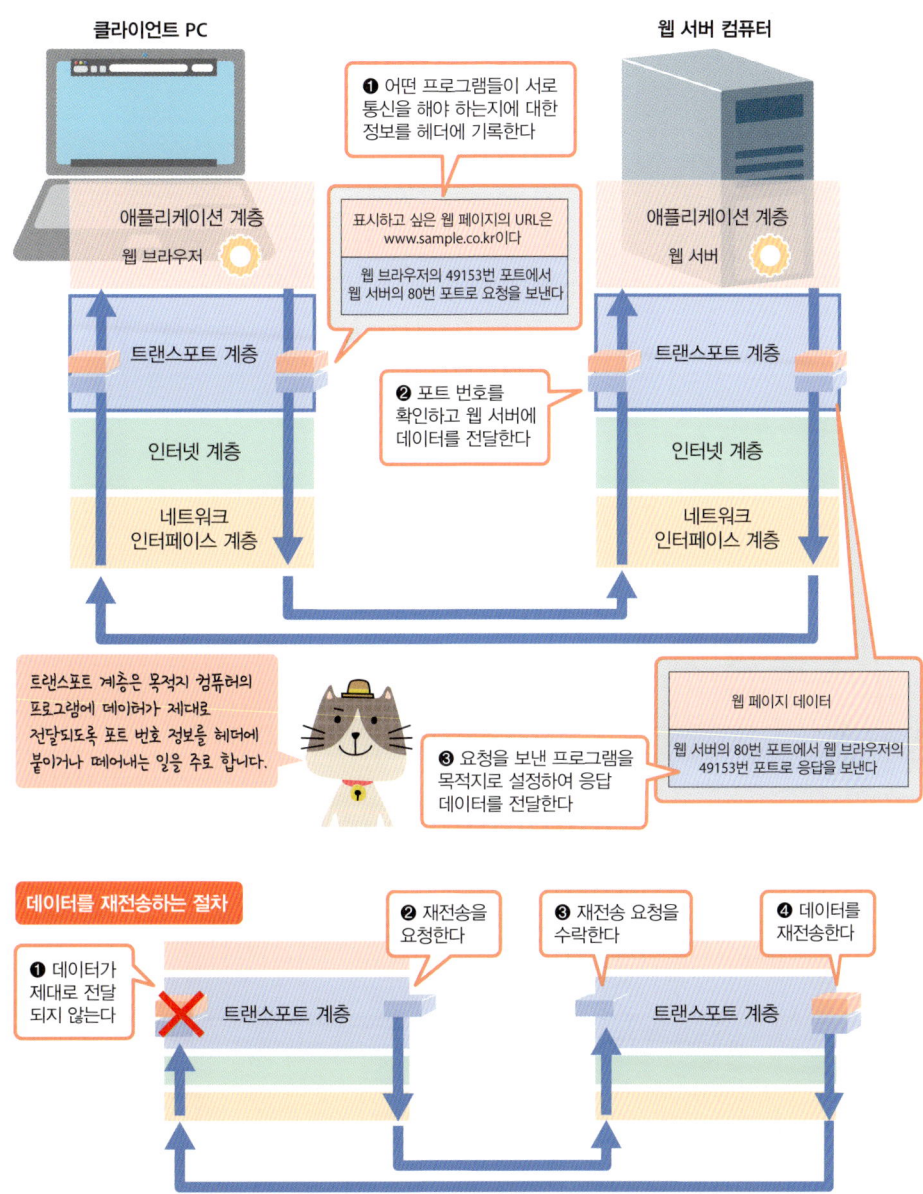

인터넷 계층

인터넷 계층의 역할은 데이터에 어드레스 정보를 덧붙여 목적지까지 무사히 전달하는 것이다. 인터넷 통신에서는 목적지 컴퓨터까지 도달할 수 있는 경로를 찾아야 하는데, 이때 라우터 (router)라는 장비가 사용된다.

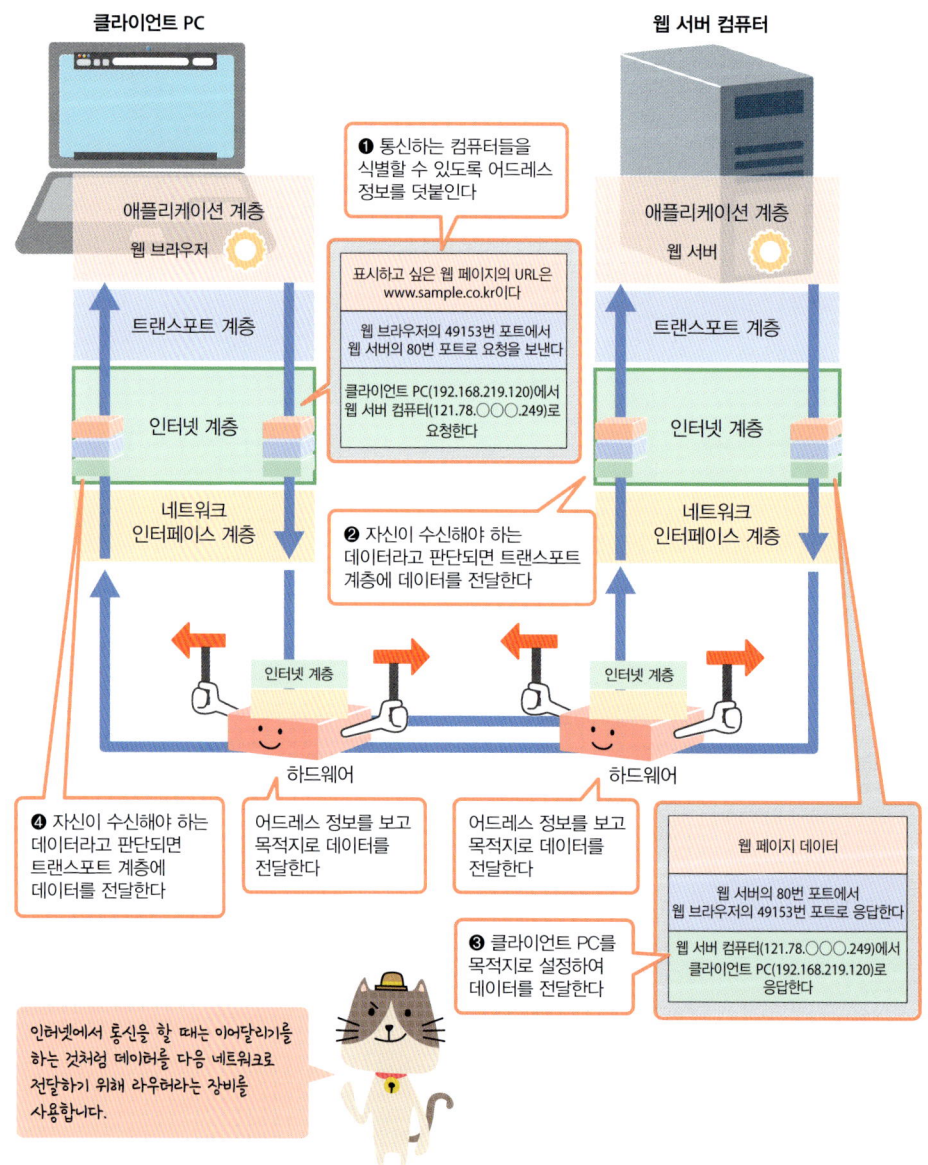

네트워크 인터페이스 계층

네트워크 인터페이스 계층의 역할은 유선 LAN 어댑터나 무선 LAN 어댑터가 처리할 수 있는 형태로 데이터를 변환하고 이 데이터를 목적지까지 전달하는 것이다. 바로 위의 인터넷 계층이 멀리 떨어져 있는 목적지까지 어떻게 하면 데이터를 잘 전달할 수 있을까에 초점을 맞추고 있는 반면, 네트워크 인터페이스 계층은 물리적으로 인접하여 연결된 장비까지 어떻게 하면 데이터를 잘 전달할까에 초점을 맞추고 있다.

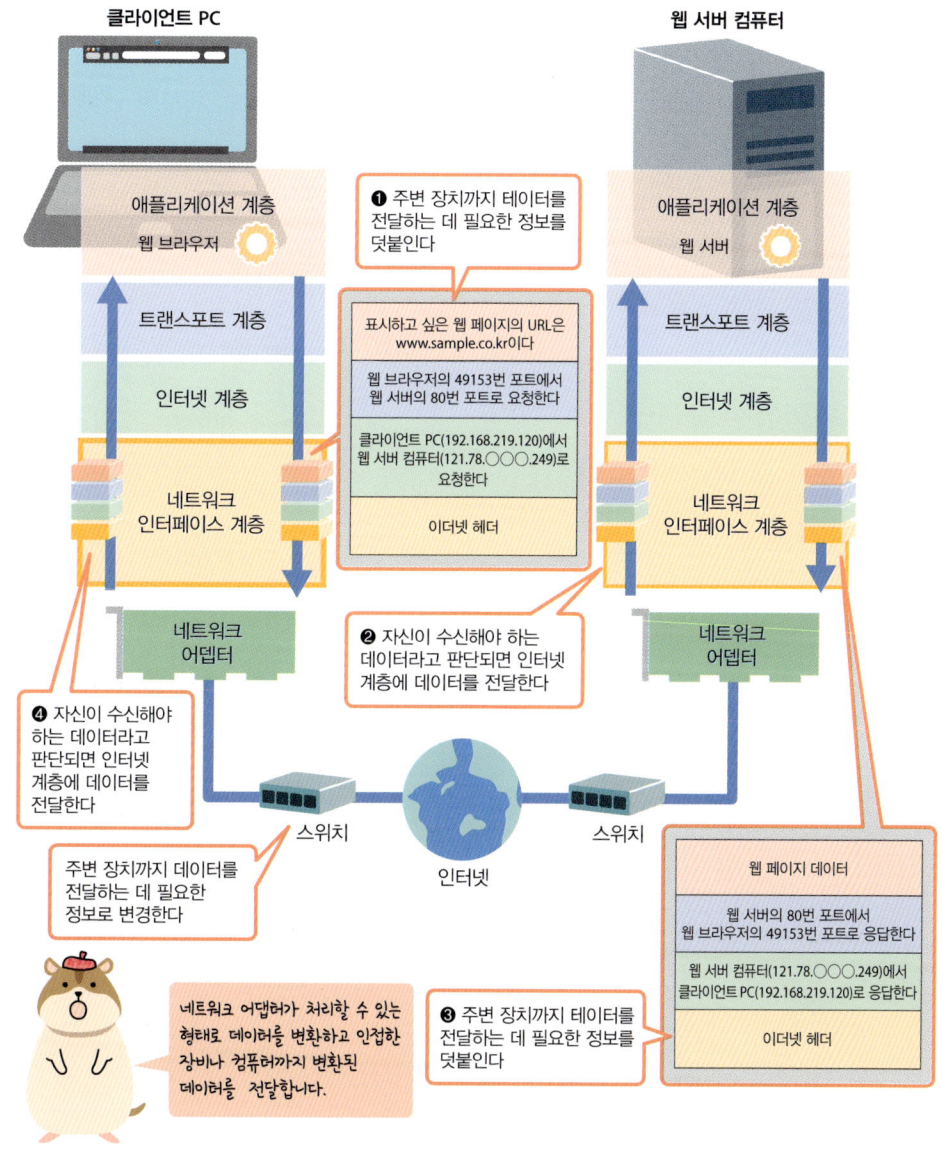

1-06 4개 계층의 동작 방식

CHAPTER 1

07 통신 규약과 프로토콜

컴퓨터 네트워크를 제대로 이해하기 위해서는 프로토콜이라는 개념을 이해하고 있어야 한다.

프로토콜이란?

비즈니스 미팅을 예로 들어보자. 사람들이 만나면 먼저 명함을 교환하고 요구사항을 전달한 후, 이를 충족시키기 위한 예산과 납기를 상의하는 것처럼 협의 과정에는 일련의 관례와 같은 절차가 있다. 이렇게 서로가 이해할 수 있는 수행 절차가 있을 때 커뮤니케이션은 더욱 원활하고 효과적으로 이루어질 수 있다. 컴퓨터와 컴퓨터가 통신할 때도 이와 같은 방식을 사용하는데, 이때 지켜야 할 절차나 규약을 **프로토콜**(protocol)이라고 한다.

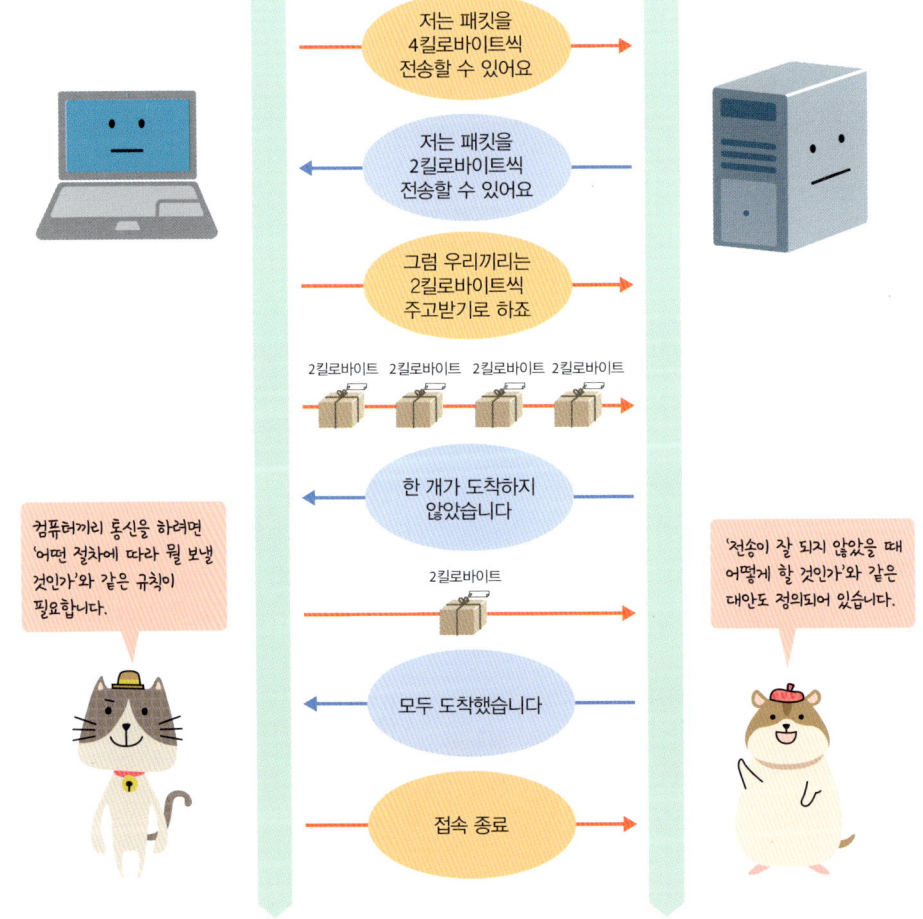

■■ 프로토콜은 눈에 보이지 않는다

프로토콜은 통신 과정의 절차나 규칙이 기술된 사양서(仕樣書)에 불과하다. 그래서 프로토콜 자체는 프로그램처럼 통신 기능을 구현하고 있다거나 통신 장비처럼 눈에 보이는 물리적 형태가 있는 것은 아니다. 다만, 프로토콜에 맞게 동작하도록 만들어진 프로그램이나 통신 장비, 그리고 데이터 포맷 등이 존재하고, 이들이 서로 약속된 방식으로 잘 동작해 줄 때 원활한 통신이 가능해진다.

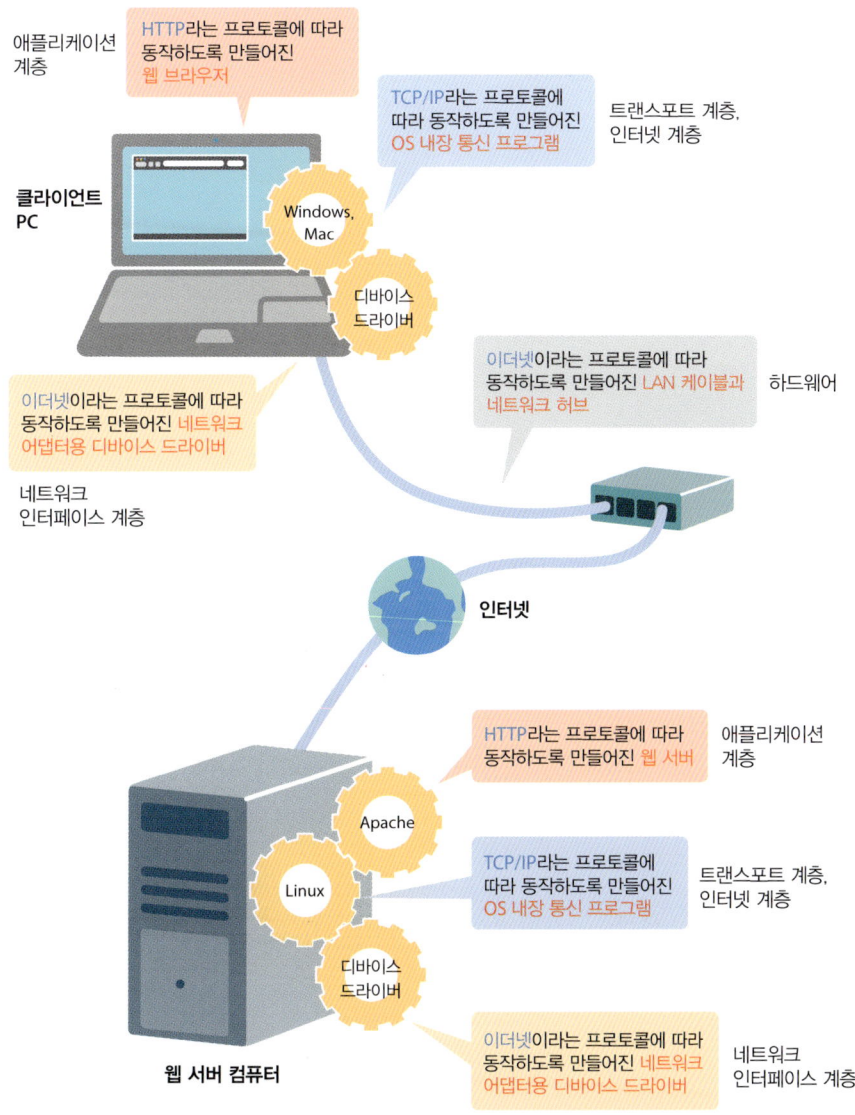

프로토콜 조합하기

앞의 계층 모델에서 설명한 것처럼 네트워크 프로토콜들은 소속된 계층에 맞게 그 역할이 전문화되고 세분화되어 있다. 그래서 하나의 통신을 전체적으로 성공시키기 위해서는 이들 각 계층의 프로토콜을 잘 조합하여 사용해야 한다.

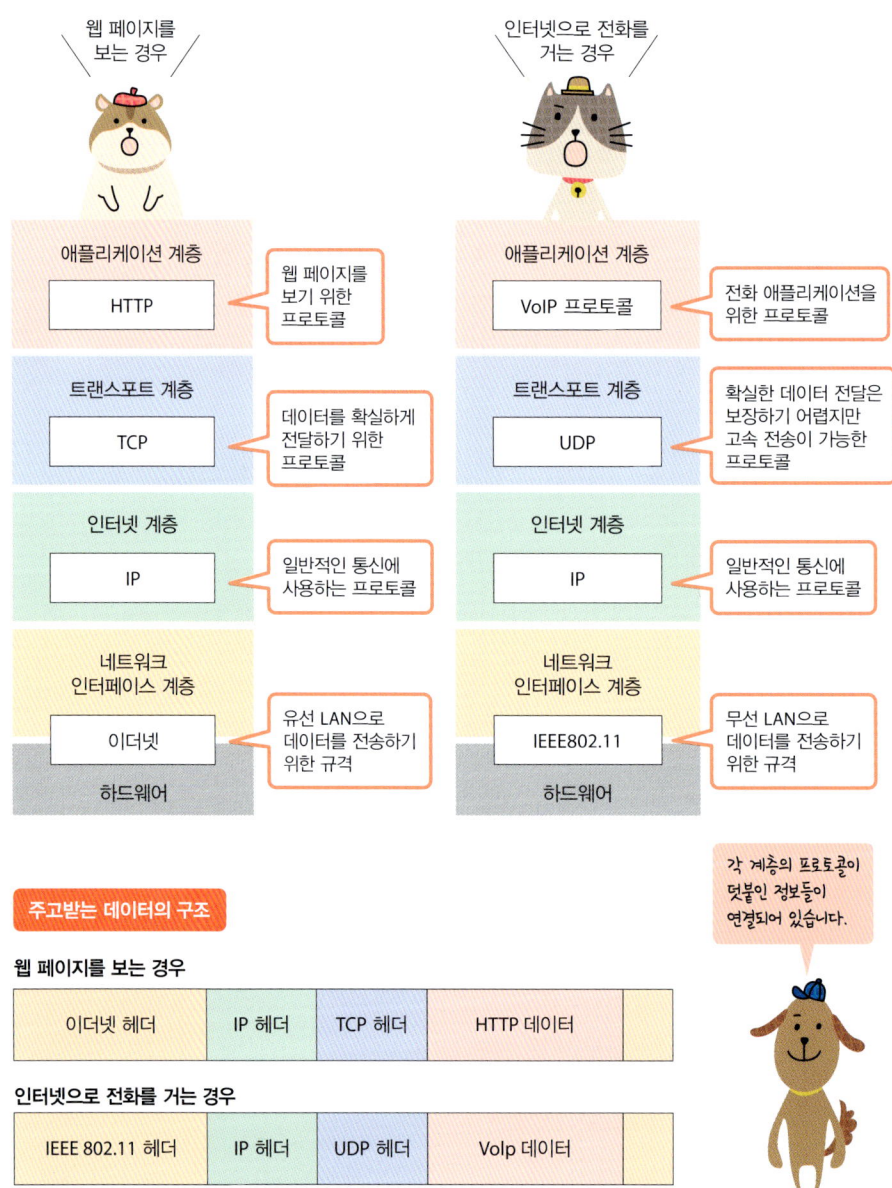

대표적인 프로토콜

계층	프로토콜 이름	동작 방식
애플리케이션 계층	HTTP	웹 페이지 데이터를 주고받음
	HTTPS	보안을 위해 웹 페이지 데이터를 주고받는 과정을 암호화함
	POP3	서버에 보관된 수신 메일을 꺼내옴
	SMTP	메일을 송신함
	FTP	파일을 전송함
	Telnet	컴퓨터를 원격에서 제어함
	SSH	보안을 위해 컴퓨터를 원격에서 제어하는 과정을 암호화함
	SMB	윈도우 컴퓨터와 파일을 공유함
	DHCP	컴퓨터에게 프라이빗 IP를 동적으로 할당함
	DNS	도메인 이름과 IP 어드레스를 서로 변환함
	SSL	보안을 위해 통신 과정에서 주고받는 데이터를 암호화함
트랜스포트 계층	TCP	애플리케이션의 데이터를 송수신하되 데이터의 정확한 전달을 중시함
	UDP	애플리케이션의 데이터를 송수신하되 데이터의 전송 속도를 중시함
인터넷 계층	IP	패킷을 목적지까지 전달함
	ICMP	IP의 통신 오류를 전달함
	IPsec	패킷을 암호화하여 전달함
네트워크 인터페이스 계층	ARP	네트워크 장비의 MAC 어드레스를 알아냄
	이더넷	일반 금속 케이블이나 광 케이블을 통해 데이터를 전달함
	PPP	사용자 인증 후에 원격지의 장비와 통신함

> **NOTE TCP/IP는 프로토콜의 집합**
>
> TCP/IP는 하나의 프로토콜을 지칭하는 말이 아니라 인터넷에서 사용되는 각종 표준 프로토콜을 한데 모아 일컫는 말이다. 흔히 TCP/IP라고 부르는 이유는 TCP와 IP가 이들 프로토콜 중 가장 대표적인 프로토콜이기 때문이다. 각각의 개별 프로토콜을 일컫는 말이 아니라, 인터넷 프로토콜 집합의 의미로 굳이 구분해야 할 때에는 TCP/IP 프로토콜 스위트(TCP/IP Protocol Suite)라고 부르거나 인터넷 프로토콜 스위트(Internet Protocol Suite)라고 부르면 된다.

CHAPTER 1

08 인터넷의 영향

과거의 컴퓨터 네트워크는 OS 벤더가 만든 OS 의존적인 네트워크 프로토콜들을 사용했었다. 오늘날의 컴퓨터 네트워크는 인터넷에서 범용적으로 사용되는 TCP/IP 프로토콜을 사용한다.

인터넷의 특징

인터넷은 TCP/IP라는 프로토콜 집합을 사용해서 전 세계의 네트워크들을 연결하고 통합한 세계 최대의 네트워크다. 인터넷에 연결되는 각 네트워크에는 각각의 네트워크 관리자가 있지만, 인터넷 자체를 중앙에서 관리하는 곳은 존재하지 않는다.

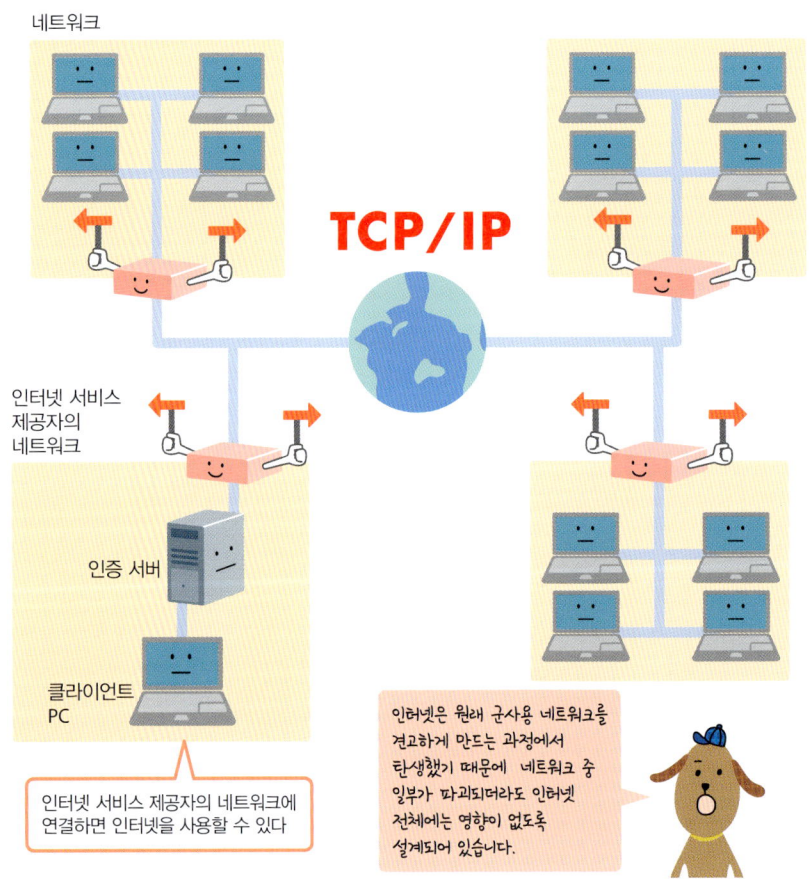

인터넷의 영향을 받기 전인 과거의 컴퓨터 네트워크

인터넷의 영향을 받기 전의 컴퓨터 네트워크에서는 컴퓨터의 OS별로 독자적인 네트워크 프로토콜들이 있었다. 그래서 서로 다른 OS를 사용하는 컴퓨터끼리는 프로토콜이 맞지 않아 통신할 수 없었다. 오늘날의 인터넷에서는 이메일 주소만 알면 누구나 메일을 주고받을 수 있지만, 과거에 PC 통신 서비스 형태로 네트워크를 사용할 때는 같은 PC 통신 서비스에 가입한 사용자끼리만 이메일을 주고받을 수 있었다.

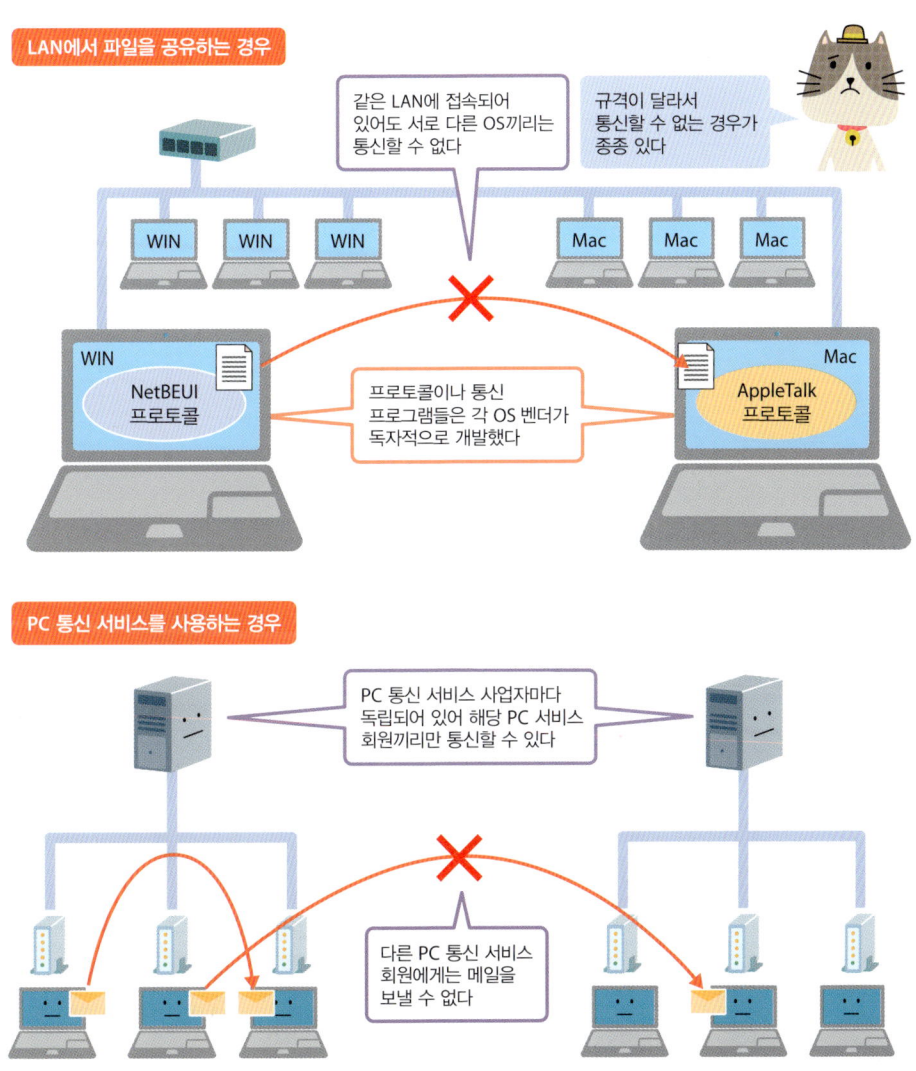

인터넷의 영향을 받은 후인 오늘날의 컴퓨터 네트워크

오늘날은 개인용 컴퓨터가 연결되는 LAN을 시작으로 거의 모든 컴퓨터 네트워크가 TCP/IP를 기반으로 연결되어 있다. 그래서 통신하려는 두 컴퓨터의 프로그램이 동일한 프로토콜을 지원하고 있다면, OS나 통신 서비스 제공자가 다르더라도 큰 무리 없이 통신할 수 있다.

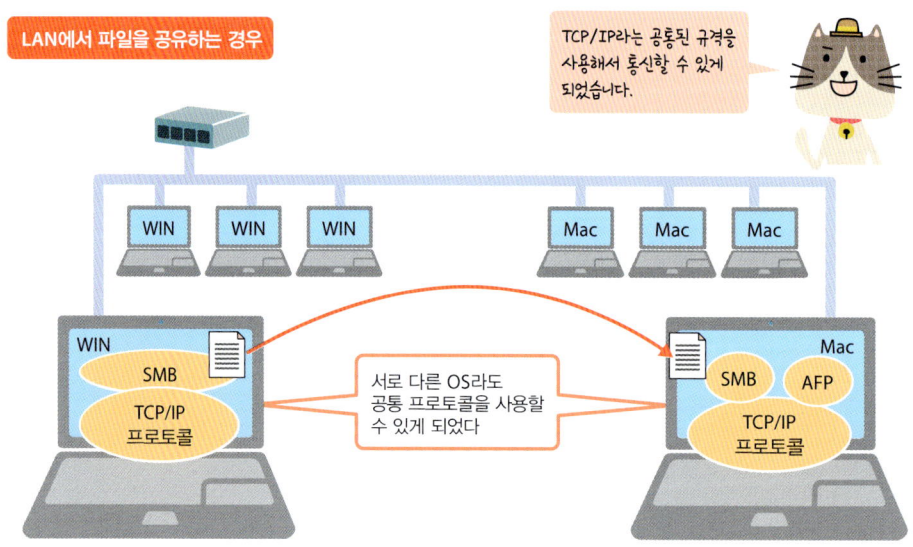

SMB나 AFP는 파일을 공유하기 위한 프로토콜이다. 자세한 내용은 48페이지 참고

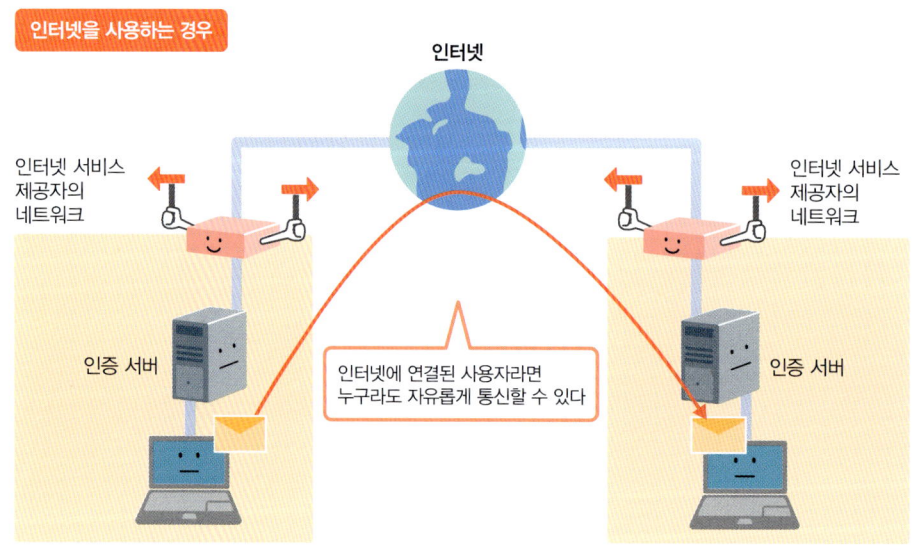

■ LAN과 인터넷 어디서든 같은 방식으로 통신할 수 있게 됨

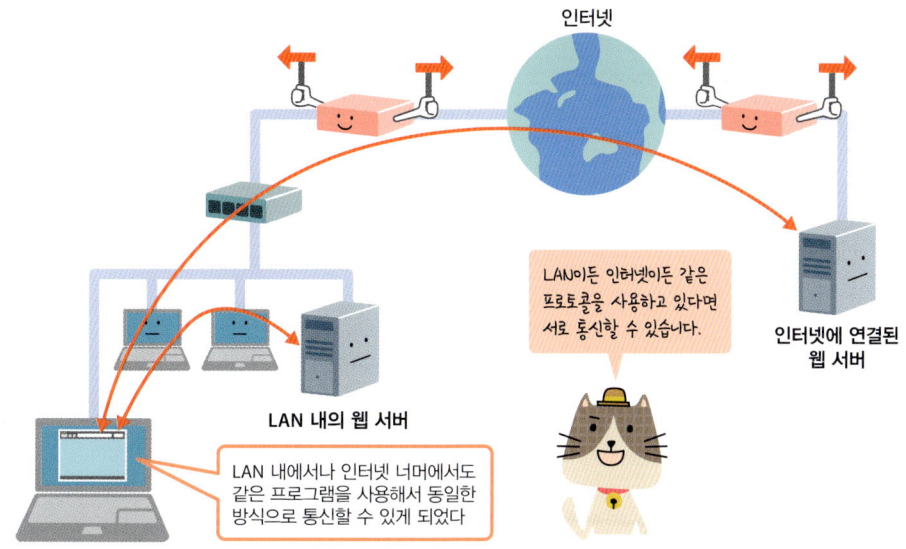

■ 더 유연한 네트워크를 구성할 수 있게 됨

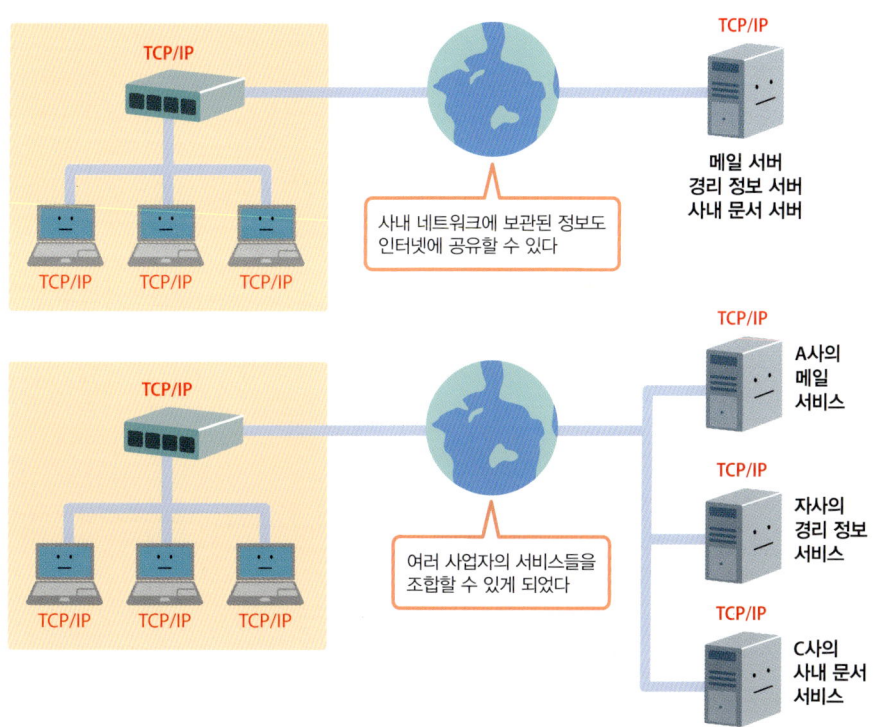

1-08 인터넷의 영향

Column 프로토콜의 표준화

네트워크에 연결된 장비들이 서로 통신할 수 있으려면 동일한 프로토콜을 사용해야 한다. 이렇게 프로토콜을 통일해서 사용하는 것은 네트워크에서 상당히 중요한 부분이라서 국제적인 표준 단체가 프로토콜 규격을 정하고 관리한다. 국제적인 표준 단체는 부문별로 다른데, 인터넷에 관련된 것은 IETF(Internet Engineering Task Force)가, 이더넷이나 무선 LAN과 같은 하드웨어는 IEEE(Institute of Electrical and Electronics Engineers)가, 웹에 관련된 것은 W3C(World Wide Web Consortium)가 맡아 관리하고 있다.

여기서 주의할 것은, 컴퓨터와 관련된 각종 규격은 제공되는 기능이 아무리 우수하고 구현하는 비용이 경제적이라 하더라도 해당 업계에 폭넓게 보급되지 않는다면 아무런 소용이 없다는 것이다. 예를 들어, 계층 모델을 설명할 때면 항상 같이 언급되는 OSI의 경우, 표준화 단체인 ISO(International Organization for Standardization)가 정의한 네트워크 프로토콜이었음에도 당시에는 구성이 복잡해서 널리 보급되지 못했다. 그 결과, 참조 모델만 남아서 현재는 네트워크를 개념적으로 설명하는 용도로 활용되고 있다. 이는 통신에 필요한 규약을 프로토콜로 잘 정의한다고 하더라도 써 주지 않는다면 의미가 없다는 것을 보여주는 좋은 예다.

오늘날 많이 사용되는 프로토콜이나 각종 규격은 대부분 특정 벤더나 특정 조직에서 만든 것들이 사실상 표준, 즉 디팩토 스탠다드(De facto Standard)로 자리 잡은 것들이 많다. 실제로 인터넷은 미국 국방성에서 군용 네트워크를 연구하는 과정에서 만들어졌고, 유선 LAN은 제록스의 팔로알토 연구소에서 개발되었다.

최근에는 과거와 달리 프로토콜이나 규격과 같은 표준을 특정 회사나 특정 조직에서 독점해서 폐쇄적으로 사용하기보다는 공개하고 표준화해서 널리 사용하게 하는 것이 더 유익하다는 인식이 자리를 잡게 되었다. 그 결과, 특정 회사가 개발한 규격이 국제 규격 후보의 자격을 얻어 표준화 단체에 제안되기도 하고, 아예 처음부터 표준화를 목적으로 업계 연합 단체를 구성하여 주도적으로 규격을 검토하는 방식도 잦아지고 있다.

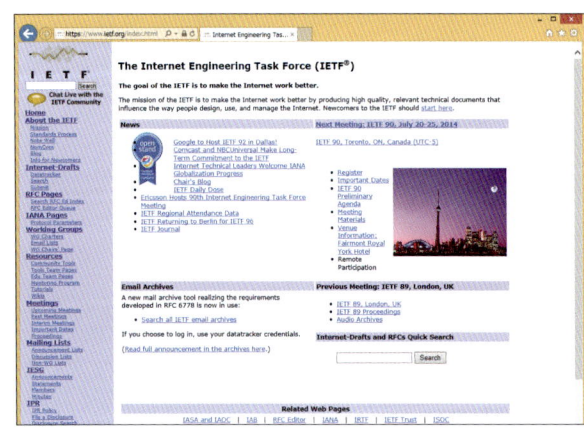

인터넷 관련 규격 표준을 관리하는 IETF 공식 사이트(https://www.ietf.org/)

CHAPTER

2

네트워크 서비스와 애플리케이션 계층

네트워크의 비주얼을 담당하는 애플리케이션 계층

애플리케이션 계층의 프로토콜들은 웹이나 이메일, 파일 공유와 같이 사용자가 실제로 사용하면서 체감할 수 있는 서비스를 제공한다. 이른바 네트워크의 얼굴에 해당하는 부분으로, 웬만큼 컴퓨터를 다뤄본 독자라면 HTTP나 FTP와 같은 이름을 한 번쯤 들어보았을 것이다.

애플리케이션 계층의 프로토콜이 하는 일은 특정 서비스를 제공하기 위해 서버와 클라이언트 사이에서 다양한 메시지나 명령을 주고받는 것이다. 웹 서핑을 하거나 이메일을 주고받을 때 그 이면에 어떤 일이 벌어지고 있는지 상상하면서 읽어보기를 권한다. 애플리케이션 계층은 사용자에게 직접 노출되는 부분이기 때문에 상대적으로 다른 계층보다 더 중요한 계층으로 보이게 된다. 하지만 애플리케이션 계층이 서비스 제공에 집중할 수 있는 것은 트랜스포트 계층을 포함한 하위 계층에서 데이터 전송을 잘 처리해 주고 있기 때문이다. 통신이 제대로 이루어지기 위해서는 네트워크 계층 모델 중 어느 한 계층도 빠져서는 안 되며, 이들 계층의 역할이 모두 중요하다.

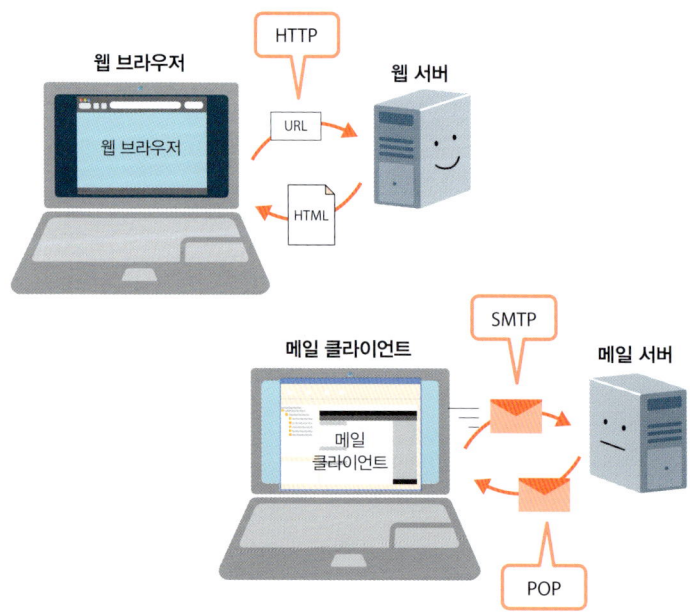

웹 서비스화라는 트렌드

만들어진 지 조금은 오래된 애플리케이션 중에는 웹, 이메일, FTP, VoIP(인터넷 전화)와 같은 서비스들이 있는데, 이러한 서비스는 자신만의 독자적인 프로토콜을 자체적으로 정의하고 있는 것이 보통이다. 그래서 이들 서비스를 이용하기 위해서는 전용 클라이언트와 서버 프로그램이 각각 필요하다. 하지만 최근 수년간 급성장하고 있는 SNS와 같은 서비스들은 별도의 프로토콜을 새로 만들지 않고 웹 페이지를 다룰 때 사용하는 HTTP 프로토콜을 활용하고 있는데, 이런 유형의 서비스들을 웹 서비스*라고 한다.

과거의 방식대로 애플리케이션 계층에 새로운 서비스를 만들게 된다면, 우선 이 서비스를 위한 프로토콜을 개발하고 보급하기까지 상당한 시간과 노력이 필요할 것이다. 하지만 웹 서비스 형태로 개발한다면 이미 널리 보급된 HTTP 프로토콜을 활용하기 때문에 보다 짧은 시간과 적은 노력으로 서비스를 개발하고 개선하는 것이 가능할 것이다. 그래서 최근에는 신규 서비스를 만들 때 웹 서비스 형태로 만드는 것이 일반적이며, 이러한 움직임은 시시각각 변화하는 사용자의 요구에 발 빠르게 대응하기 위한 애플리케이션 개발의 생존 전략이라고 볼 수 있다.

이 장에서는 기본적인 웹 서비스의 구조에 대해 설명하고 있다. 최근에 개발되는 대부분의 신규 서비스들이 웹 서비스의 형태로 개발되므로 이 장을 보고 나면 이러한 서비스들을 이해하고 분석하는 데 큰 도움이 될 것이다.

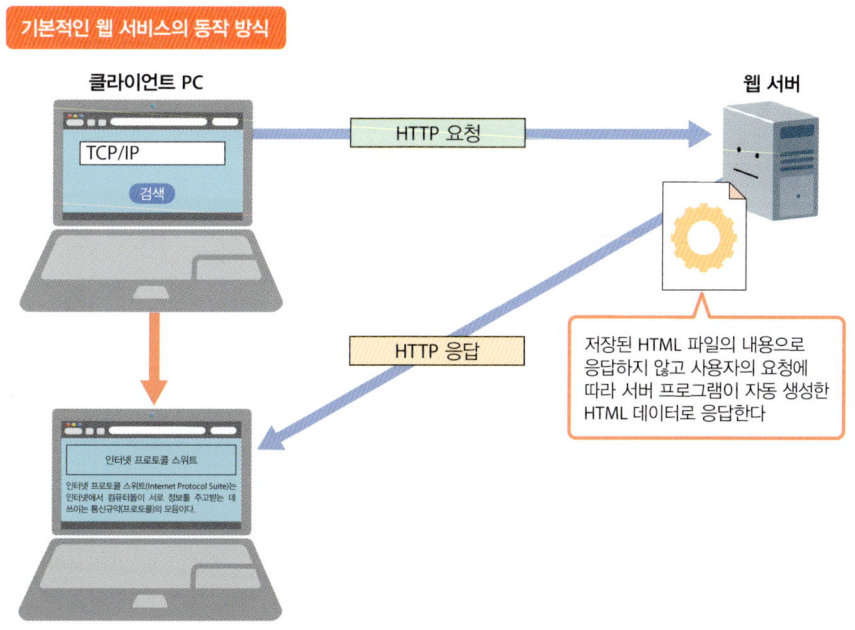

---

* 역주 보통, 엔지니어 관점에서 웹 서비스라고 하면 HTTP, XML, SOAP, WSDL, UDDI 등의 기술을 사용하여 이기종 환경의 소프트웨어와 정보를 교환하는 것을 의미합니다. 다만, 이 책에서는 사용자 관점에서 정적 웹 페이지를 보여주는 사이트나 동적 웹 페이지를 보여주는 웹 애플리케이션을 포함하는 범주로 웹 서비스로 표현하고 있습니다.

CHAPTER 2 /

01 애플리케이션 계층의 역할

애플리케이션 계층은 웹이나 이메일과 같은 서비스를 제공하는 계층이다. 각 서비스는 자신만의 독자적인 프로토콜을 가지고 있다.

■■ 애플리케이션 계층은 사용자가 직접 사용하며 체감하는 계층

애플리케이션 계층은 사용자가 직접 사용하면서 체감할 수 있는 서비스를 제공한다. 네트워크 계층 모델 중 트랜스포트 이하의 계층들은 데이터 전송을 담당하고 있으므로 이들 데이터 전송 관련 계층을 제외한 모든 영역이 애플리케이션 계층의 범주라고 보면 된다.

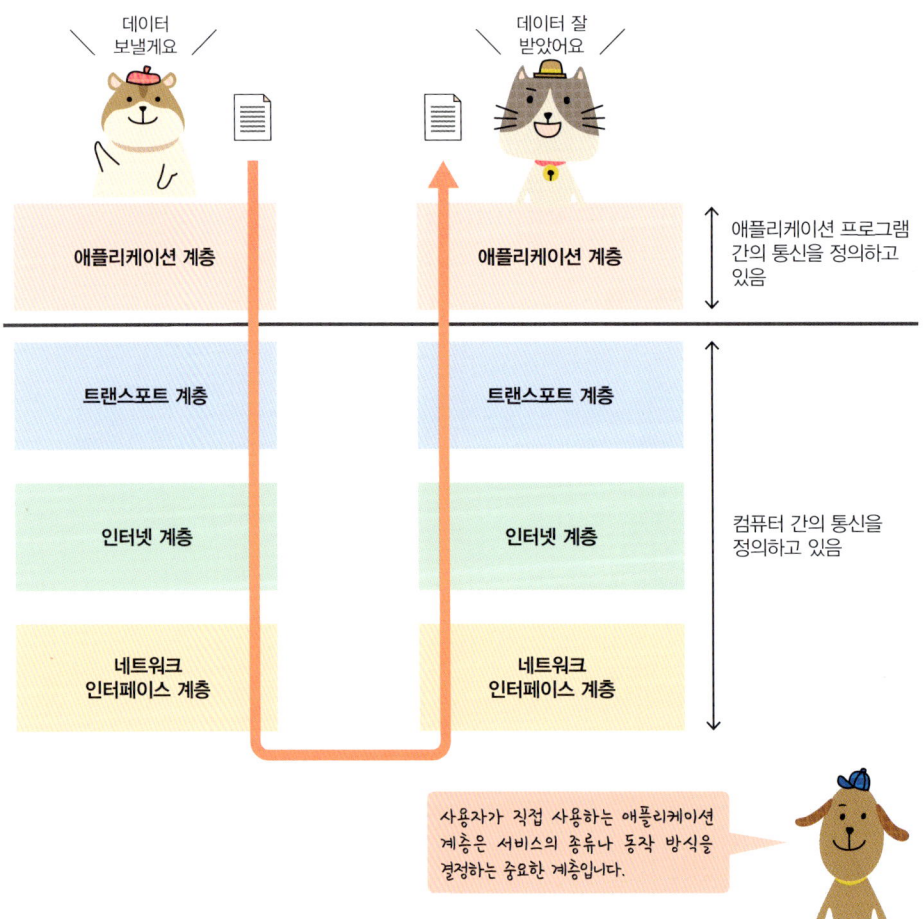

사용자가 직접 사용하는 프로토콜

애플리케이션 계층의 대표적인 프로토콜들은 사용자가 자주 이용하는 서비스에서 쉽게 찾아볼 수 있다.

프로토콜	동작 방식
HTTP	웹 클라이언트와 웹 서버 사이에서 웹 페이지 데이터를 주고받는다.
POP, SMTP, IMAP	메일을 송수신하고 보관한다.
SMB, AFP	LAN 안에서 파일을 공유한다.
FTP	서버를 통해 파일을 주고받는다.
Telnet, SSH	원격에서 서버를 제어한다.

인터넷이나 LAN에서 쉽게 접할 수 있는 서비스들입니다.

사용자가 간접적으로 사용하는 프로토콜

애플리케이션 계층의 프로토콜 중에는 사용자가 직접 사용하지 않아서 체감할 수 없는 프로토콜들도 있다. 이러한 프로토콜들은 OS나 다른 애플리케이션 계층의 프로토콜들이 간접적으로 사용하는데, 주로 인터넷이나 LAN의 원활한 사용을 위해 사용자에게 보이지 않는 이면에서 동작한다.

프로토콜	동작 방식
DNS	도메인명과 IP 어드레스의 정보를 서로 변환할 때 사용한다.
DHCP	LAN 내의 컴퓨터에게 IP 어드레스를 할당할 때 사용한다.
SSL/TLS	통신 데이터를 암호화하여 주요 정보를 안전하게 주고받을 때 사용한다.
NTP	네트워크에 연결된 장비들의 시스템 시간을 동기화할 때 사용한다.
LDAP	네트워크에 연결된 자원(사용자, 장비들)의 통합 관리에 필요한 디렉터리 서비스를 제공할 때 사용한다.

사용자가 체감하지는 못하지만 보이지 않는 곳에서 중요한 역할을 수행합니다.

CHAPTER 2

02 웹 페이지를 전송하는 HTTP

인터넷에서 사용되는 서비스 중 가장 대표적인 WWW(World Wide Web)는 HTTP라는 프로토콜을 사용한다.

■■ 웹 페이지가 표시되기까지의 과정

웹 브라우저가 **웹 서버**로 특정 **웹 페이지**를 요청하면 웹 서버가 해당 페이지의 내용을 HTML 형식으로 응답한다. 웹 브라우저는 이 데이터를 해석하여 웹 페이지 화면을 그린 후 사용자에게 보여준다. 참고로, 이때 표시되는 웹 페이지에는 HTML 형식의 내용 외에도 화면 구성에 필요한 각종 파일들의 정보도 함께 포함되어 있다.

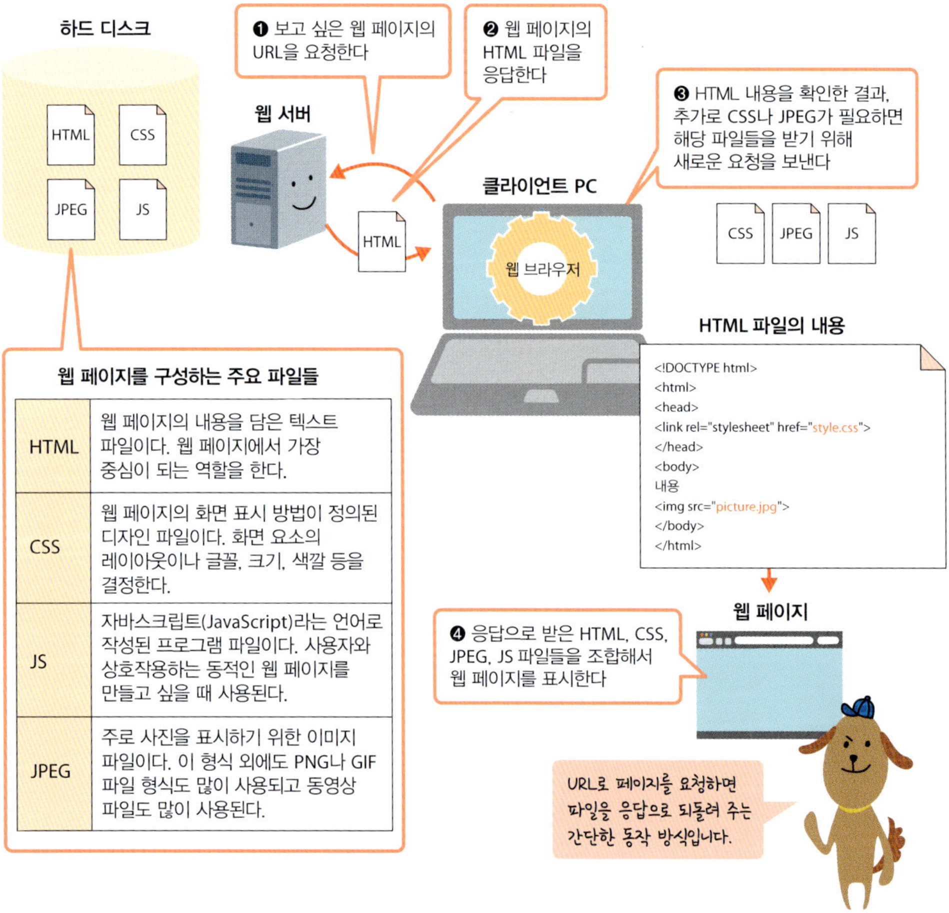

하드 디스크
- HTML
- CSS
- JPEG
- JS

❶ 보고 싶은 웹 페이지의 URL을 요청한다

웹 서버

❷ 웹 페이지의 HTML 파일을 응답한다

클라이언트 PC
웹 브라우저

❸ HTML 내용을 확인한 결과, 추가로 CSS나 JPEG가 필요하면 해당 파일들을 받기 위해 새로운 요청을 보낸다

- CSS
- JPEG
- JS

HTML 파일의 내용
```
<!DOCTYPE html>
<html>
<head>
<link rel="stylesheet" href="style.css">
</head>
<body>
내용
<img src="picture.jpg">
</body>
</html>
```

웹 페이지를 구성하는 주요 파일들

HTML	웹 페이지의 내용을 담은 텍스트 파일이다. 웹 페이지에서 가장 중심이 되는 역할을 한다.
CSS	웹 페이지의 화면 표시 방법이 정의된 디자인 파일이다. 화면 요소의 레이아웃이나 글꼴, 크기, 색깔 등을 결정한다.
JS	자바스크립트(JavaScript)라는 언어로 작성된 프로그램 파일이다. 사용자와 상호작용하는 동적인 웹 페이지를 만들고 싶을 때 사용된다.
JPEG	주로 사진을 표시하기 위한 이미지 파일이다. 이 형식 외에도 PNG나 GIF 파일 형식도 많이 사용되고 동영상 파일도 많이 사용된다.

❹ 응답으로 받은 HTML, CSS, JPEG, JS 파일들을 조합해서 웹 페이지를 표시한다

웹 페이지

URL로 페이지를 요청하면 파일을 응답으로 되돌려 주는 간단한 동작 방식입니다.

HTTP 메시지

클라이언트 PC와 웹 서버 사이에서 일어나는 정보 교환 과정을 조금 더 상세히 살펴보자. 클라이언트 PC의 웹 브라우저와 웹 서버는 **HTTP(HyperText Transfer Protocol)**라는 애플리케이션 계층의 프로토콜을 사용한다. 통신 과정에서 주고받은 정보들은 HTTP 메시지라고 부르고, 크게 **요청**(request)과 **응답**(response)의 두 가지 형태로 구분된다.

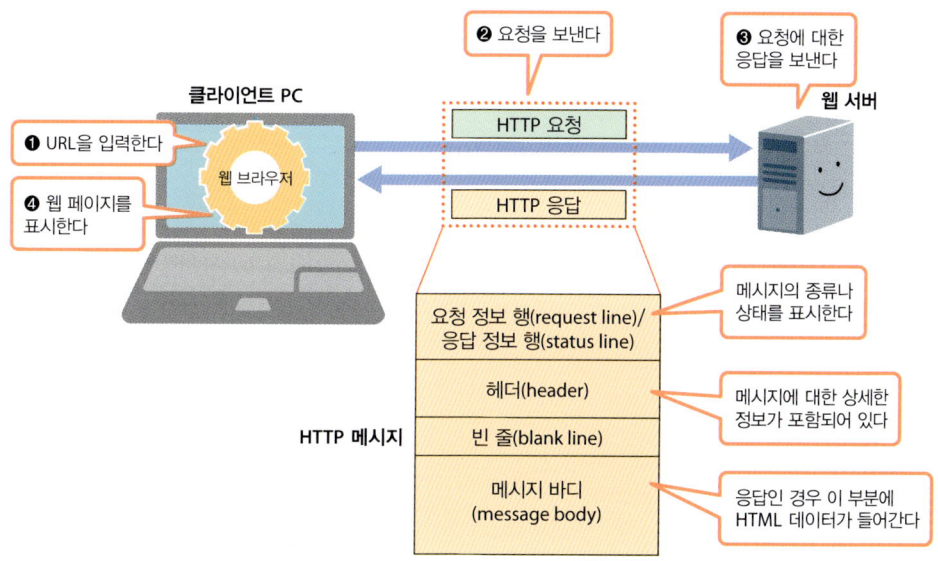

HTTP는 상태가 없다

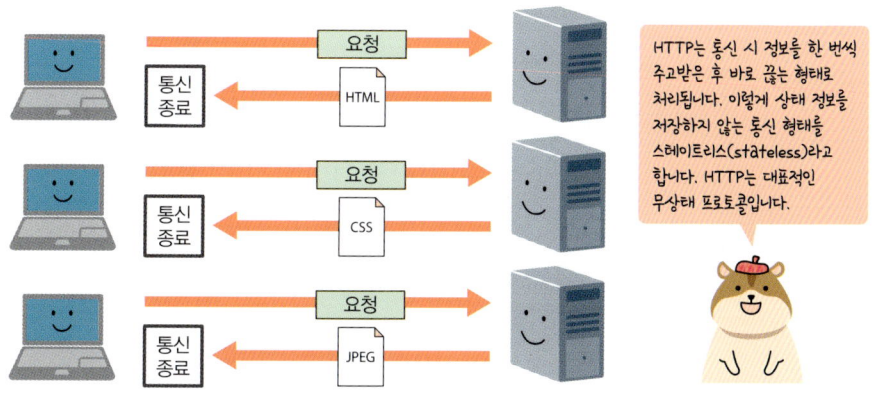

웹 서비스에서는 상태 정보 유지를 위한 별도의 처리가 필요하다. 자세한 내용은 42페이지 참고

HTTP 요청과 URL

특정 웹 페이지를 받아 보기 위해서는 **HTTP 요청**을 보내야 하는데, 이때 **URL(Uniform Resource Locator)**이라는 문자열을 사용한다.

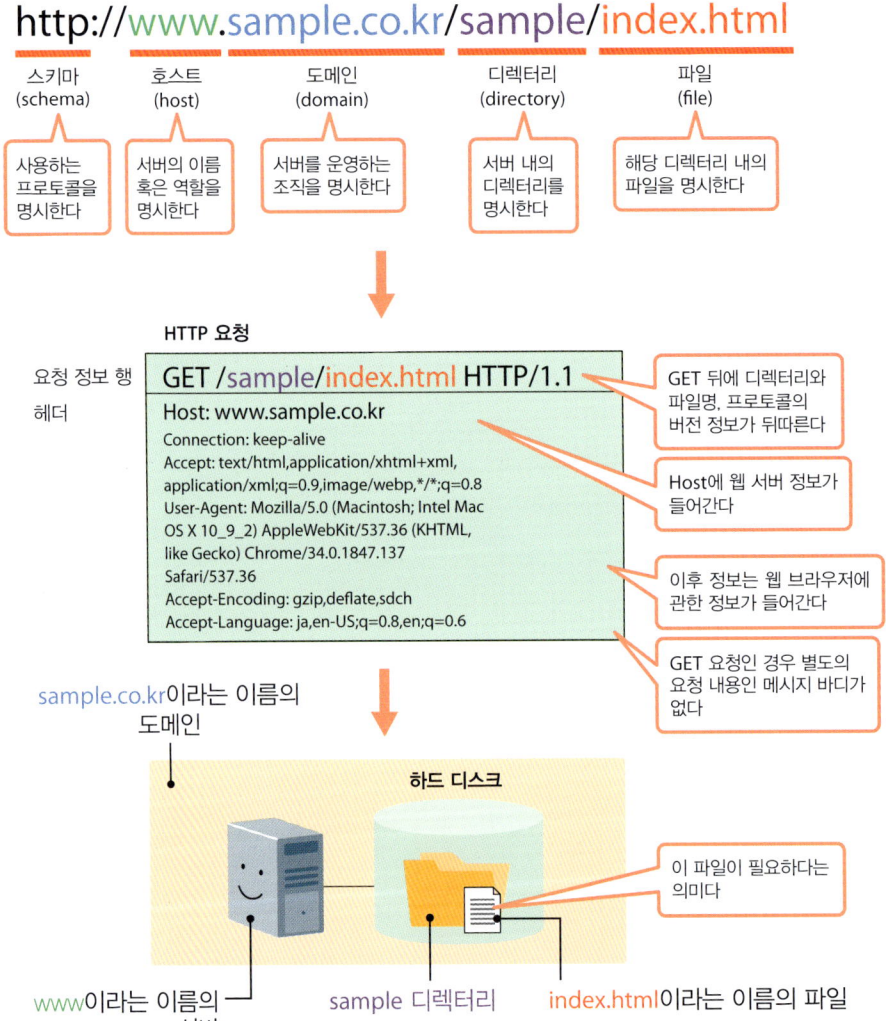

HTTP 응답과 상태 코드

HTTP 응답 데이터의 첫 번째 행(行)에는 요청에 대한 응답 상태를 표시하기 위한 **상태 코드**가 들어간다. 응답이 정상이라면 메시지 바디에 요청한 웹 페이지의 내용이 들어간다.

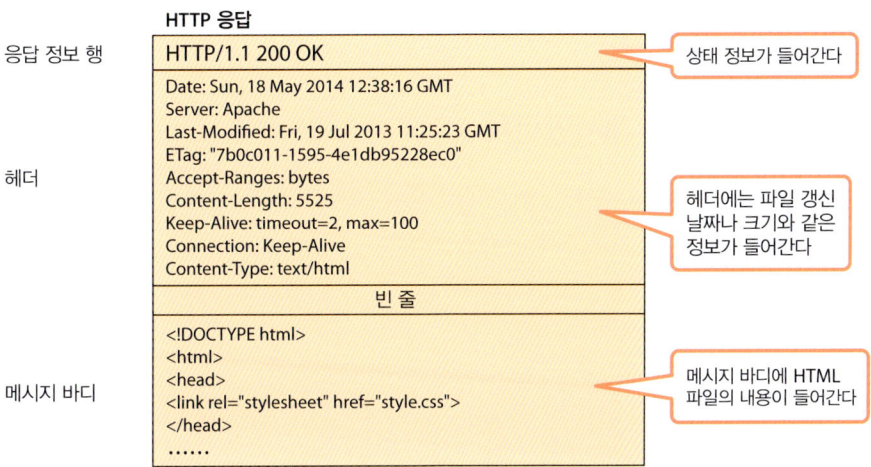

상태 코드의 의미

상태 코드	의미
100 Continue	서버가 헤더는 받았고 바디가 올 것을 기다리고 있음.
101 Switching Protocols	클라이언트가 서버에게 프로토콜을 바꾸자고 제안했고 서버도 수락함.
200 OK	요청이 성공했고 요청한 결과 데이터를 응답으로 보냈음.
201 Created	요청이 성공했고 새로 만들어진 URL을 응답으로 보냈음. 웹 서비스나 웹 애플리케이션에서 사용됨.
301 Moved Permanently	요청한 내용이 다른 경로로 옮겨졌음. 이후 옮겨진 경로로 요청해야 함.
302 Found	요청한 내용이 다른 경로로 옮겨졌음. 임시로 옮겨진 것이라 이후에도 동일한 경로로 요청해야 함.
304 Not Modified	요청한 내용은 갱신되지 않았음.
400 Bad Request	요청에 문제가 있음.
403 Forbidden	요청한 내용은 접근 금지됨.
404 Not Found	요청한 내용을 찾을 수 없음.

100번대는 정보를, 200번대는 성공을, 300번대는 경로 전환을, 400번대는 에러를 의미합니다.

CHAPTER 2

03 웹 서비스와 웹 애플리케이션

웹 서비스나 웹 애플리케이션은 웹의 동작 방식을 응용하여 사용자와 상호작용하기 위해 만들어진 프로그램이다.

■■ 검색 서비스에서 게시판까지

웹 페이지는 사용자의 입력을 받기 위해 양식 형태의 입력 필드를 제공한다. 웹 서버는 사용자의 입력을 받은 후 그 응답 결과를 다시 사용자에게 되돌려 주는데, 이때 응답 결과를 동적으로 만들어 주는 것이 **웹 서비스**나 **웹 애플리케이션**이다. 대표적인 웹 서비스의 예로는 검색 서비스나 온라인 쇼핑몰 등이 있다. 그 외에도 동작 방식은 유사하나 기능이 더 간단한 예로는 대부분의 인터넷 사이트에서 제공하는 게시판이나 방명록 등이 있다.

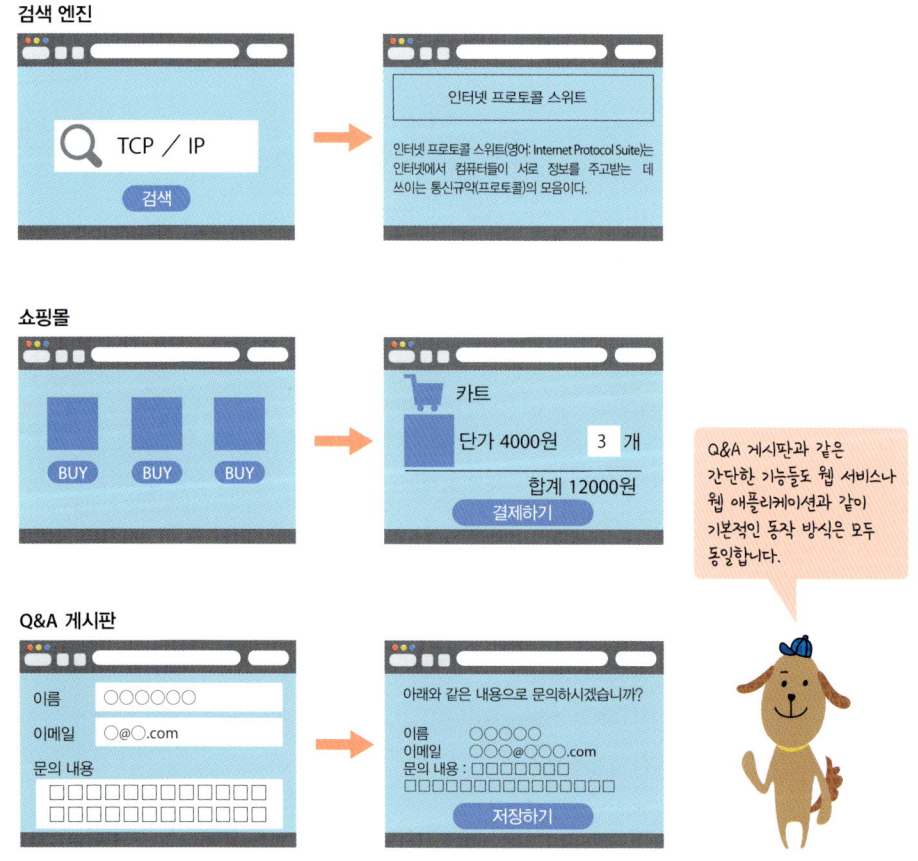

웹 서비스도 HTTP 메시지로 정보를 교환한다

웹 브라우저가 웹 서버에 웹 서비스를 요청하고 그 결과를 응답받는 것은 웹 브라우저가 웹 서버에 웹 페이지를 요청하고 응답을 받는 것과 동작 방식상 큰 차이가 없다. 다만, 웹 브라우저가 웹 페이지를 요청하면 웹 서버가 미리 만들어 둔 정적인 HTML 파일의 데이터로 응답하는 반면, 웹 서비스를 요청하면 웹 서버가 결과를 미리 만들어 놓지 않고 서버 프로그램이 HTML 데이터를 동적으로 만들어서 응답한다.

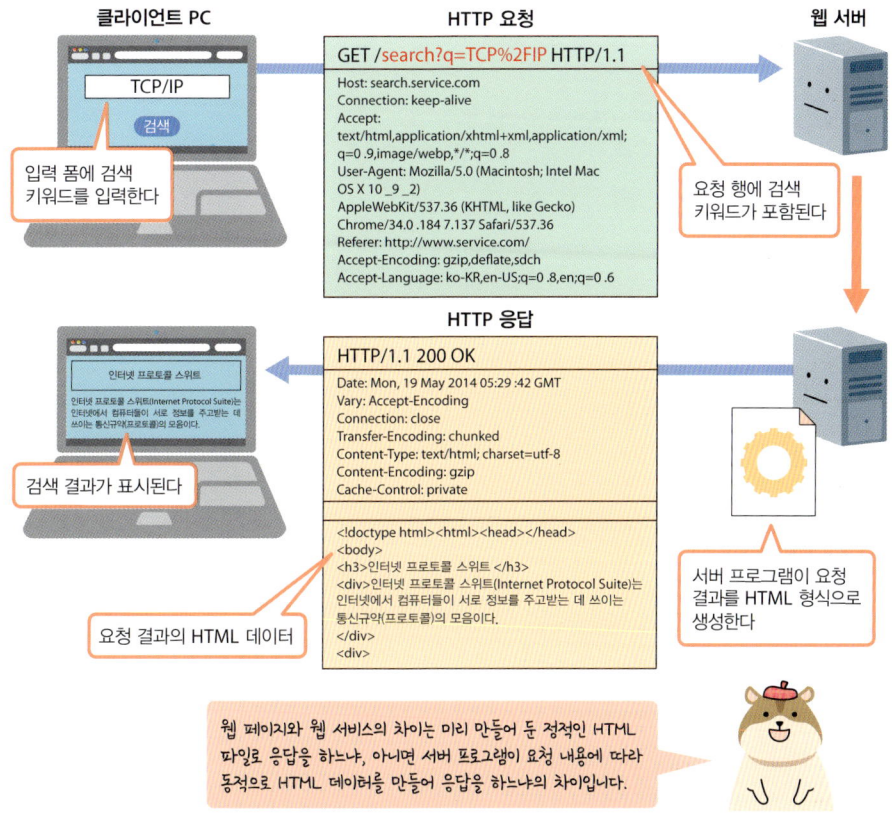

> 웹 페이지와 웹 서비스의 차이는 미리 만들어 둔 정적인 HTML 파일로 응답을 하느냐, 아니면 서버 프로그램이 요청 내용에 따라 동적으로 HTML 데이터를 만들어 응답을 하느냐의 차이입니다.

NOTE **CGI와 서버 사이드 프로그램**

웹 서버에서 동작하는 프로그램을 서버 사이드 프로그램(server side program) 혹은 서버 측 프로그램이라고 부른다. 서버 측 프로그램은 HTTP 메시지를 주고받는다는 조건만 맞으면 구현 방법은 어떤 것이라도 상관없기 때문에 Perl(펄), PHP, Python(파이썬), Ruby(루비) 등의 다양한 언어로 개발된다. 웹 초창기에는 웹 서버에서 이들 서버 측 프로그램을 실행하기 위해 CGI(Common Gateway Interface)라는 방식을 사용했었다. 이후에는 CGI보다 응답 속도가 우수한 웹 서버 추가 모듈 형태로 동작하는 방식이 사용되었다.*

---

* [역주] 원서에서는 웹 서버 추가 모듈까지만 설명되고 웹 애플리케이션 서버를 사용하는 형태까지는 언급되지 않고 있습니다. 최근의 웹 애플리케이션 환경은 웹 서버와 별도로 웹 애플리케이션 서버를 두어 동적인 처리를 위임하거나, 간단한 애플리케이션인 경우 정적 처리를 하는 웹 서버를 따로 두지 않고 웹 애플리케이션 서버만 두어 바로 요청을 받는 방식을 많이 사용합니다.

GET 방식과 POST 방식

HTML 입력 폼을 통해 HTML 요청을 보낼 때 주로 **GET 방식**과 **POST 방식**의 두 종류의 요청 방식을 많이 사용한다. 이들 요청 방식은 각각 사용하는 용도와 특징이 다르기 때문에 웹 서비스의 기능에 따라 구분해서 사용해야만 한다.

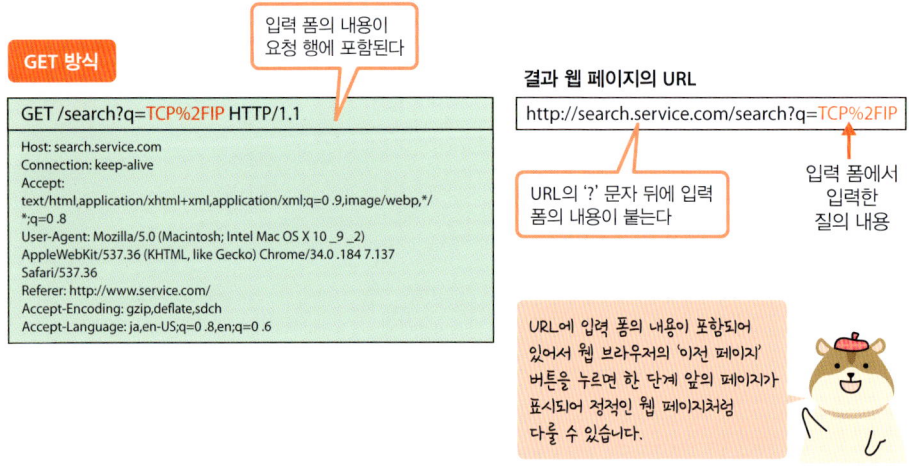

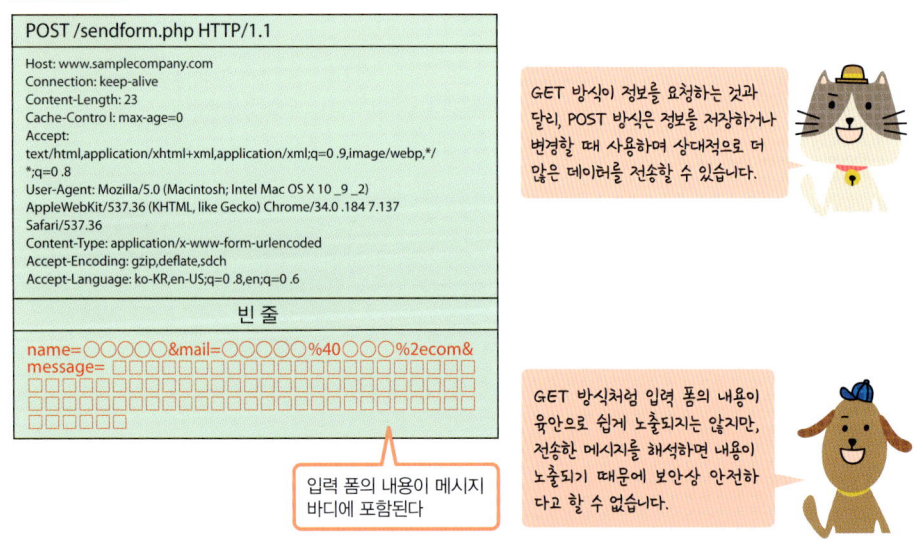

데이터의 암호화가 필요한 경우 HTTPS 프로토콜을 사용한다. 자세한 내용은 158페이지 참고

웹 서비스의 사용성을 높여주는 AJAX

이제까지 설명한 웹 서비스의 응답 결과 표시 방식은 웹 페이지 전체를 다시 그려 갱신하는 방식이었다. 최근의 웹 서비스는 시스템의 사용성(usability)을 높이기 위해서 **AJAX(Asynchronous JavaScript and XML)**라는 기술을 적용하고 있다. AJAX는 HTTP 메시지로 통신한다는 점에서는 일반적인 요청 방식과 비슷하지만, 요청을 보내는 주체가 브라우저가 아닌 자바스크립트라는 것에 차이가 있다. 즉, AJAX는 웹 브라우저가 웹 서버로 요청하는 것이 아니라, 자바스크립트로 작성된 프로그램이 웹 서버와 통신한다. 그리고 응답 결과로 받은 내용에 대해서는 웹 브라우저가 전체 페이지를 다시 그려 화면을 갱신하는 방식이 아니라, 자바스크립트가 웹 페이지의 특정 부분에만 응답받은 내용이 갱신되도록 처리한다. 결과적으로 사용자 입장에서는 전체 페이지를 다시 조회하지 않아도 되고, 서버의 응답을 바로 받아 상호작용할 수 있으므로 보다 자연스러운 서비스 이용과 보다 향상된 사용자 경험을 느낄 수 있다.

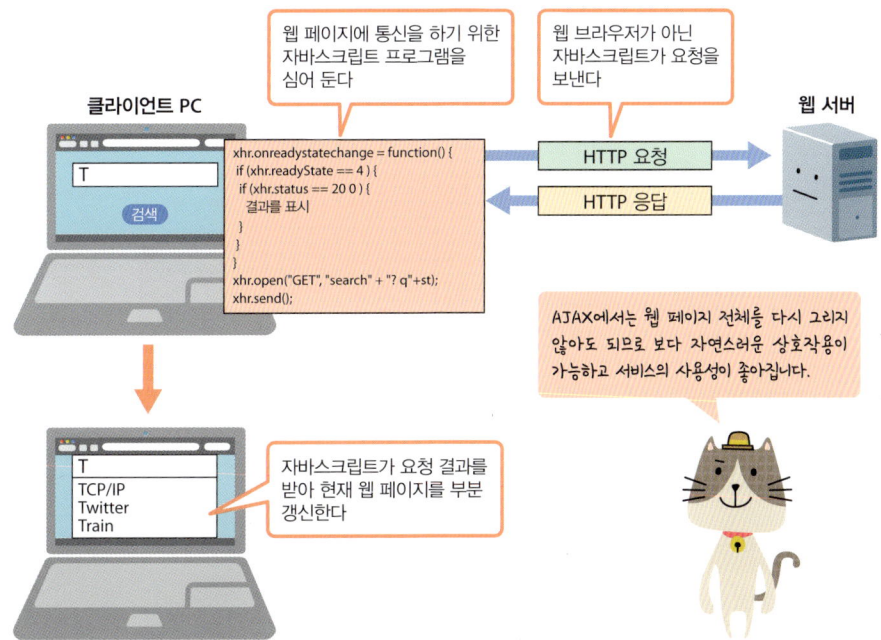

AJAX의 사용 예

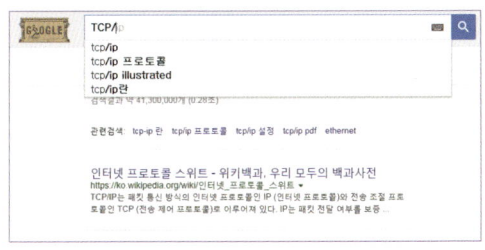

구글 검색의 입력 필드는 입력 도중에 검색 키워드와 유사한 키워드 후보들을 표시한다

CHAPTER 2

04 세션을 유지하기 위한 쿠키

HTTP는 기본적으로 요청과 응답하는 과정에서 상태 정보를 저장하지 않아 무상태 혹은 스테이트리스 프로토콜이라고 하며, 상태를 유지하면서 연속된 응답을 해야 할 때 쿠키라는 기술을 사용한다.

■■ 쿠키로 세션을 유지한다

HTTP는 무상태 프로토콜이기 때문에 요청과 응답을 한 번씩 주고받은 후에 통신이 끊어진다. 그래서 온라인 쇼핑몰에서 상품을 선택하고 구입 결정을 한 후에 결제 화면으로 이동하는 것처럼 여러 단계의 흐름 처리를 할 때는 각 요청이 동일한 사용자가 보낸 것인지 다른 사용자가 보낸 것인지 판단하지 못한다. 이런 경우 여러 건의 요청 처리를 동일한 사용자 접속 세션(session)으로 인식할 수 있도록 **쿠키(cookie)**를 사용한다.

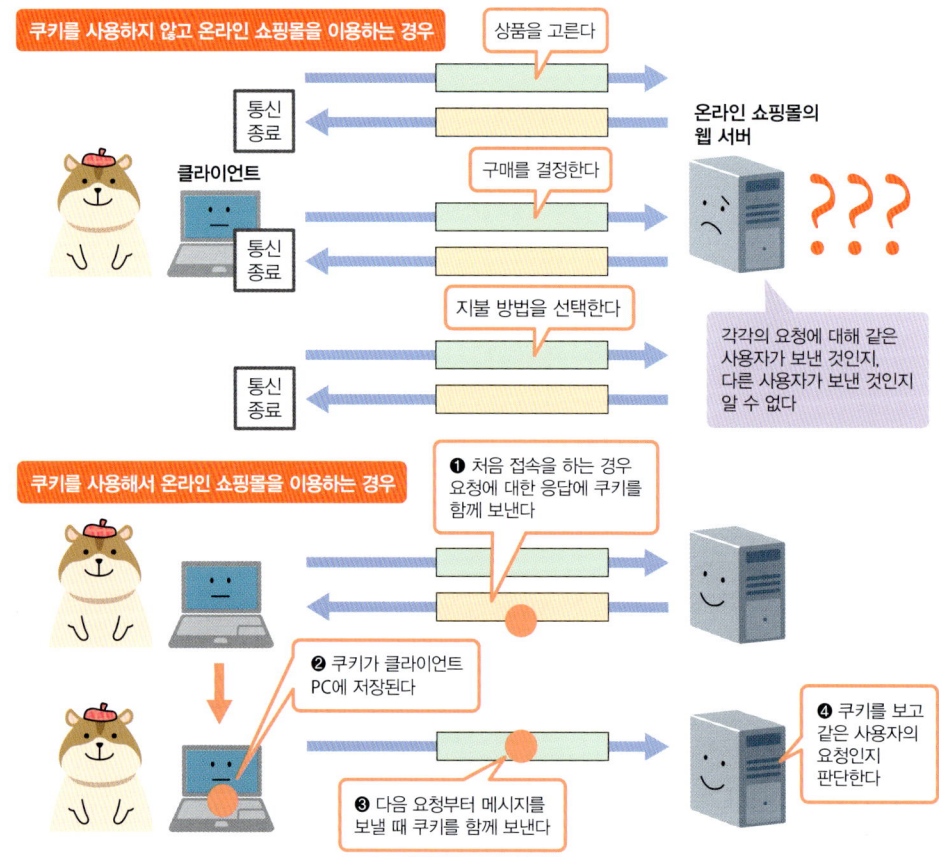

쿠키가 하는 일

웹 브라우저는 응답받은 메시지에 'Set-Cookie:'라는 문자열이 있는지 확인하고, 만약 있으면 그 내용을 로컬 디스크에 쿠키 형태로 저장한다. 쿠키 정보는 악용될 경우 보안 문제가 발생할 수 있기 때문에 이에 대비한 조치가 필요한데, 기본적으로 웹 브라우저가 이에 대한 방어책을 자체적으로 구현하고 있다. 예를 들면, 쿠키가 생성된 웹 서버와 동일한 도메인을 사용하는 웹 사이트에만 쿠키가 전송되도록 제한하거나, 이미 저장된 쿠키들이 있다면 유효기간을 확인하고 유효기간이 지난 것은 자동으로 폐기하기도 한다.

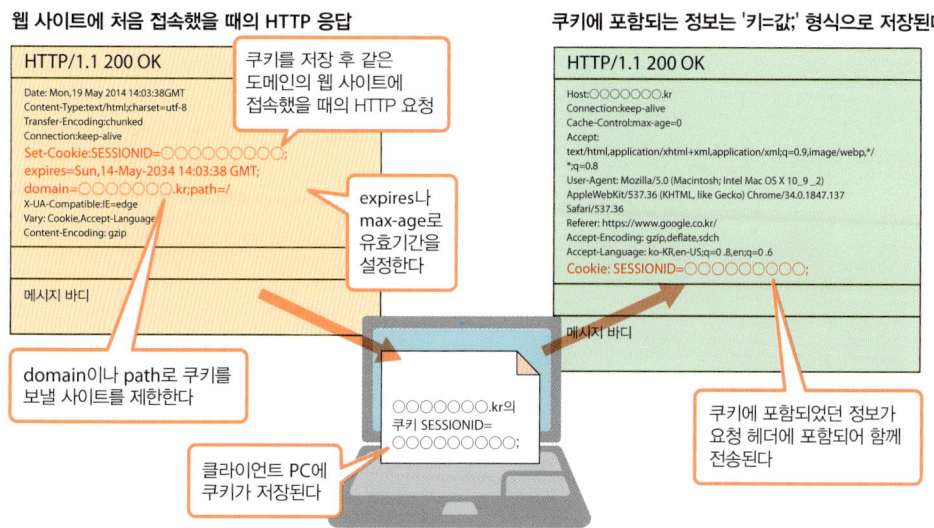

쿠키를 사용해서 주고받는 정보

유출되었을 때 보안 문제가 생길 만한 정보는 클라이언트 PC의 쿠키에 저장하지 말아야 한다. 기본적으로 각종 정보는 서버 쪽에 저장하는 것이 원칙이고, 동일한 사용자인지 확인하기 위한 **세션 ID** 등의 식별 정보만 클라이언트에 쿠키로 저장하도록 제한해야 한다.

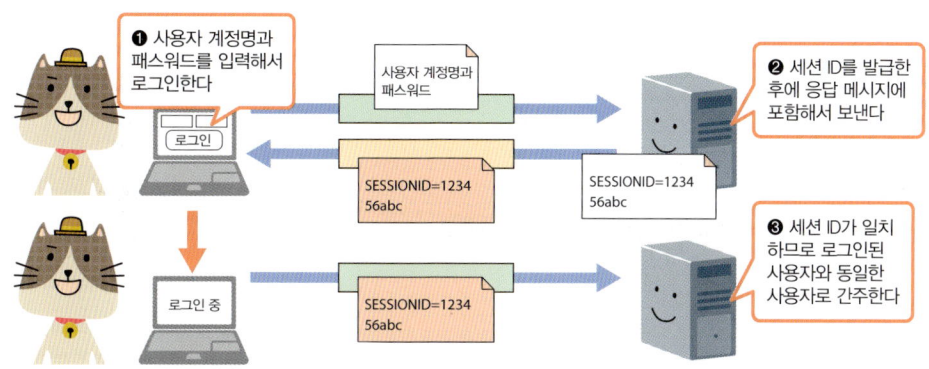

CHAPTER 2

05 이메일

이메일을 송수신할 때는 SMTP, POP, IMAP와 같은 여러 프로토콜이 사용된다.

■■ 송신과 수신에 서로 다른 프로토콜을 사용한다

이메일에서 사용되는 애플리케이션 계층 프로토콜에는 발신할 때 사용하는 **SMTP**(Simple Mail Transfer Protocol)와 수신할 때 사용하는 **POP**(Post Office Protocol)가 있다. 그래서 메일 발신자는 SMTP를 사용하여 수신자의 메일 서버로 메일을 보내고, 메일 수신자는 POP를 사용해서 메일 서버로부터 자신의 메일을 받아 온다.

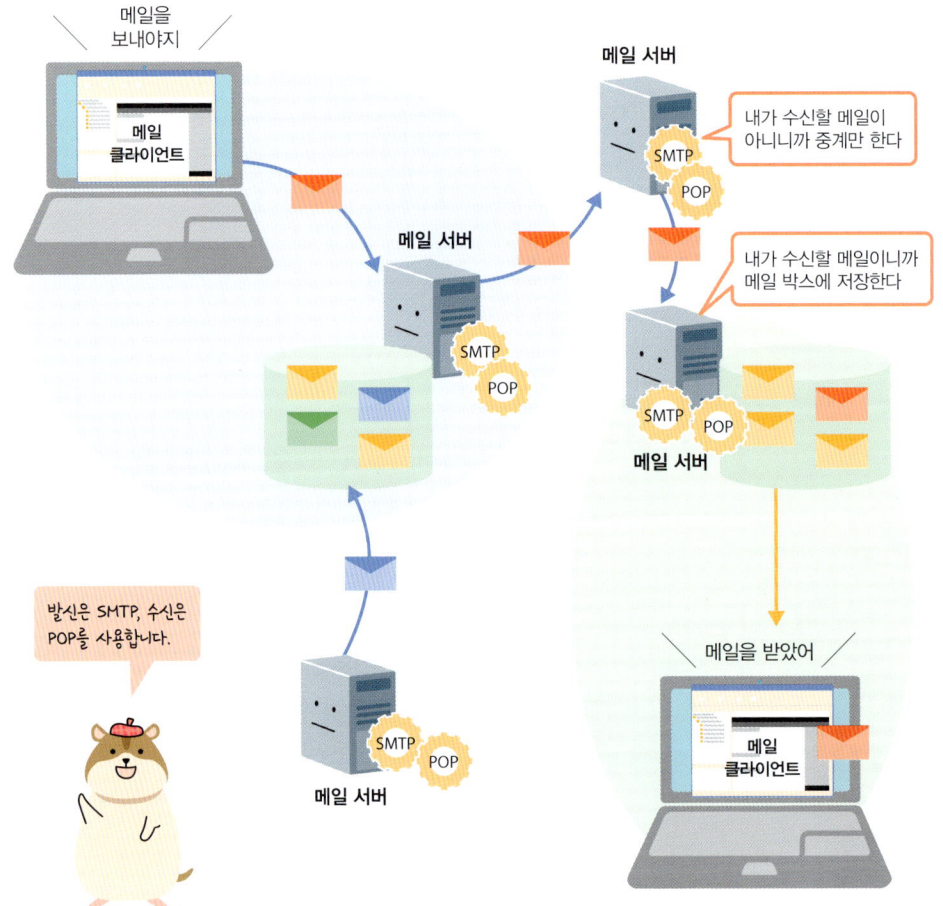

SMTP의 동작 방식

SMTP 프로토콜은 클라이언트 PC가 메일 서버로 메일을 보낼 때만 사용되는 것이 아니라, 발신자의 메일 서버에서 수신자의 메일 서버로 메일을 중계할 때도 사용된다. HTTP 프로토콜과는 달리 상태를 가지는 스테이트풀(stateful) 프로토콜이기 때문에 전송 종료 명령이 보내져야 통신을 종료한다.

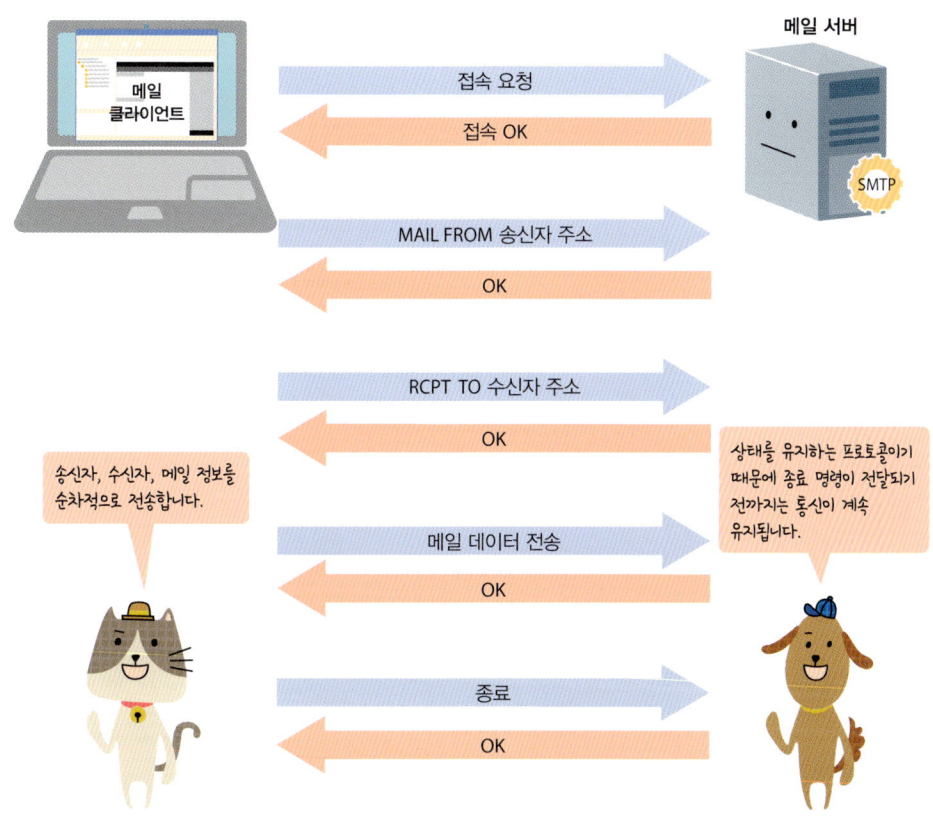

메일 서버 간의 메일 중계에도 SMTP가 사용된다

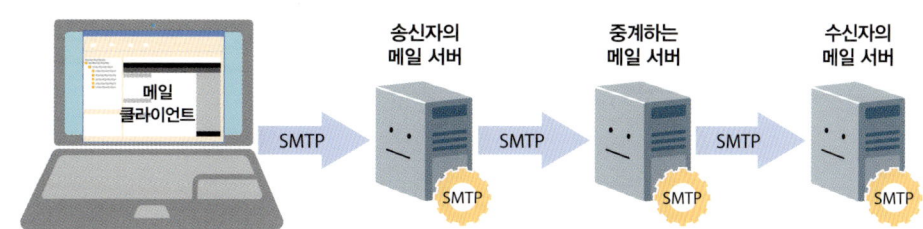

이메일을 수신하는 POP

SMTP 프로토콜을 통해 전송된 메일은 최종적으로 수신자의 메일 서버에 저장된다. 이후 메일 서버에 저장된 메일을 확인할 때는 **POP** 프로토콜을 사용한다. 메일을 수신하는 것 외에도 수신한 메일 건수나 용량 확인, 메일 삭제와 같은 처리에도 POP 프로토콜을 사용한다.

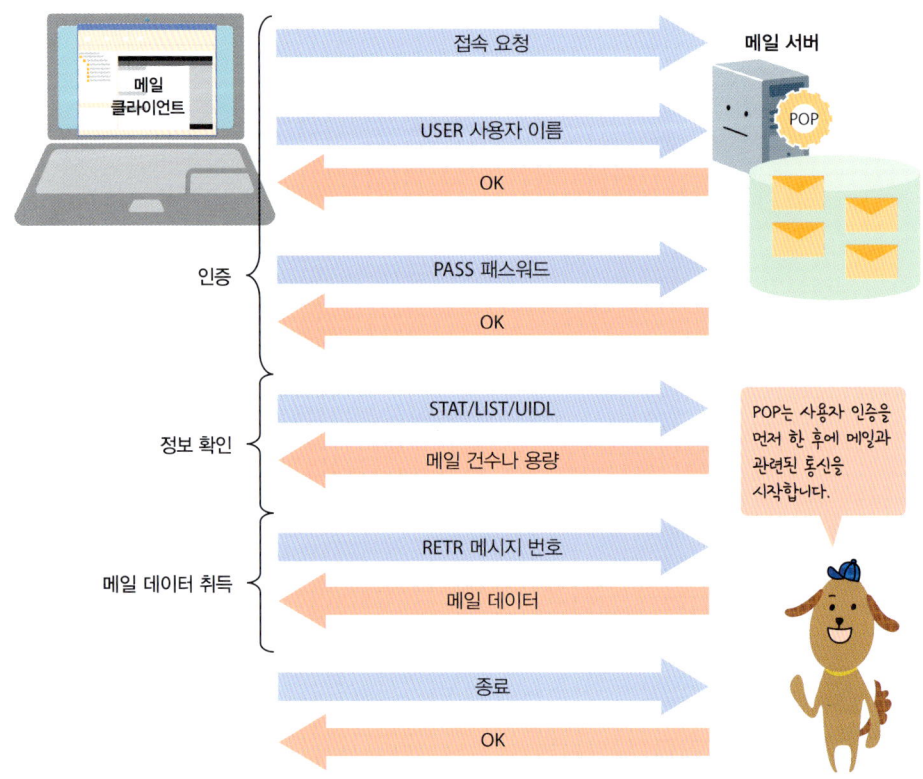

> **NOTE** POP3
>
> POP에는 몇 가지 버전이 있는데, 현재 사용되는 것이 3 버전이라 POP 프로토콜을 언급할 때 POP3라고 한다. 다른 프로토콜들은 버전을 명시하지 않는 경우가 많은데, 굳이 버전을 명시를 하는 이유는 POP 프로토콜이 하위 버전과 차이가 너무 커서 다른 버전과 혼용될 경우 오동작이 발생할 수 있기 때문이다.

SMTP에도 인증은 필요하다

SMTP에는 POP와 같은 사용자 인증 체계가 없기 때문에 스팸 메일 발송 등에 종종 악용되기도 한다. 그래서 POP 서버의 인증 기능을 활용하거나 다른 네트워크로부터의 SMTP 접근을 제한하는 대안을 사용하기도 한다. 그 외에도 **SMTP Auth** 프로토콜이라는 것이 만들어졌는데, 이는 SMTP에 사용자 인증 기능이 추가된 확장 프로토콜이다.

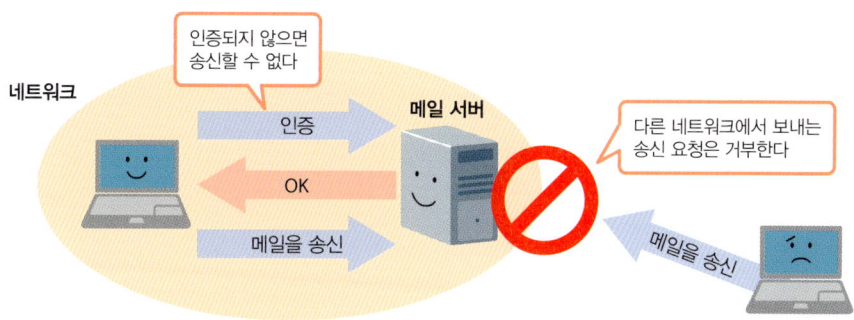

서버에 메일을 보관하는 IMAP

POP 프로토콜은 기본적으로 클라이언트가 메일을 수신하면 메일 서버에 보관된 메일을 삭제하게 되어 있다. 그래서 메일을 오랫동안 보관하려면 클라이언트 PC에 메일을 보관할 저장 공간을 확보해 두어야 한다. 이에 반해 **IMAP** 프로토콜은 클라이언트 PC가 메일을 수신하더라도 메일 서버에서 수신한 메일을 지우지 않고 보관하게 되어 있다. 이런 방식은 메일 저장 공간이 충분하지 않은 스마트폰 등의 휴대기기에서 많이 활용된다.

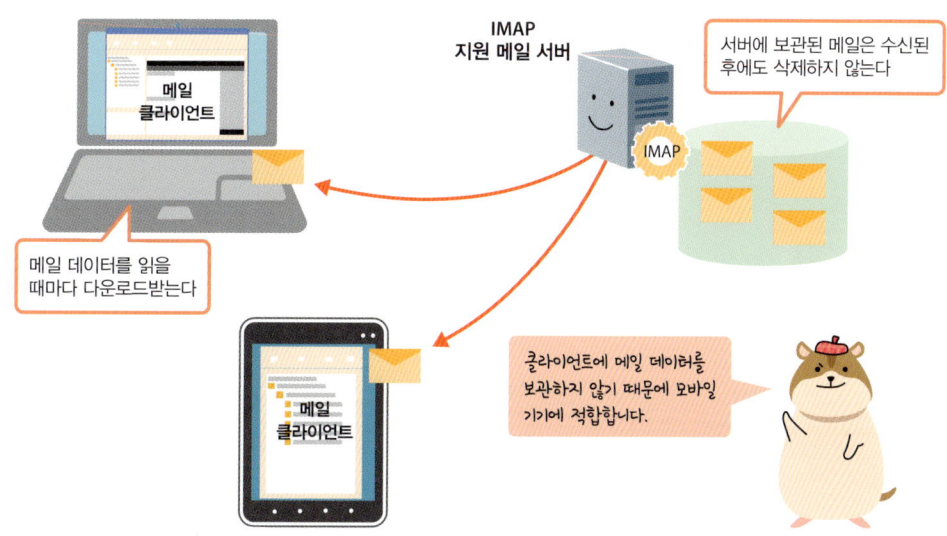

CHAPTER 2

06 PC끼리 파일 공유하기

파일 공유는 개인 컴퓨터에 공유 디렉터리를 만든 후, 그 안에 공유할 파일을 저장하여 여러 사람이 함께 활용할 수 있도록 만드는 서비스다.

■■ 피어 투 피어 통신

개인 컴퓨터에서 많이 사용되는 **파일 공유**는 공유에 참여하는 각각의 컴퓨터가 서로 서버가 되기도 하고 클라이언트가 되기도 하는 **피어 투 피어**(P2P, peer to peer) 방식을 사용한다. 특별히 공유를 위한 서버를 별도로 준비할 필요가 없고 공유할 컴퓨터끼리 네트워크에 접속하기만 하면 된다. 그 외에도 NAS(Network Attached Storage)라는 파일 공유 프로토콜을 지원하는 전용 컴퓨터가 있는데, 다른 개인 컴퓨터들과 같이 네트워크에 연결하기만 하면 쉽게 공유에 참여할 수 있다.

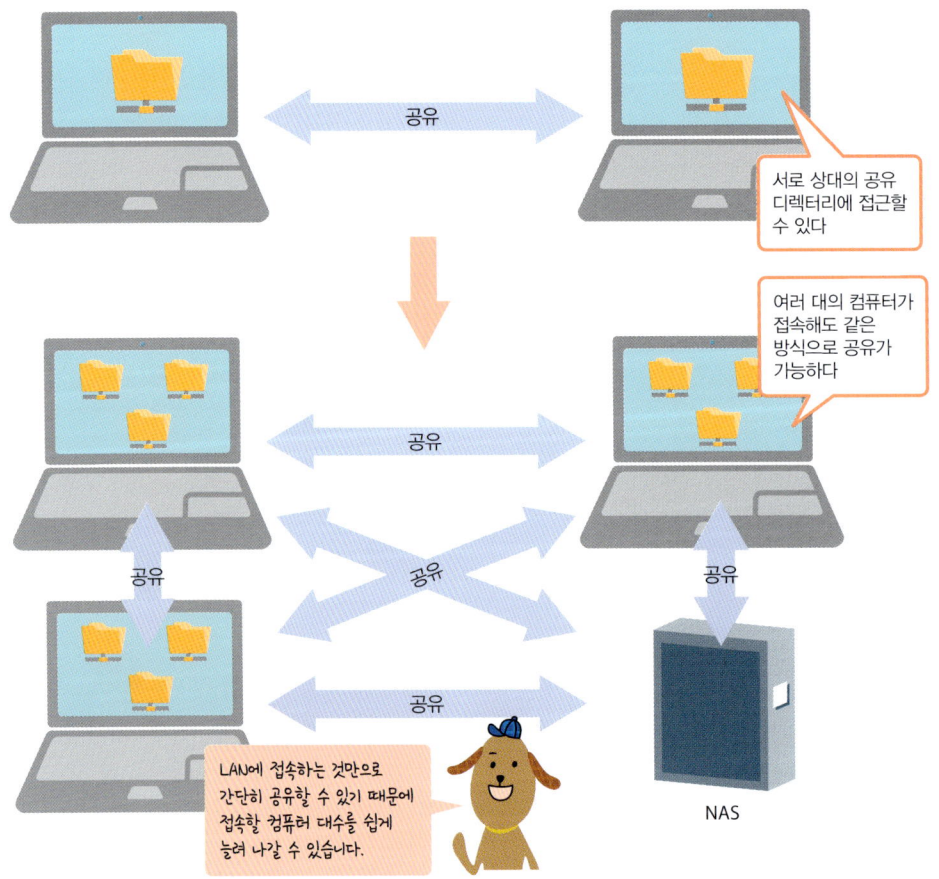

공유할 상대 컴퓨터를 찾는 방법

파일 공유는 피어 투 피어 방식이기 때문에 중앙에서 관리하는 서버가 없다. 처음에는 LAN에 연결된 컴퓨터들 중 어떤 컴퓨터가 공유를 하고 있는지 알 방법이 없기 때문에 일단 컴퓨터가 네트워크에 연결되면 다른 모든 컴퓨터에게 자신이 연결되었다는 것을 통보하게 된다. 이때 통보를 받은 다른 컴퓨터는 자신의 정보를 응답으로 알려주게 되고, 결과적으로 네트워크 전체에서 공유 가능한 컴퓨터들을 서로 식별할 수 있게 된다.

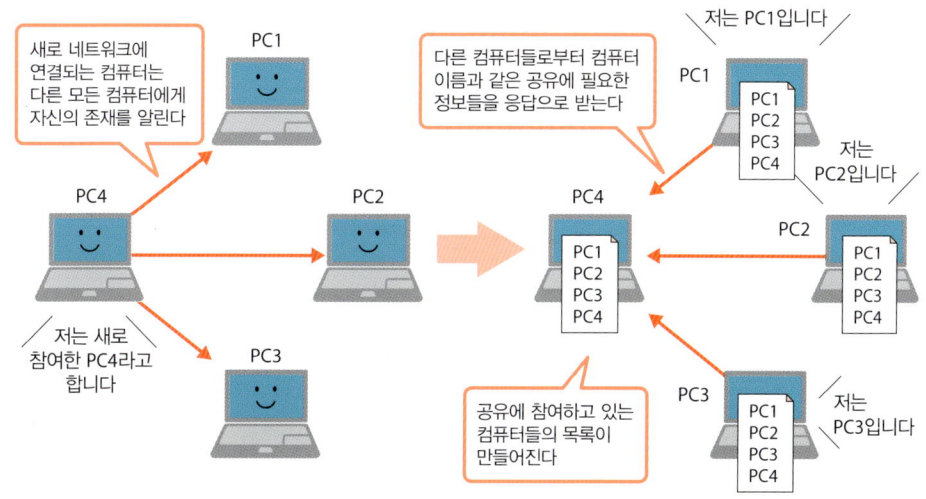

파일 공유 프로토콜은 OS마다 서로 다르다

파일 공유 기능은 OS에 기본적으로 탑재되어 있는데, 윈도우(Windows)에서는 **SMB(Server Message Block)**가 사용되고 맥 OS X에서는 **AFP(Apple Filing Protocol)**가 사용되는 등 OS마다 독자적인 파일 공유 프로토콜을 제공하였다. 다만, 최근에는 다른 OS의 프로토콜도 지원할 수 있게 되어 간단한 설정만으로 파일을 서로 공유할 수 있게 되었다.

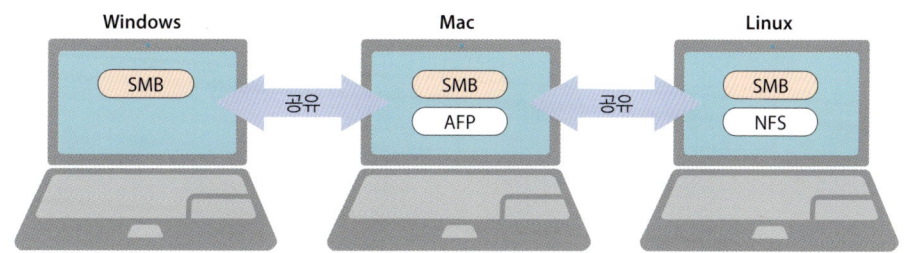

CHAPTER 2

07 파일을 전송하는 FTP

FTP는 네트워크에 연결된 서버로 파일을 전송하기 위한 프로토콜이다.

■■ 서버로 파일을 전송한다

FTP(File Transfer Protocol)는 파일 전송 프로토콜이다. LAN에서는 파일 공유와 같은 더 간단한 파일 전송 방법이 있기 때문에 주로 인터넷에 연결된 서버에 파일을 전송할 때 사용된다. 명령어를 사용해서 파일을 업로드하거나 다운로드하고, 디렉터리를 만들거나 파일을 삭제하기도 한다.

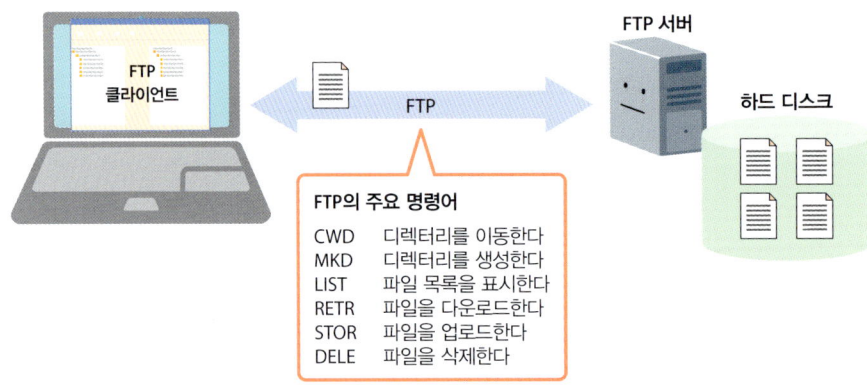

■■ 웹 페이지 파일을 업로드하는 경우

FTP는 웹 서버로 웹 페이지를 전송할 때 자주 사용된다. 한 대의 서버에서 FTP 서버 프로그램과 웹 서버 프로그램을 함께 구동하고 있다면, FTP로 HTML 파일을 전송하고 이 파일을 웹 서버가 HTTP를 통해 서비스하는 것이 가능하다.

50 CHAPTER 2 네트워크 서비스와 애플리케이션 계층

데이터 커넥션과 컨트롤 커넥션

FTP에서는 크게 파일을 주고받기 위한 **데이터 커넥션**과 명령어를 보내기 위한 **컨트롤 커넥션**의 두 가지 접속 형태를 사용한다. 이렇게 접속 형태가 분리되어 있으면 파일 전송 중에도 명령을 줄 수 있어서 전송 중인 파일을 중단시키는 것이 가능하다.

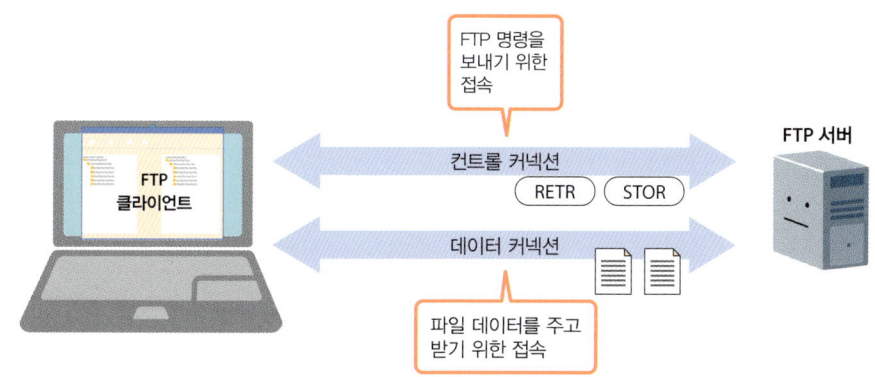

액티브 모드와 패시브 모드

방화벽이나 가정용 초고속 인터넷 **라우터(router)**를 사용하는 경우 외부와의 통신을 차단하는 경우가 많다(107페이지 참고). 특히, FTP 서비스에서는 서버 내부에서 외부로 나가는 통신을 방화벽이 차단하여 파일 전송이 안 되는 경우가 발생하기도 하는데, 이때는 **패시브 모드(passive mode)**를 사용해서 클라이언트 쪽에서 서버 쪽으로 역방향으로 데이터 커넥션을 만들어 주면 파일을 전송할 수 있게 된다.

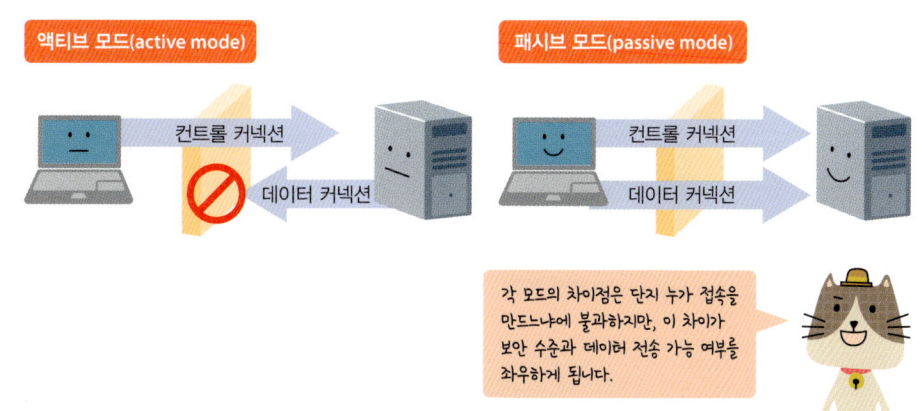

CHAPTER 2

08 원격지의 컴퓨터 제어하기

원격지의 컴퓨터를 제어하는 방법으로는 CLI(Command Line Interface)와 같은 명령 프롬프트를 통해 명령어로 제어하는 방법과 GUI(Graphical User Interface)를 통해 제어하는 방법이 있다.

■■ 원격지 컴퓨터를 명령어로 제어하기

Telnet이나 **SSH(Secure SHell)**는 원격지의 컴퓨터를 명령어로 제어하기 위한 프로토콜이다. 서버들은 데이터 센터와 같이 먼 곳에 설치되어 있는 경우가 많기 때문에 서버를 관리할 때는 Telnet이나 SSH를 사용하는 것이 일반적이다. Telnet이나 SSH는 윈도우의 명령 프롬프트에서 명령을 내리면 그 내용을 그대로 서버로 전달하는데, 명령에 대한 결과가 다시 텍스트로 표시되어 마치 서버 앞에 앉아 있는 것처럼 작업할 수 있다.

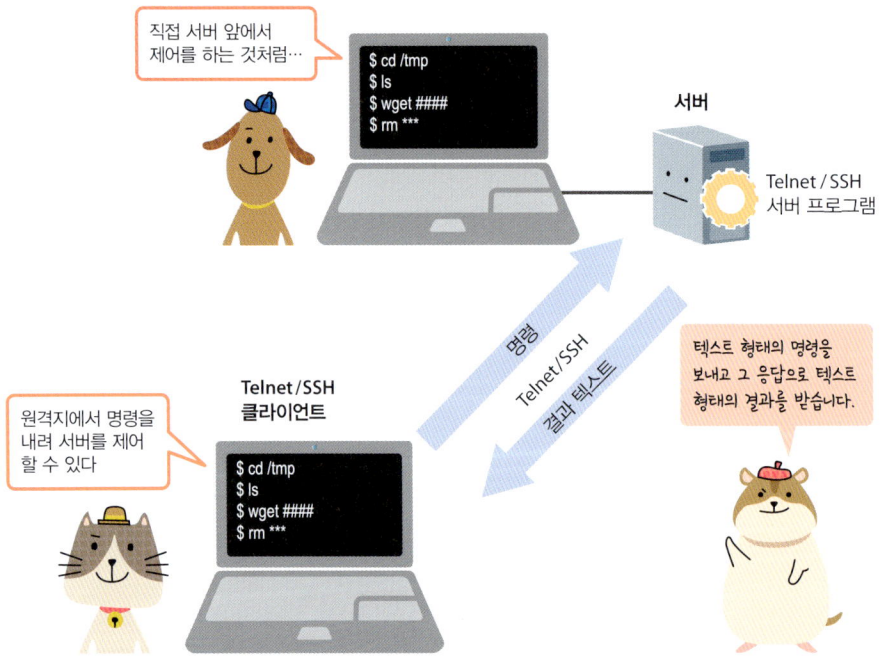

최근에는 보안을 위해 통신 내용이 암호화되는 SSH를 많이 사용한다. 자세한 내용은 160페이지 참고

52 CHAPTER 2 네트워크 서비스와 애플리케이션 계층

원격지 컴퓨터의 데스크톱 제어하기

원격 제어를 할 때 텍스트 형태의 명령어 방식 외에도 GUI 인터페이스를 사용한 도구나 원격 제어 관련 프로토콜을 활용하는 방식이 있다. 윈도우에 내장된 원격 데스크톱은 RDP(Remote Desktop Protocol) 프로토콜을 사용하고, OS에 독립되어 범용으로 사용 가능한 VNC(Virtual Network Computing)는 RFB(Remote FrameBuffer) 프로토콜을 사용한다. GUI 인터페이스를 사용할 때는 마우스나 키보드의 제어 정보를 서버로 보낸 후에 원격 서버의 화면 이미지를 응답으로 받는 방식이기 때문에 화면 이미지의 데이터 크기를 줄여주기 위한 압축 기술도 함께 사용된다.

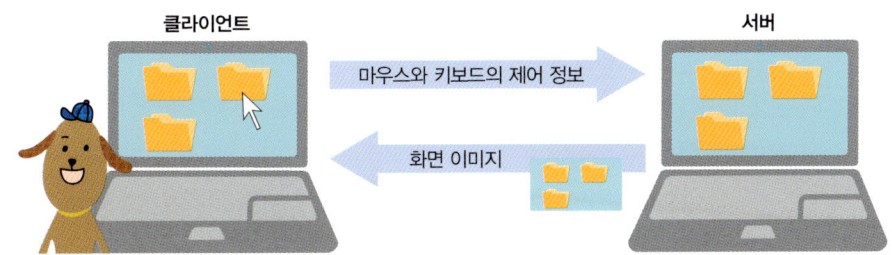

씬 클라이언트

한때 원격 데스크톱이나 VNC를 응용한 예로 가상 OS와 씬 클라이언트(thin client)를 조합한 서비스가 있었다. 이 방식은 한 대의 서버 컴퓨터에 여러 대의 가상 OS를 운영하고, 저사양 PC에서 서버의 가상 OS로 원격 데스크톱이나 VNC로 접속하는 방식으로 서버 자원을 원격 제어를 통해 사용하는 것이 가능했다.

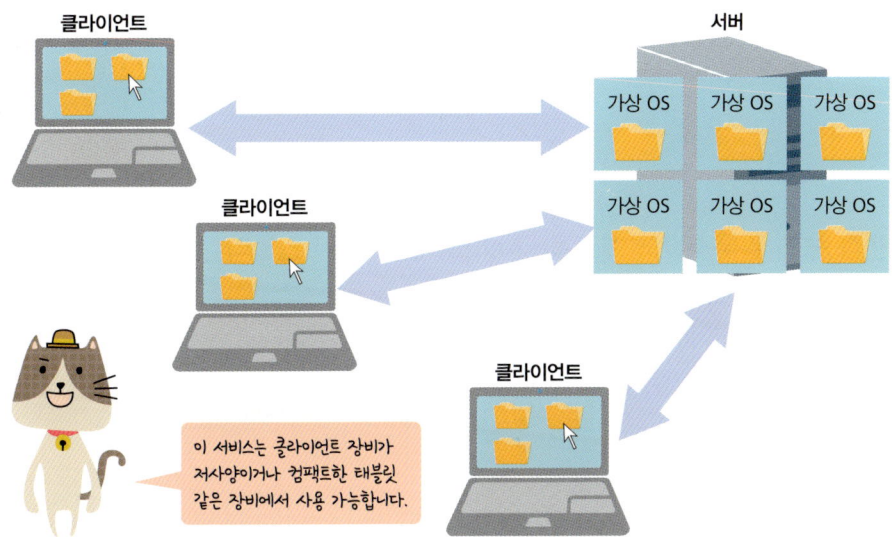

CHAPTER 2

09 Voice over IP와 영상 스트리밍

인터넷에서 음성이나 동영상을 보낼 때는 데이터를 압축하거나 분할해서 보낸다.

■ 실시간으로 음성과 동영상을 보내기 위한 기술

요즘에는 과거와는 달리 컴퓨터에서 음성이나 동영상을 주고받는 것은 어렵지 않은 기술이 되었고, 일상생활에서도 많이 활용될 만큼 보편적인 서비스가 되었다. 인터넷 전화 서비스로는 스카이프(Skype)나 라인(LINE) 등이 대표적이고, 스마트폰에서는 LTE와 함께 **VoIP(Voice over IP)** 기술이 사용되기도 한다. 음성이나 동영상 데이터는 메일과 같은 텍스트 형태의 정보에 비해 상대적으로 데이터 용량이 크기 때문에 통신의 신뢰성보다는 전송 속도를 우선하는 UDP를 사용하고, 전송 시에는 데이터를 압축하되 수신된 정보를 바로 재생할 수 있는 스트리밍(streaming) 기술을 사용한다.

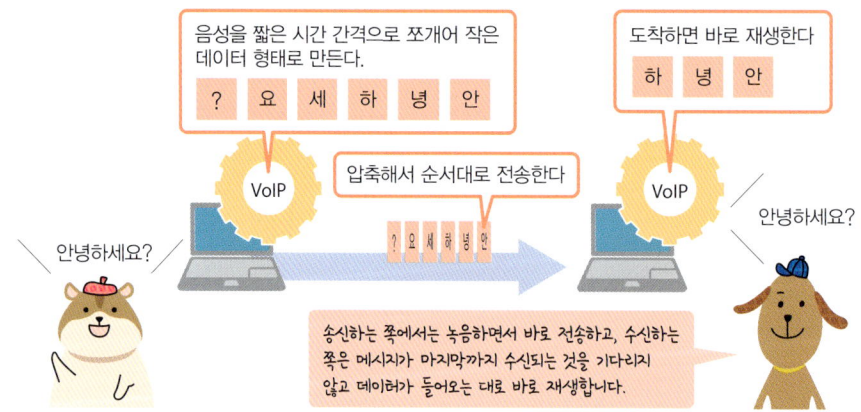

■ 전송 중에 일부 데이터가 누락되더라도 신경 쓰지 않는다

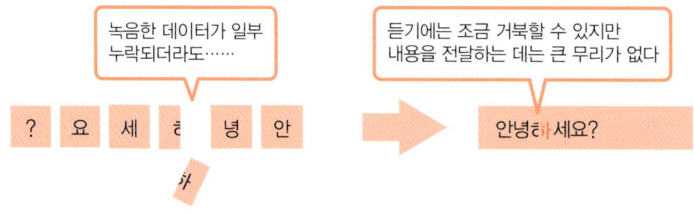

동영상이나 음성을 통신할 때는 속도가 빠른 UDP가 사용된다. 자세한 내용은 76페이지 참고

클라이언트 서버 방식과 조합하기

음성이나 동영상을 주고받는 서비스는 중간에 서버를 경유하지 않고 컴퓨터나 스마트폰끼리 직접 통신하는 피어 투 피어 방식을 사용하는 것이 일반적이다. 다만, 피어 투 피어 방식은 서로 통신할 상대를 찾는 것이 어렵기 때문에 우선 클라이언트 서버 방식으로 디렉터리 서버에 접속하여 상대를 찾은 다음, 상대방과 통화할 때 피어 투 피어 방식으로 직접 통신하는 하이브리드(hybrid) 방식도 많이 활용된다.

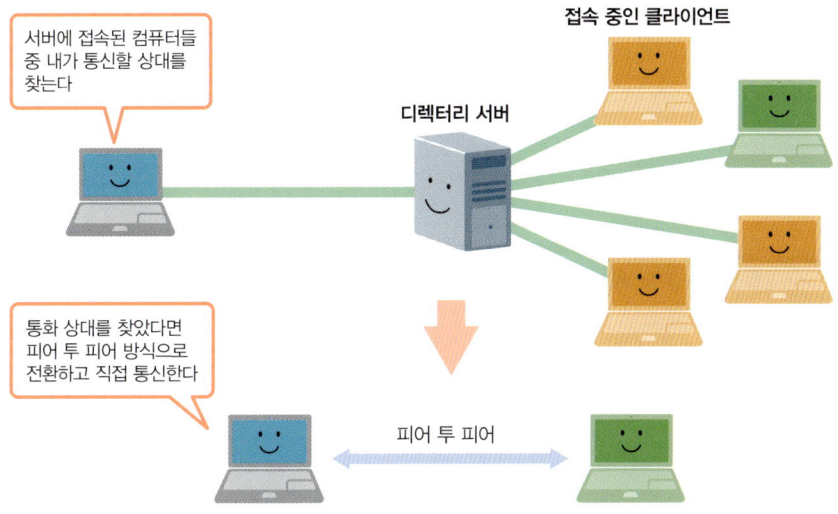

동영상 공유 서비스가 사용하는 프로토콜

음성이나 동영상을 처리하는 프로토콜은 아직 널리 보편화된 것은 아니기 때문에 일부 네트워크 환경에서는 통신이 거부되는 경우가 종종 발생할 수 있다. 그래서 유튜브(YouTube)와 같은 동영상 공유 서비스에서는 동영상 프로토콜에서 사용할 데이터를 HTTP 메시지 안에 채워 넣는 기술을 사용하고 있다. HTTP라면 차단되는 경우가 거의 없으므로 더 많은 환경에서 차단 없이 동영상을 서비스할 수 있다.

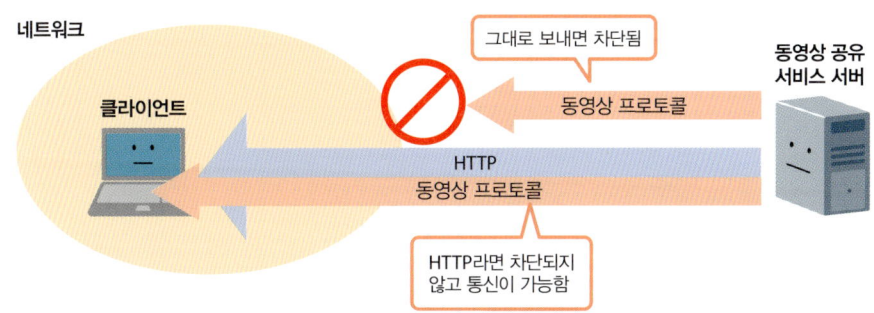

CHAPTER 2

10 크롬 개발 도구로 HTTP 메시지 살펴보기

구글(Google)에서 제공하는 웹 브라우저인 크롬(Chrome)*을 사용해서 웹 브라우저와 웹 서버가 HTTP 메시지를 주고받는 과정과 쿠키가 설정되는 과정을 살펴보자.

■ 크롬 개발자 도구

웹 페이지를 요청하고 페이지가 표시되기까지 웹 브라우저와 웹 서버 사이에서는 수많은 HTTP 메시지가 오간다. 이런 과정을 크롬 웹 브라우저에서 확인해 보자. 우선은 크롬을 설치한 다음 오른쪽 상단의 메뉴 버튼에서 개발자 도구를 선택한다. 이후 표시되는 개발자 도구 창에서 'Network' 탭을 선택하면 HTTP 메시지를 주고받는 모습을 볼 수 있다.

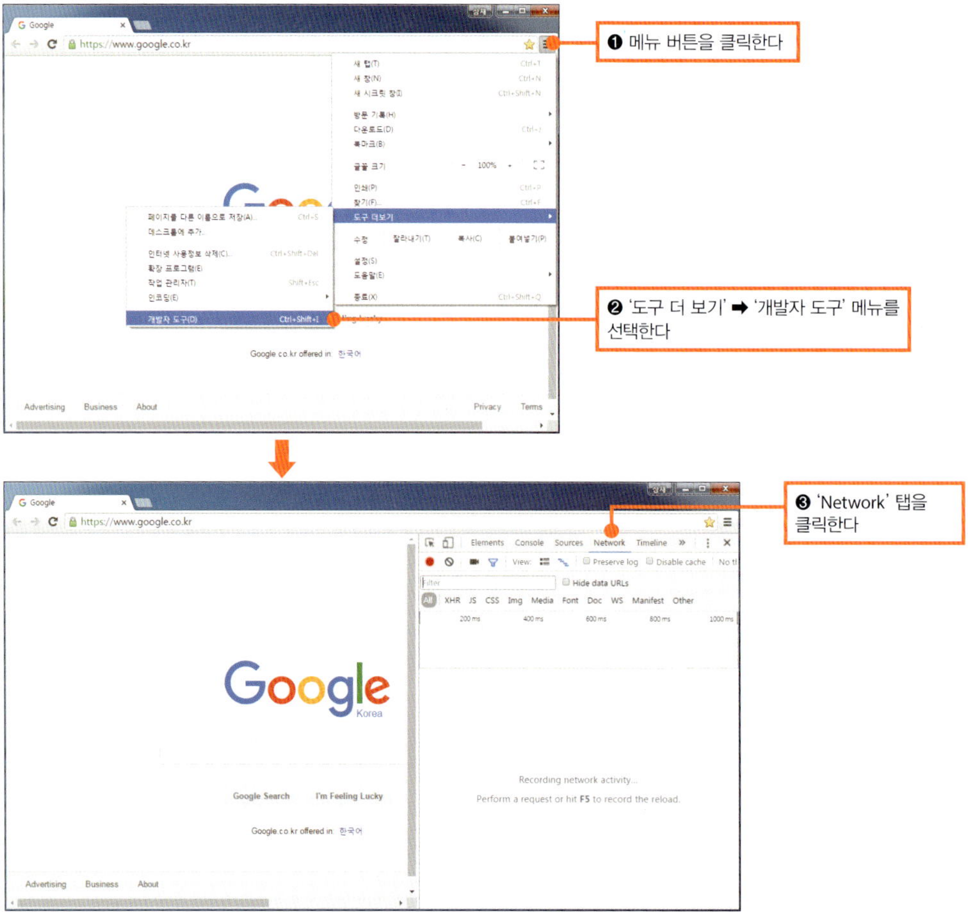

---

* 원서의 크롬 버전이 낮아 번역 시점인 2016년 4월의 크롬 버전 49.0.2623.110 m으로 설명합니다.

CHAPTER 2 네트워크 서비스와 애플리케이션 계층

■■ 요청과 응답 내용 살펴보기

'Network' 탭을 표시한 직후에는 아무런 정보도 표시되지 않으므로 일단 웹 페이지를 다시 요청해 본다. 그러면 웹 페이지가 표시되기까지 주고받은 HTTP 요청의 목록이 표시되는 것을 알 수 있다. 목록 중에서 도메인 주소가 적혀 있고 문서 모양의 아이콘이 있는 항목을 클릭하면 HTTP 메시지의 내용을 볼 수 있다.

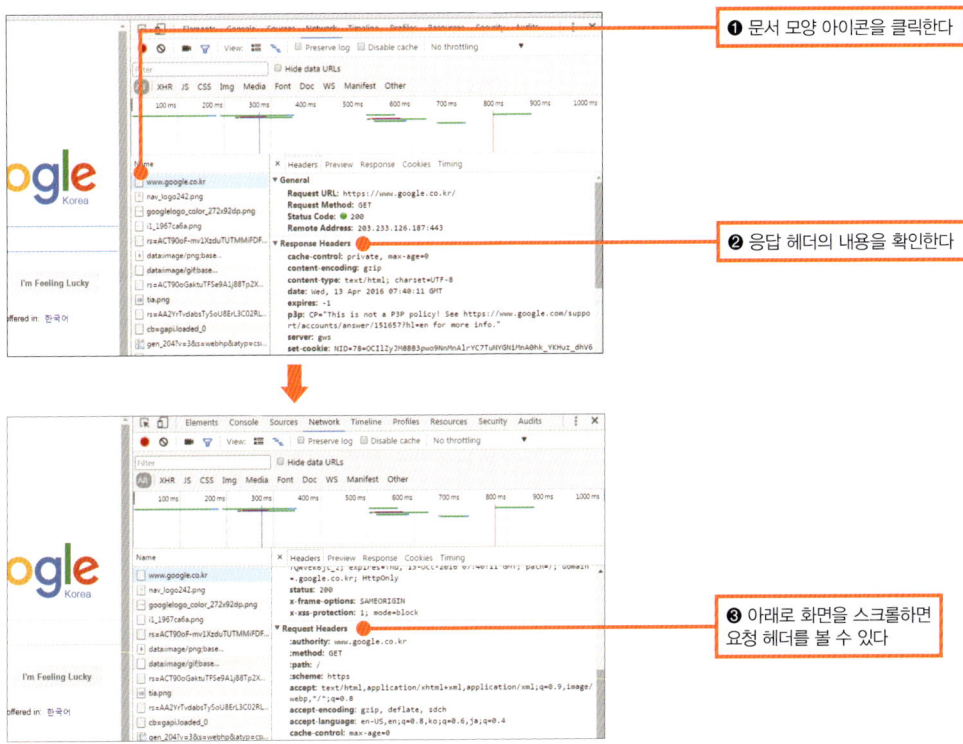

■■ 쿠키를 확인한다

위의 내용에 이어 'Cookies' 탭을 클릭하면 주고받은 쿠키 정보를 확인할 수 있다.

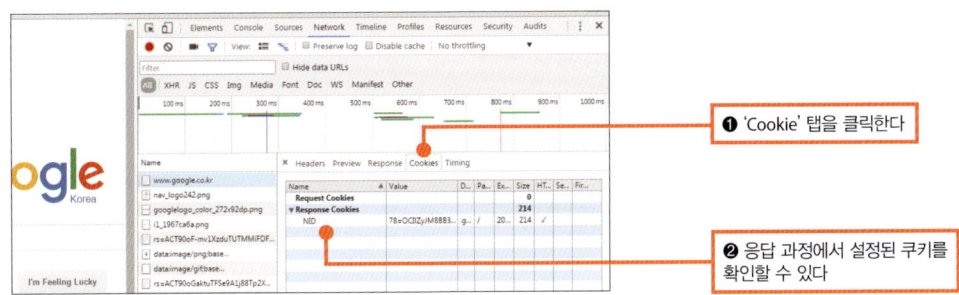

Column: MIME

이메일은 메일의 주 내용인 텍스트 데이터 외에도 파일을 첨부하거나 HTML 형식의 메일에 서식을 입히는 것이 가능하다. 이렇게 텍스트 외의 데이터를 추가하기 위해 만든 것이 MIME(Multipurpose Internet Mail Extensions)이다. 원래 이메일에 포함할 수 있는 데이터는 영문이나 숫자로 표현되는 7비트 US-ASCII 형식이다. 그래서 첨부 파일과 같은 데이터는 MIME을 이용해서 영문과 숫자의 조합으로 변환하여 메일 본문 안에 포함시키면, 마치 텍스트 데이터인 것처럼 처리한다. 한글로 작성된 메일은 7비트 US-ASCII로 표현을 할 수 없기 때문에 같은 방법으로 MIME을 활용하고 있다.

실제로 MIME을 사용한 메일 데이터를 살펴보자. 'Content-Type'에서는 데이터의 종류가 지정된다. 만약 이 데이터의 종류가 'multipart/mixed'인 경우, 메일 내용에는 텍스트 형식의 본문과 함께 첨부 파일과 같은 구성 요소들이 함께 조합되어 있다는 의미이다. 'boundary='는 이러한 구성 요소들의 경계 지점을 의미한다. Content-Type이 'text/plain'인 경우는 뒤이어 나오는 데이터는 텍스트 문자라는 의미이고, 'image/jpeg'인 경우는 JPEG 형식의 이미지 파일이라는 뜻이다.

이렇게 Content-Type 뒤에 데이터의 종류를 표현하는 문자열을 MIME 타입이라고 하는데, HTTP에서도 웹 페이지의 데이터를 주고받을 때 MIME 타입 정보를 활용하고 있다.

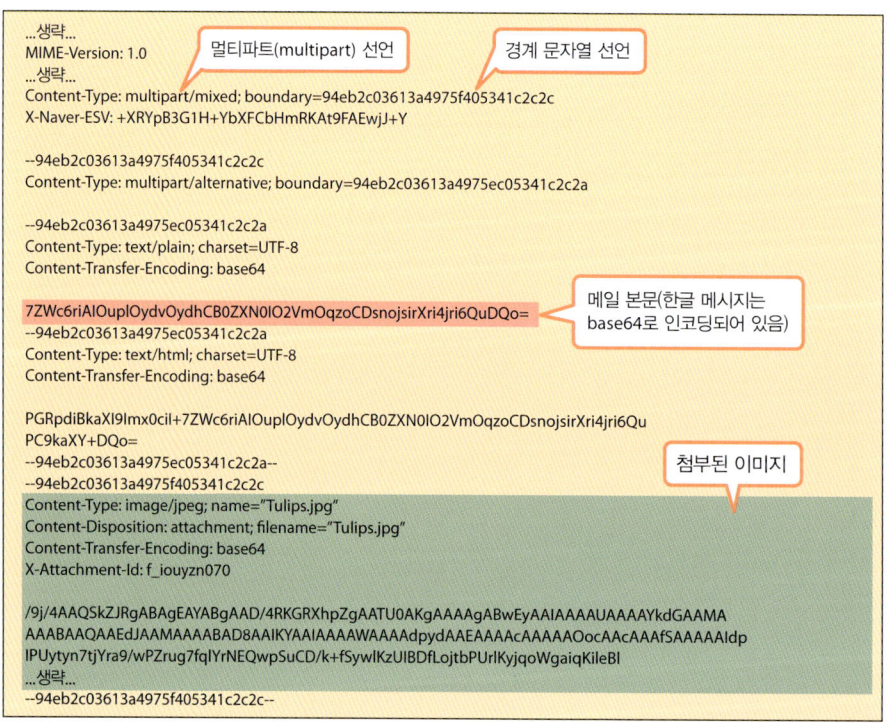

CHAPTER 3

트랜스포트 계층

이 장에서 살펴볼 내용

데이터를 분류하는 트랜스포트 계층

웹 브라우저로 여러 웹 페이지를 보고 있을 때나 여러 통신 프로그램을 동시에 실행하고 있을 때, 서로 다른 데이터가 오고 가는 상황에서도 프로그램끼리 혼선이 생기지 않는 것에 대해 의아하게 생각해 본 적이 있는가? 컴퓨터와 컴퓨터 사이에서 데이터가 오고 가는 모습은 비교적 쉽게 상상할 수 있는 반면, 컴퓨터 안의 프로그램까지 데이터가 전달되는 모습은 쉽게 상상하기 어려워 막연하게 생각하는 독자들이 많을 것이다. 이렇게 컴퓨터 안까지 들어온 데이터를 각 프로그램까지 전달하는 것이 바로 트랜스포트 계층이다.

여러 컴퓨터로부터 받은 데이터들은 트랜스포트 계층에서 분류된 후에 애플리케이션 계층의 프로그램에 전달되는데, 이때 사용되는 분류 기준이 포트 번호다. 이 장에서는 데이터가 각 애플리케이션까지 전달되는 과정과 트랜스포트 계층의 동작 방식에 대해 살펴본다.

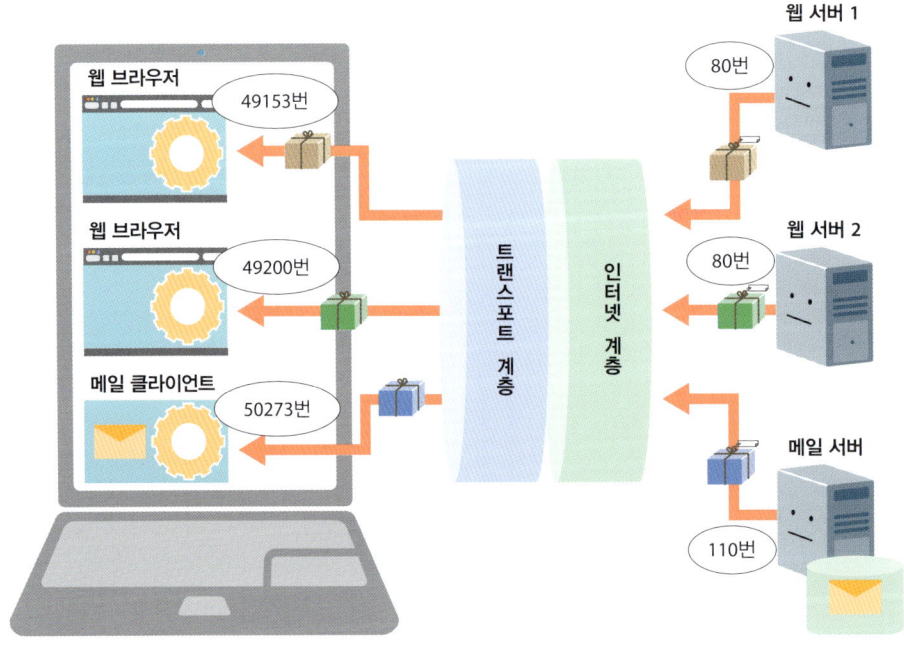

TCP의 비밀

앞서 살펴본 것처럼 애플리케이션 계층에는 다양한 프로토콜이 있었지만, 트랜스포트 계층 이하부터는 사용하는 프로토콜 개수가 확연히 줄어든다. 트랜스포트 계층의 대표적인 프로토콜은 TCP와 UDP의 두 가지로, TCP는 웹이나 이메일과 같이 데이터가 정확하게 전달되어야 하는 통신에 사용되고, UDP는 VoIP나 동영상 스트리밍과 같이 전송 속도가 빨라야 하는 통신에 사용된다.

인터넷 기술을 언급할 때 'TCP/IP'라는 용어가 대표적으로 사용될 만큼 TCP는 많이 활용되고 중요한 역할을 하고 있다. 간혹 TCP가 정보를 정확하게 전달한다고 하는데 왜 가끔 웹 페이지가 표시되지 않거나 이메일이 제대로 전달되지 않느냐고 의문을 제기할 수도 있다. 하지만 이런 경우는 TCP만으로는 어떻게 처리하지 못하는 다른 문제 상황이 원인이라고 봐야 한다. 실제로 TCP를 사용하지 않고 UDP만 사용한다거나 인터넷 계층만 사용해서 통신할 경우, 거대한 인터넷망 안에서 데이터가 수신지까지 도달하지 못하고 유실되는 경우가 더 많다. 이 장에서는 TCP가 어떻게 수신지의 통신 상태를 확인하고 데이터를 정확하게 전달하는지에 대해 살펴본다.

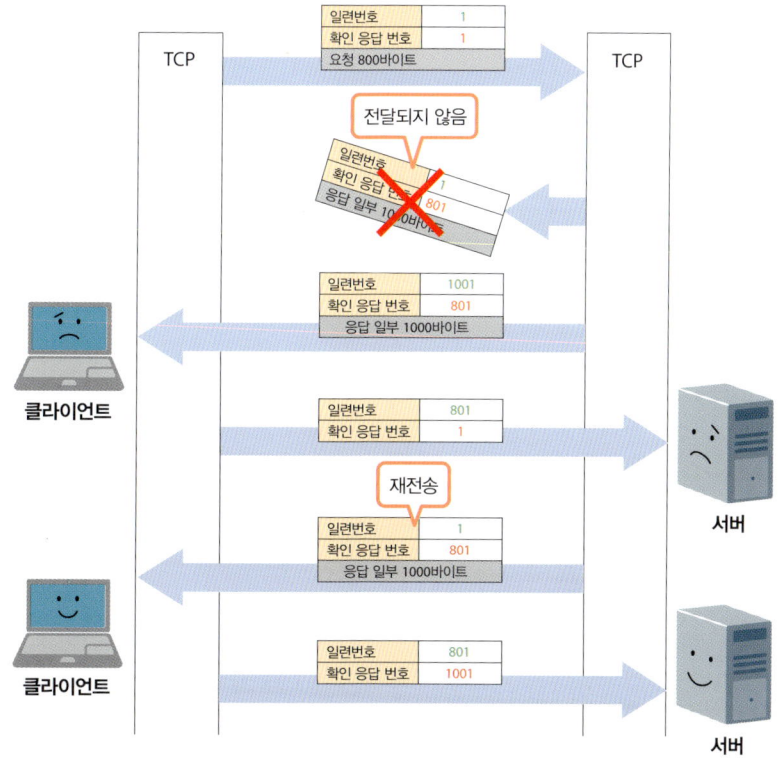

CHAPTER 3

01 트랜스포트 계층의 역할

트랜스포트 계층의 역할은 수신지의 애플리케이션에 데이터를 전달하는 것이다. 트랜스포트 계층에서 사용하는 대표적인 프로토콜로는 전송의 신뢰성을 중시하는 TCP와 전송 속도를 중시하는 UDP가 있다.

■■ 트랜스포트 계층은 애플리케이션에 데이터를 전달한다

트랜스포트 계층은 애플리케이션 계층과 인터넷 계층 사이에 위치한다. 인터넷 계층의 역할이 데이터를 수신지 컴퓨터까지 전달하는 것이라면, 트랜스포트 계층의 역할은 컴퓨터가 받은 데이터를 애플리케이션까지 전달하는 것이다.

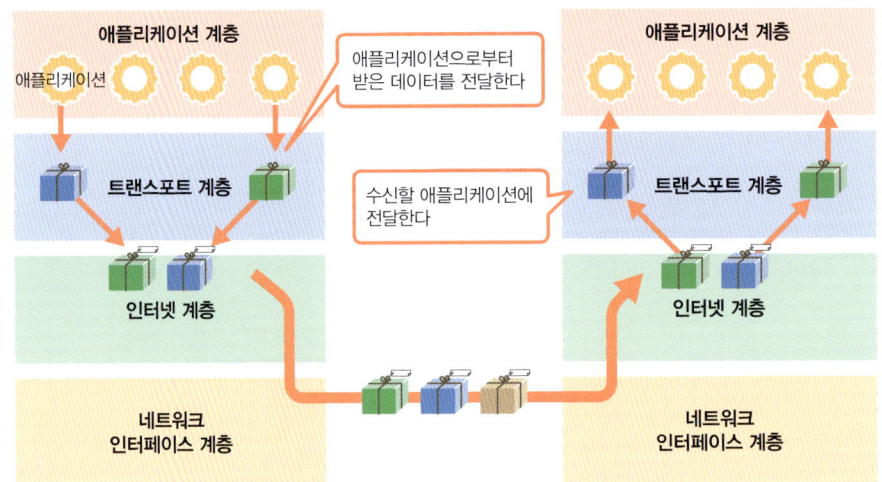

■■ 포트 번호로 애플리케이션을 구분한다

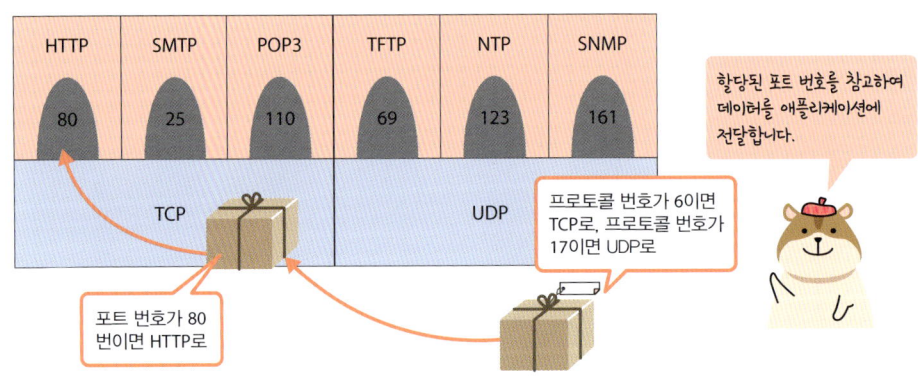

데이터의 정확한 전달을 중시하는 TCP

트랜스포트 계층의 **TCP** 프로토콜은 수신지에 데이터가 정확하게 전달되도록 전송 속도를 조절하거나 도달하지 않은 데이터를 재전송한다.

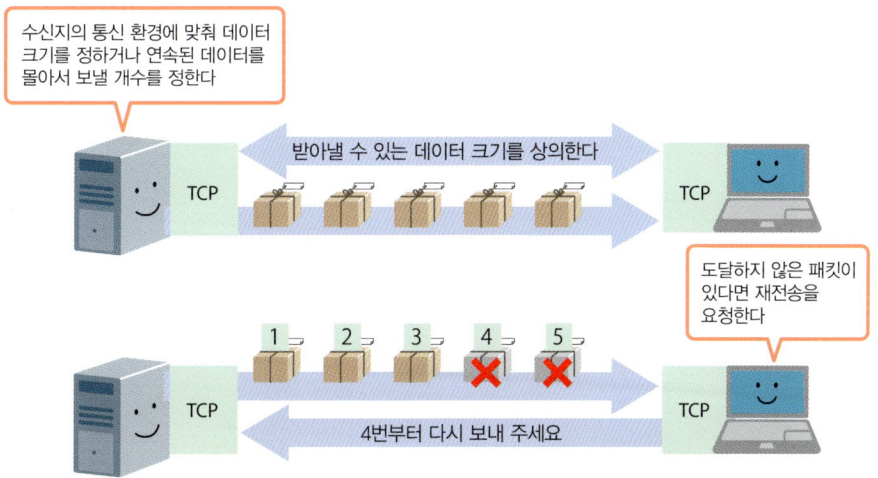

데이터의 전송 속도를 중시하는 UDP

VoIP(인터넷 전화)나 동영상 스트리밍 서비스와 같이 실시간 통신이 필요하다면 전송 속도를 중시하는 **UDP**를 사용한다.

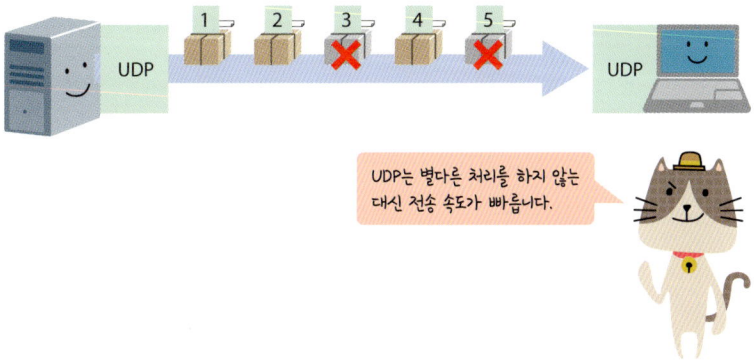

CHAPTER 3

02 포트 번호

데이터를 어떤 애플리케이션의 어느 프로토콜로 전달할지에 대해서는 포트 번호를 보고 판단한다.

■■ 포트 번호는 컴퓨터 내부의 수신지를 표현한다

트랜스포트 계층에는 인터넷 계층에서 전달한 다양한 종류의 패킷이 들어온다. 이 패킷들은 애플리케이션 계층에 있는 애플리케이션들에게 각각 전달되어야 하는데, 이때 어느 애플리케이션으로 보내져야 할지는 **포트 번호**를 보면 알 수 있다.

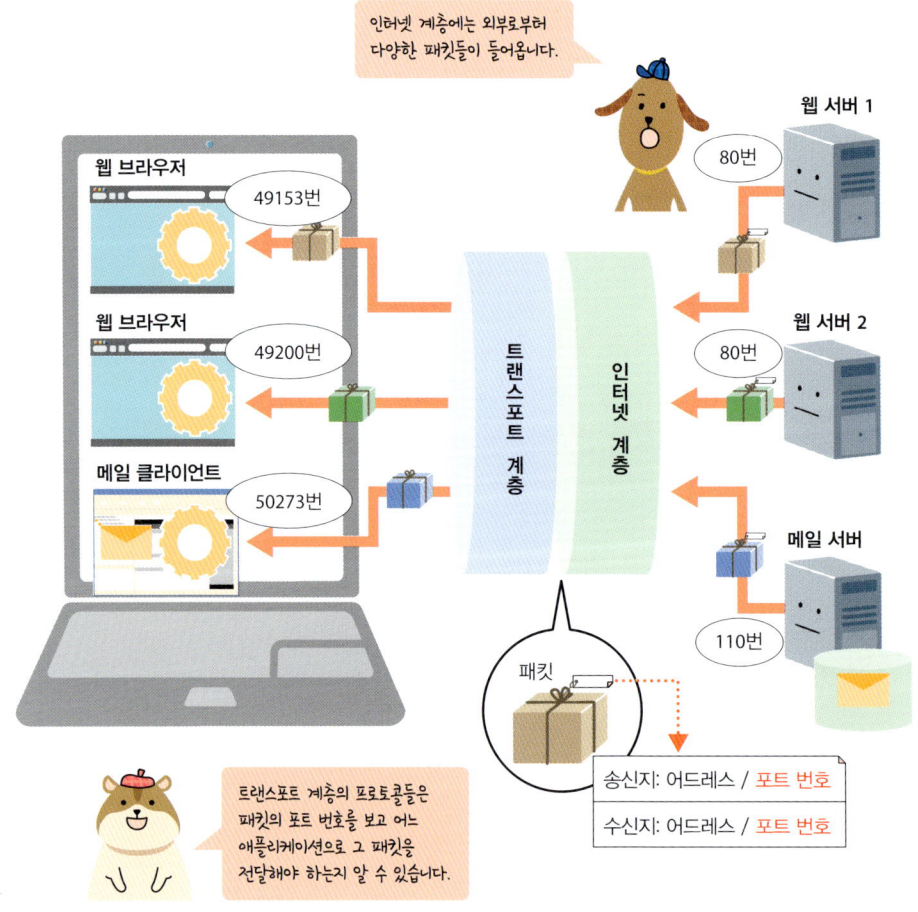

64 CHAPTER 3 트랜스포트 계층

포트 번호의 범위

포트 번호는 0~65535번까지 사용할 수 있고, 웰 노운 포트(well-known ports), 레지스터드 포트(registered ports), 다이나믹 포트(dynamic ports)의 세 종류로 구분된다. 이 중 웰 노운 포트는 애플리케이션 계층에서 많이 사용되는 대표적인 프로토콜의 수신 포트들이다.

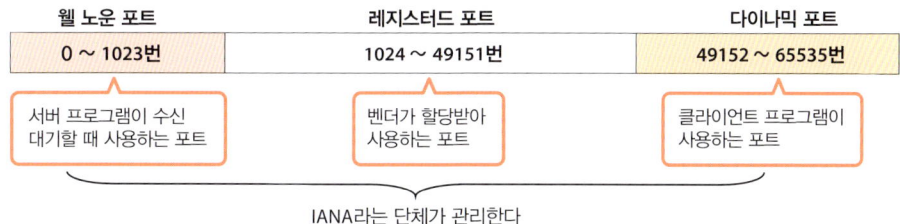

주요 웰 노운 포트

포트 번호	대응하는 프로토콜
20번	FTP(액티브 모드에서는 데이터 커넥션, 패시브 모드에서는 랜덤 포트를 사용함)
21번	FTP(컨트롤 커넥션)
22번	SSH(원격 제어, 보안 기능 있음)
23번	Telnet(원격 제어)
25번	SMTP(이메일 전송)
80번	HTTP(웹)
110번	POP3(이메일 수신)
143번	IMAP4(이메일 수신, 보관 기능 있음)

서버 측에서 사용하는 포트는 미리 정해져 있습니다.

클라이언트가 사용하는 포트 번호는 그때그때 다르다

클라이언트가 사용하는 포트 번호는 다이나믹 포트 번호 대역에서 자동으로 할당되기 때문에 어떤 번호가 사용될지는 미리 알 수 없습니다.

클라이언트와 서버의 접속이 완료되기까지의 과정

클라이언트와 서버가 서로 통신하기 위해서는 먼저 클라이언트가 사용할 포트를 결정하고 이후 서버의 포트에 접속하게 된다. HTTP인 경우 서버 측에서 수신 대기하는 포트 번호는 80번이다. 클라이언트인 웹 브라우저는 다이나믹 포트를 사용하기 때문에 포트 번호가 애당초 정해져 있지 않다.

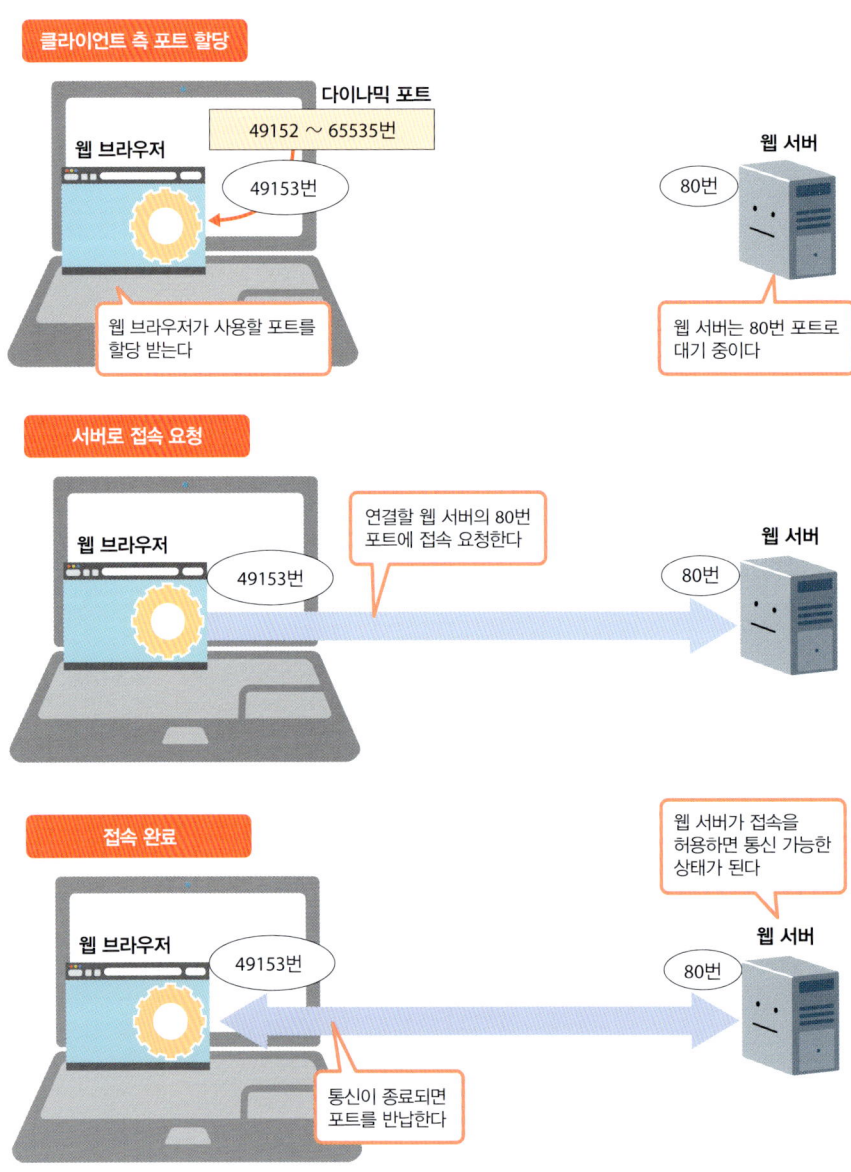

포트 번호와 IP 어드레스의 조합으로 상대방을 식별한다

서버 측의 포트 번호는 고정되어 있기 때문에 여러 클라이언트가 서버와 통신하는 과정에서 같은 포트로 요청이 몰리게 된다. 서버는 수신 대기를 위해 같은 포트를 사용하는 반면, 접속을 요청한 클라이언트 측은 서로 다른 IP 어드레스와 포트 번호를 사용한다. 서버는 이러한 클라이언트의 IP 어드레스와 포트 번호를 조합하여 클라이언트를 식별할 수 있기 때문에 여러 클라이언트와 통신하는 상황에서도 혼선이 발생하지 않는다.

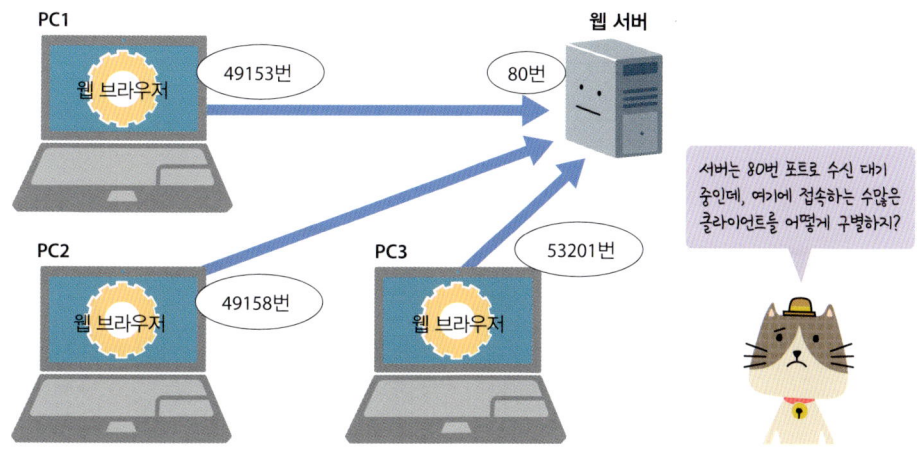

클라이언트의 IP 어드레스와 포트를 조합해서 기억해 둔다

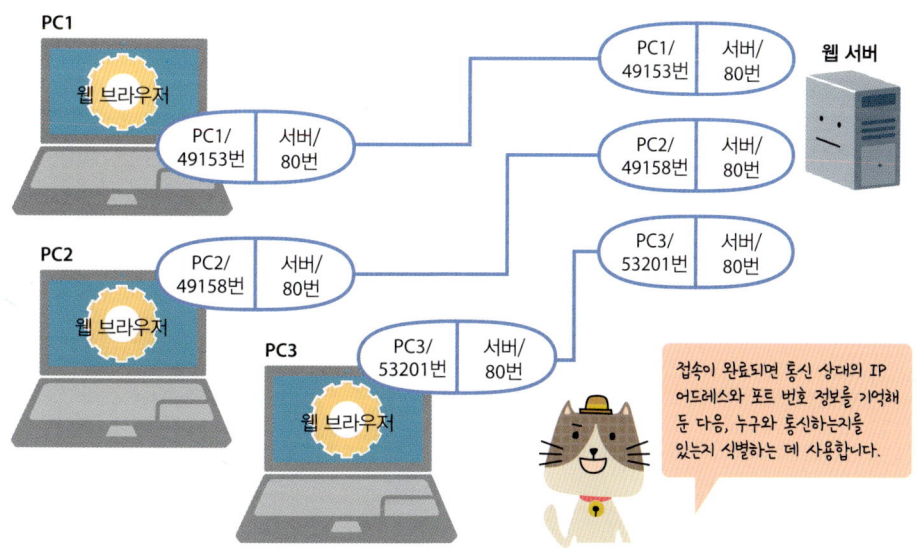

IP 어드레스는 컴퓨터를 식별하는 정보다. 자세한 것은 84페이지 참고

CHAPTER 3

03 TCP가 정확하게 데이터를 전달하는 방법

TCP에는 데이터를 정확하게 전달하기 위한 다양한 기법이 적용되어 있다.

■■ TCP가 하는 일

TCP(Transmission Control Protocol)는 트랜스포트 계층의 프로토콜의 하나로서 웹이나 이메일, FTP와 같이 정확한 데이터 전달이 필요한 통신에 사용된다. TCP는 데이터 전송에 신뢰성을 더하기 위해 데이터를 세그먼트(segment)라는 단위로 분할하고, 전송 속도를 조정하며, 데이터가 제대로 전달되지 않았을 경우 재전송을 하게 된다.

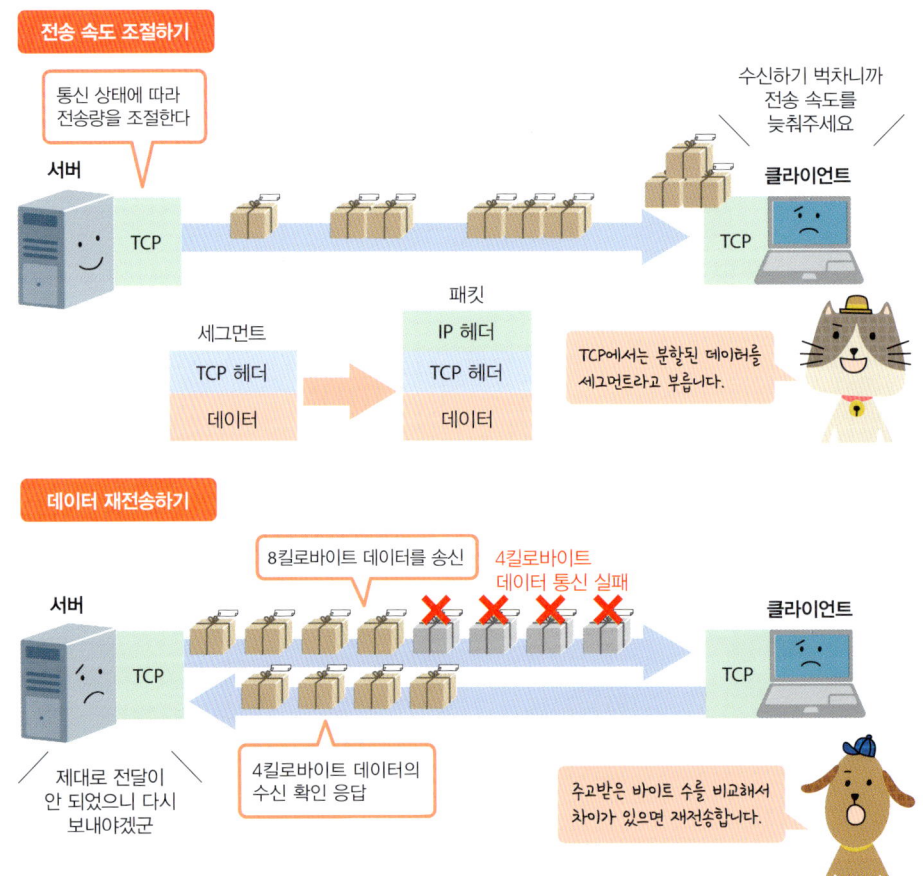

TCP 헤더의 구조

TCP의 세그먼트는 데이터 본체에 **TCP 헤더**가 붙은 형태로 구성된다. TCP 헤더에는 포트 번호나 일련번호와 같은 정보가 포함되어 있다.

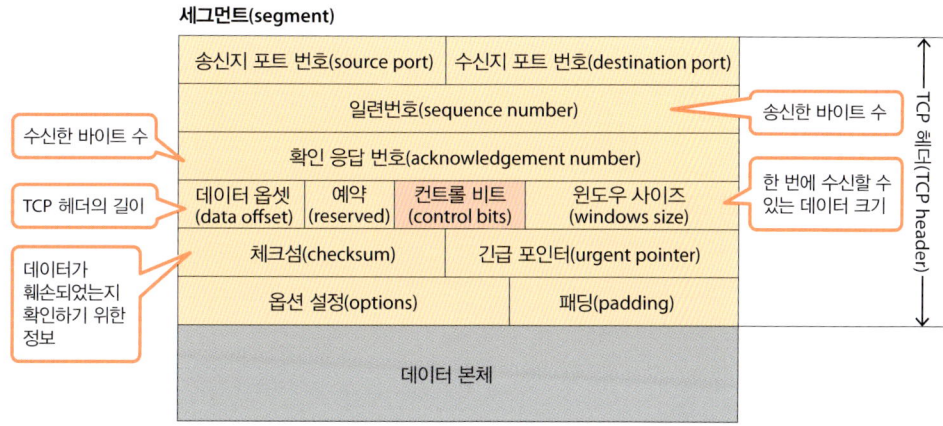

컨트롤 비트

TCP 헤더 중 **컨트롤 비트**는 현재의 통신 상태를 표현하는 플래그 역할을 하며, 통신 상대에게 이 정보를 전달해서 TCP 통신을 제어하는 용도로 사용한다. 8개의 플래그 각각은 1비트 크기를 차지하여 ON/OFF 두 가지 상태를 표현한다.

플래그	역할
CWR	통신 경로가 혼잡해서 전송량을 줄여줄 것을 알려준다.
ECE	통신 경로가 혼잡해서 수신할 수 없을 수도 있다는 것을 알려준다.
URG	긴급 포인터에서 지정한 데이터를 즉시 처리해야 한다는 것을 알려 준다.
ACK	이전 동작을 확인했다는 것을 알려준다. 확인 응답 번호와 조합해서 사용된다.
PSH	수신 데이터를 즉시 애플리케이션 계층에 전달해야 한다는 것을 알려준다.
RST	이상 상황이 발생하여 접속이 강제 중단되었다는 것을 알려준다.
SYN	접속을 시작할 때 ON으로 설정한다.
FIN	데이터 송신이 완료되어 통신을 종료하고 싶다는 것을 알려준다.

예를 들어, ECE 플래그가 ON인 경우 통신 경로가 혼잡하므로 통신 속도를 늦춰달라는 의미입니다.

통신 개시부터 통신 종료까지의 흐름

TCP 통신은 **커넥션 연결**에서 시작한다. 커넥션을 맺는 과정은 3단계로 진행되기 때문에 이것을 **3방향 핸드셰이크(3-way handshake)**라고 부른다. 커넥션이 맺어지면 데이터를 전송할 수 있는 상태가 되고, 데이터 전송이 끝나면 커넥션을 끊는다.

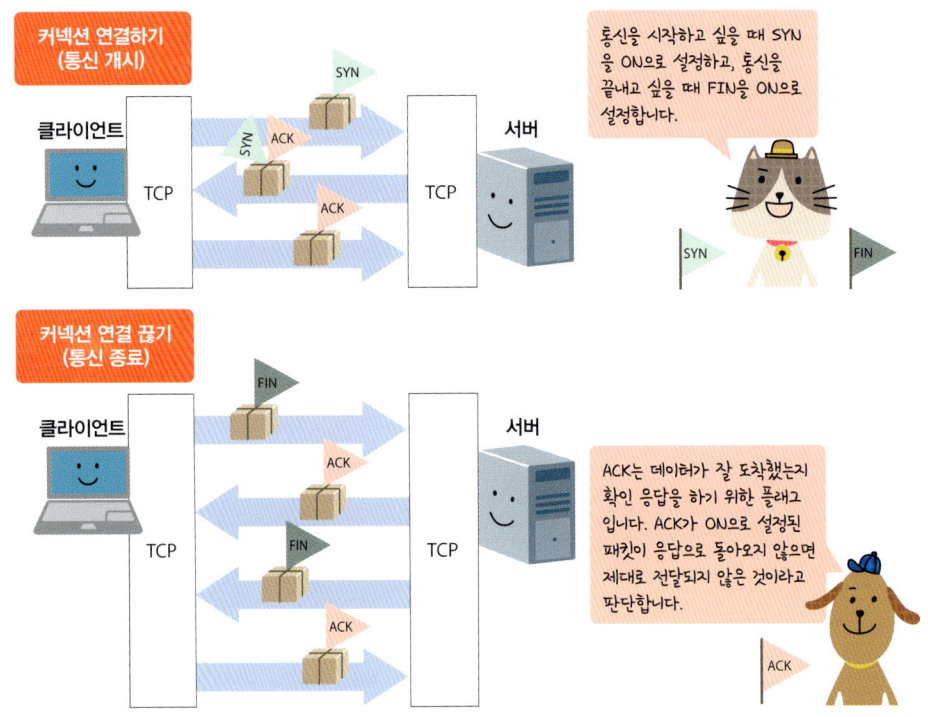

일련번호와 최대 세그먼트 크기를 사전에 조율한다

커넥션을 맺을 때 송신 측과 수신 측은 원활한 통신을 위해 사전에 **일련번호**와 **최대 세그먼트 크기(MSS, Maximum Segment Size)**를 서로 합의하고 조율하는 과정을 거치게 된다.

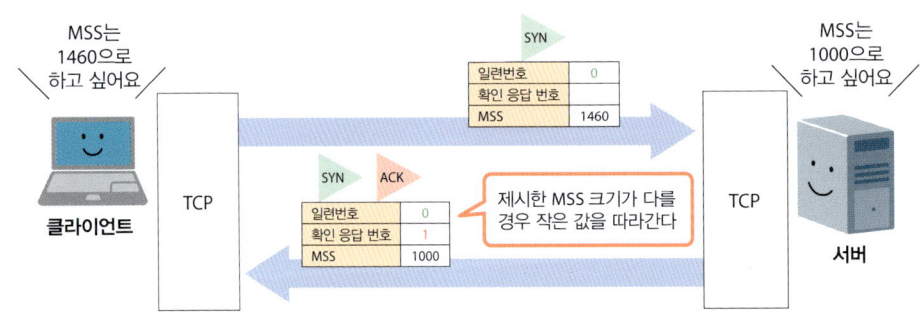

데이터 전송 과정에서 일련번호는 어떻게 변화하나?

커넥션을 맺는 과정에서 일련번호는 1씩 증가하는데, 데이터를 전송할 때는 여기에 전송한 데이터의 바이트 수만큼 더 더해진다. 또한, 데이터를 수신한 후에는 수신한 데이터의 바이트 수만큼을 확인 응답 번호에 더하기 때문에 일련번호와 확인 응답 번호를 확인하면 몇 바이트의 데이터를 주고받았는지 알 수 있다.

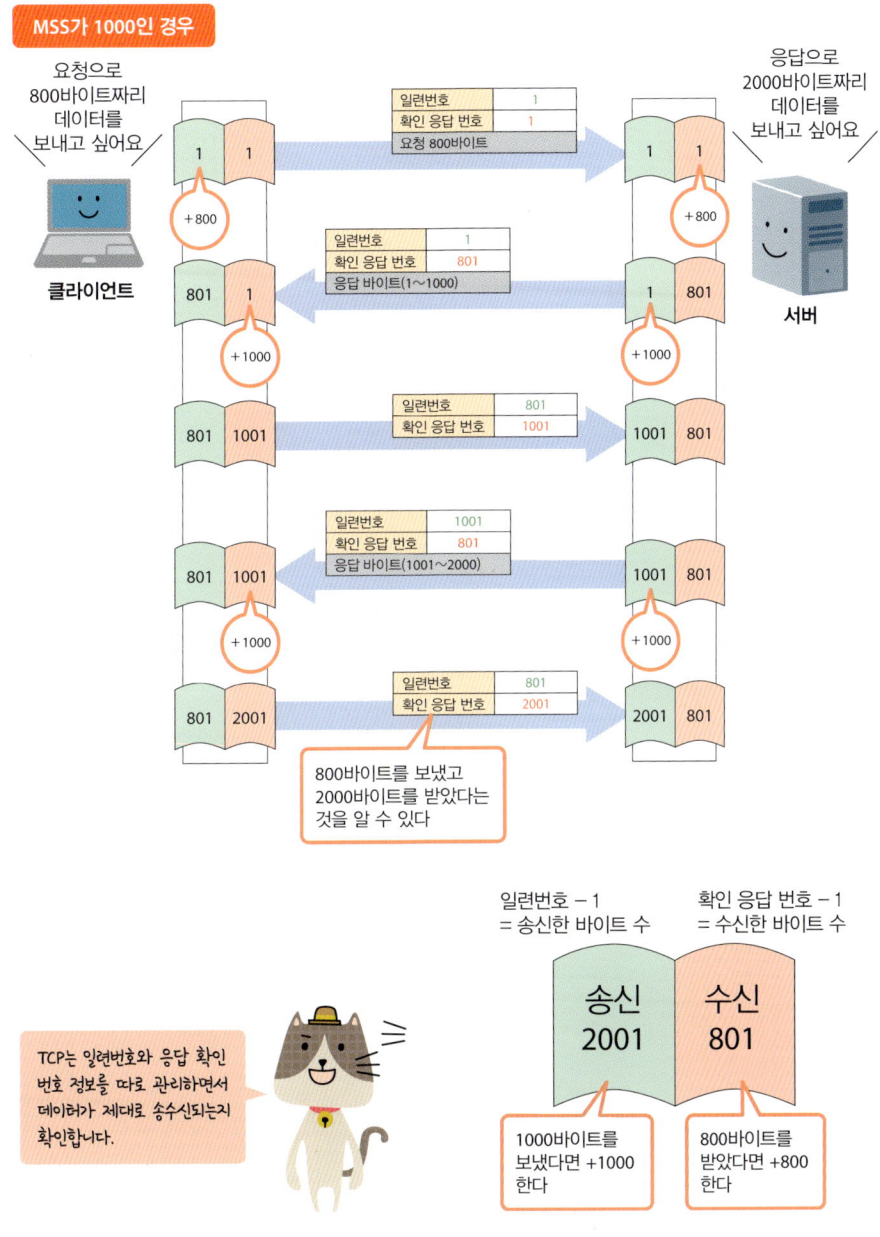

■■ 송신 실패 여부를 판단한다

인터넷에서 통신하다 보면 패킷 일부가 제대로 전달되지 않거나 패킷 자체는 전달되었더라도 응답 패킷이 전달되지 않는 경우가 발생할 수 있다. 송신 측에서는 일정 시간이 지난 후에도 수신 측으로부터 응답이 오지 않을 경우 송신 실패로 간주하고 최근에 정상적으로 응답을 받은 후부터 데이터를 재전송한다.

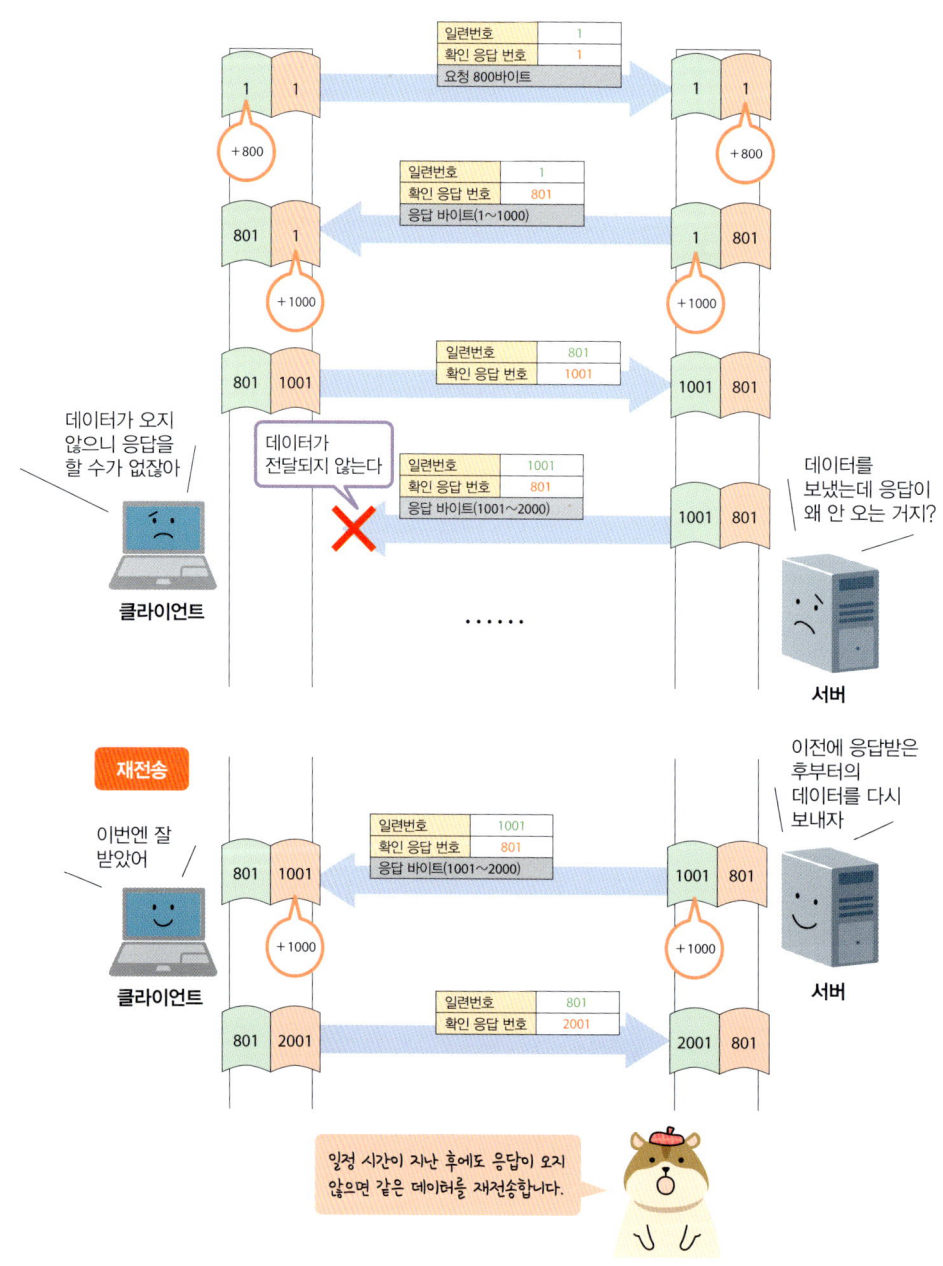

연속된 데이터를 몰아서 보내면 전송 속도가 빨라진다

앞서 보낸 데이터에 대한 응답을 받은 후에 다음 데이터를 보내는 방식은 통신이 정상적으로 완료되기까지 다소 많은 시간이 소요된다. 대신, 응답을 기다리지 않고 연속된 데이터를 몰아서 보내면 전송 속도를 더 빠르게 향상시킬 수 있다.

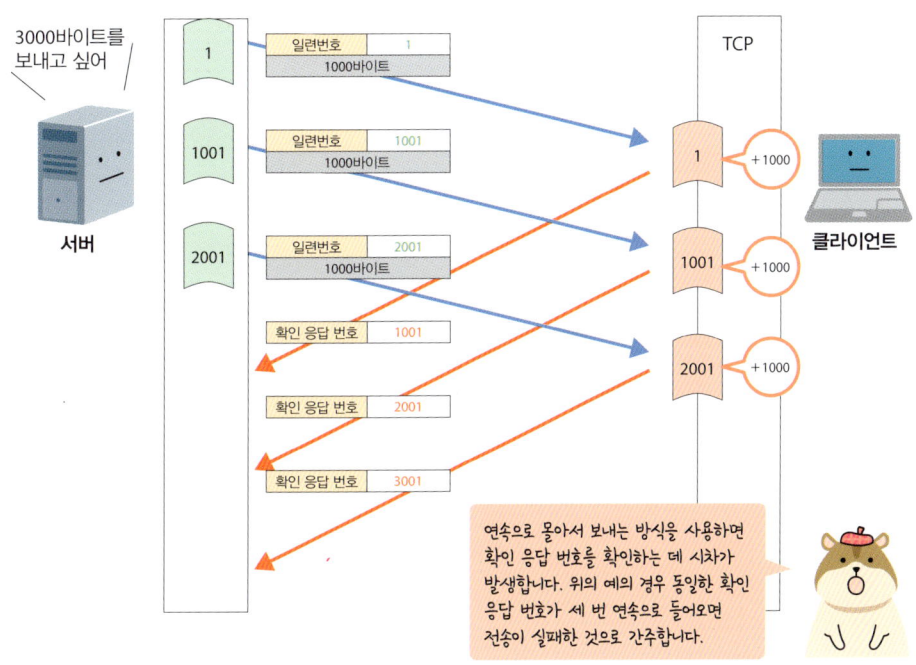

한번에 받을 수 있는 데이터 크기를 통보한다

연속해서 몰아 보내는 데이터의 양이 너무 많으면 수신 측이 제때 처리하지 못할 수 있다. 그래서 수신 측은 수신한 데이터를 일시적으로 보관할 수 있는 **버퍼(buffer)**라는 저장 영역을 가지고 있다. 수신 측은 TCP 헤더의 **윈도우 사이즈**에 이 버퍼의 크기를 설정하고 송신 측에 통보함으로써 어느 정도의 크기까지 받아 낼 수 있는지를 알려주게 된다.

한 번에 받아 낼 수 있는 데이터 양을 조절한다

수신 측은 도착한 패킷들을 버퍼에 쌓아 두는 것과 동시에 이미 버퍼에 쌓인 데이터를 순차적으로 꺼내서 처리하게 된다. 이때 만약 수신 측 컴퓨터의 성능이 낮다면 데이터가 들어오는 속도보다 처리하는 속도가 느려져 문제가 될 수 있다. 그래서 수신 측은 응답을 보낼 때 윈도우 사이즈를 설정하여 현재 어느 정도까지 수신할 수 있는지를 수시로 알려주게 된다. 이런 과정을 **흐름 제어**(flow control)라고 한다.

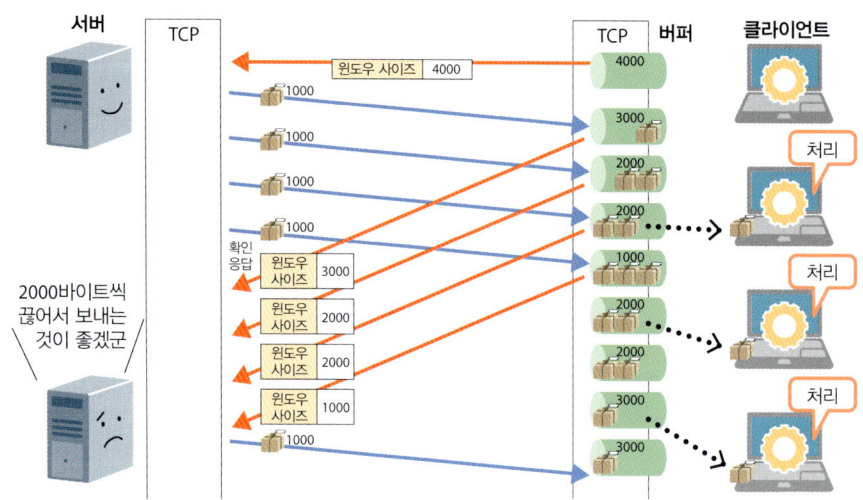

버퍼가 가득 찬 경우

버퍼가 가득 차면 윈도우 사이즈가 0으로 설정되고 데이터 전송은 일단 멈추게 된다. 다시 전송을 재개할 시점을 알기 위해서 송신 측은 탐색 패킷 혹은 **윈도우 프로브**(window probe)라고 하는 패킷을 수신 측에 보내게 되고, 수신 측의 응답을 받아 현재 윈도우 사이즈를 확인한 후에 전송 재개 여부를 결정한다.

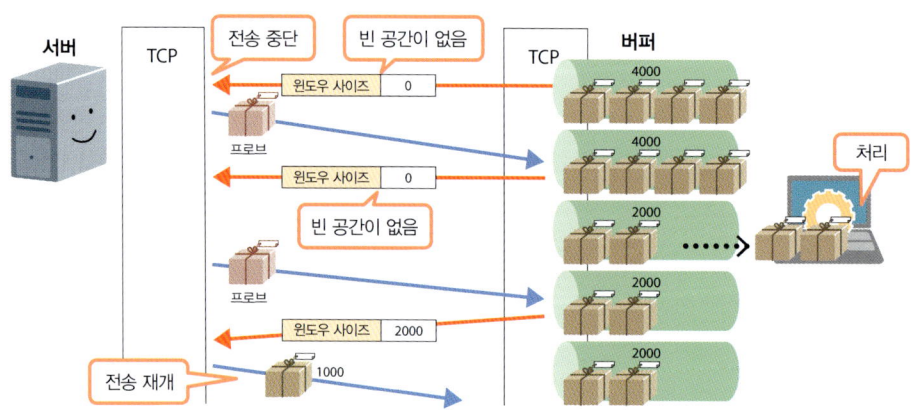

네트워크의 혼잡 상태를 확인한다

버퍼에 빈 공간이 있다고 하더라도 네트워크 경로가 혼잡한 상태라면 통신 속도를 낮춰야 하는 경우도 있다. 이때 인터넷 계층의 헤더 안에 혼잡 플래그가 ON으로 설정되고, 송수신 측 양쪽이 ECE 플래그와 CWR 플래그를 사용해서 통신 속도를 조절하게 된다.

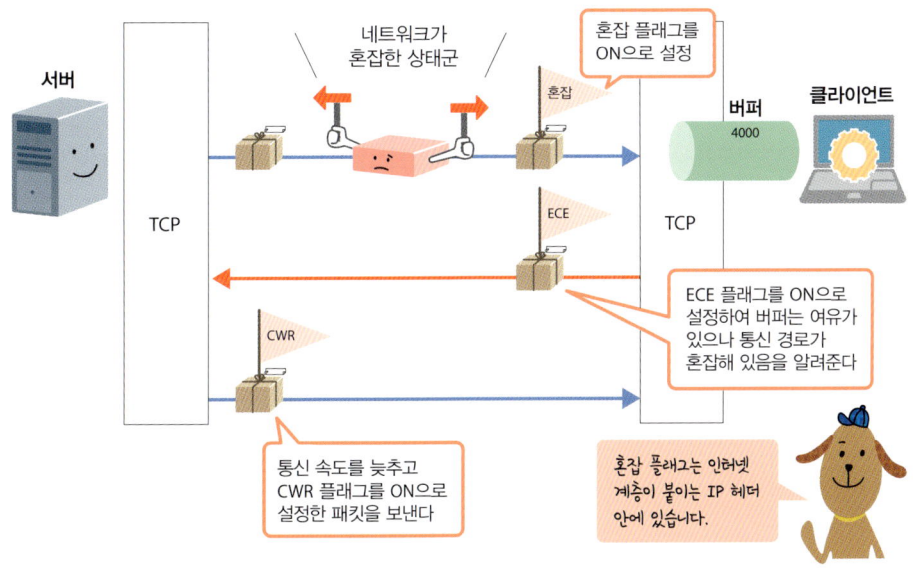

> **NOTE** 중간에 누락된 패킷만 재전송하기
>
> 일련번호와 확인 응답 번호를 사용해서 재전송 여부를 확인하는 경우, 패킷 누락이 발생하면 누락된 이후의 모든 패킷을 재전송해야 한다. 이때 누락된 패킷만 재전송하는 방법도 있는데, 이것을 선택적 확인 응답(SACK, Selective ACKnowledgement)이라고 하고 송수신 측 모두 이것을 지원해야 사용할 수 있다.
>
>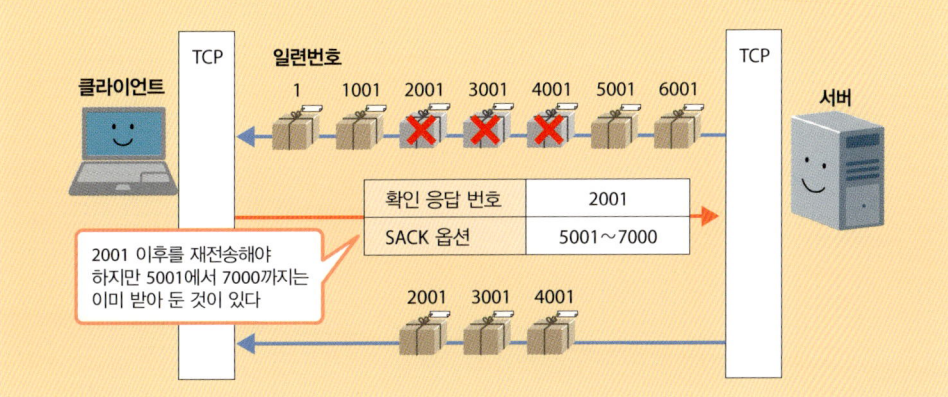

CHAPTER 3

04 UDP가 고속으로 데이터를 전달하는 방법

VoIP나 동영상 스트리밍과 같이 데이터 전송의 신뢰성보다는 속도가 우선일 때는 UDP를 사용한다.

UDP는 다른 처리 없이 전송만 한다

UDP(User Datagram Protocol)는 TCP에 비해 상당히 간단한 프로토콜로서 단순히 데이터를 보내는 역할만 한다. 통신 과정에서 데이터의 손실이 발생할 수 있는데, VoIP와 같은 음성 서비스나 동영상 스트리밍 서비스는 일부 데이터가 누락되거나 왜곡되더라도 큰 문제가 없기 때문에 UDP를 주로 사용한다.

UDP 헤더

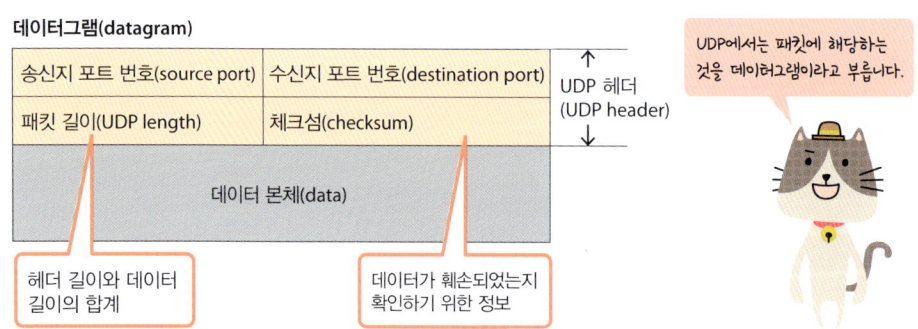

브로드캐스트와 멀티캐스트

TCP에는 없는 기능으로 UDP에는 하나의 패킷을 여러 수신지에 전달하는 **브로드캐스트(broadcast)**와 **멀티캐스트(multicast)**라는 기능이 있다. 특히, 브로드캐스트는 파일 공유(48페이지 참고)나 DHCP(114페이지 참고)와 같이 네트워크 내의 여러 컴퓨터나 통신 장비와 정보를 교환할 때 사용된다.

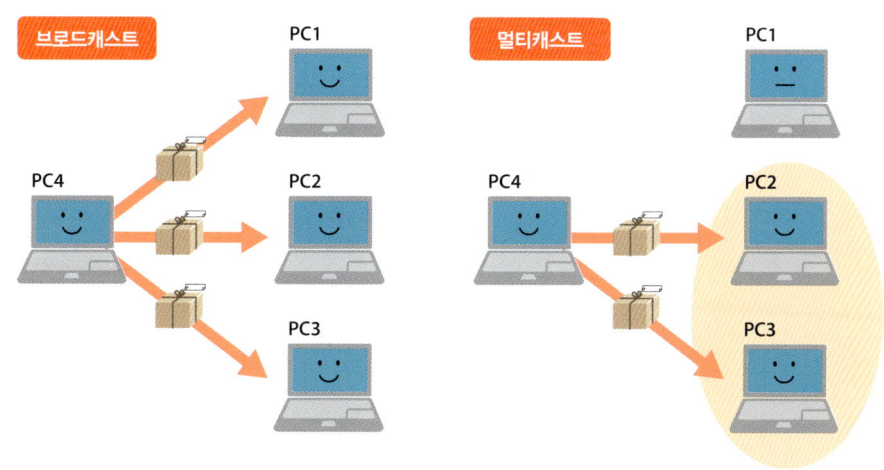

멀티캐스트에서는 클래스 D의 어드레스를 사용한다. 자세한 내용은 91페이지 참고

UDP를 애플리케이션 계층으로 둘러싼다

실시간 처리가 필요한 온라인 게임에서는 전송 속도가 우선인 UDP를 사용하긴 하지만, 데이터 전송의 신뢰성 역시 속도에 못지않게 중요하다. 이런 경우에는 애플리케이션 계층에서 흐름 제어(flow control)나 혼잡 제어(congestion control)를 구현해서 부족한 신뢰성을 보완하게 된다.

CHAPTER 3

05 netstat 명령으로 네트워크의 상태 확인하기

netstat는 컴퓨터의 접속 상태를 목록으로 확인할 수 있는 명령이다. netstat 명령으로 통신 상태를 확인해 보자.

■ netstat 명령을 실행한다

TCP나 UDP는 웹 브라우저와 같은 애플리케이션 뒤에서 백그라운드(background)로 동작하기 때문에 사용자가 직접 육안으로 확인 가능한 결과를 출력하지는 않는다. 다만, **netstat** 명령으로 접속 상태를 확인하는 것은 가능한데, IP 어드레스나 프로토콜, 포트 번호 등의 목록을 조회할 수 있다. 프롬프트를 실행하고서 '**netstat –n**'을 입력해 보자. netstat가 명령어이고, –n은 옵션이다. netstat와 –n 사이는 한 칸 띄어쓰기를 해야 한다. –n은 IP 어드레스와 포트 번호를 숫자로 표시하라는 의미인데, 이 옵션을 주지 않으면 4장에서 설명하는 호스트명(110페이지 참고)과 프로토콜 이름을 조합한 형태로 표시된다.

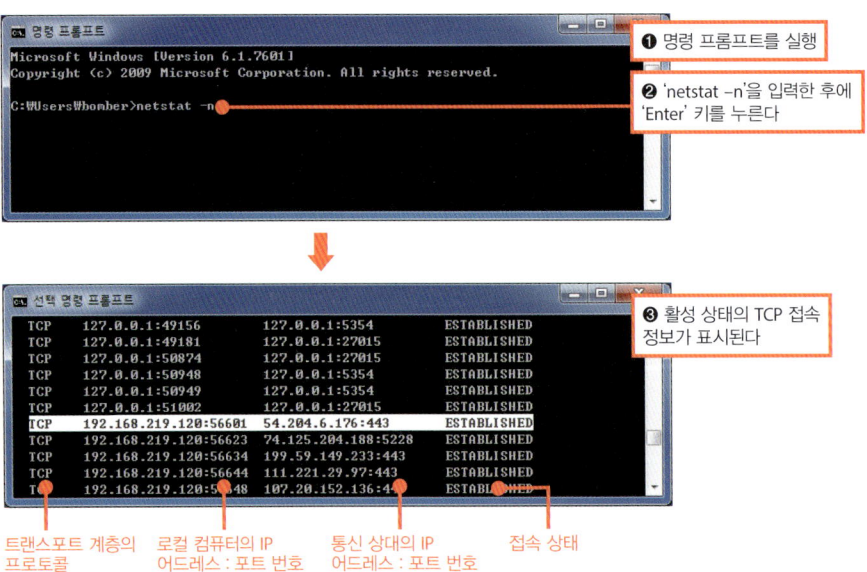

로컬 주소 아래에 표시된 192.168.219.120은 netstat 명령을 실행한 로컬 컴퓨터의 IP 어드레스로 그 뒤의 56601과 같은 번호는 포트 번호에 해당한다. 49152번 이후이기 때문에 다이나믹 포트인 것을 알 수 있다. 외부 주소는 통신 상대의 수신 측 컴퓨터를 의미하는 것으로, 443과 같은 번호가 포트 번호에 해당한다. 이 번호는 HTTPS(159페이지 참고)라는 프로토콜이 사용하는 포트 번호로, 보안을 위해 암호화 통신 기능이 적용된 웹 서버와 통신하고 있음을 알 수 있다.

상태 값의 의미

상태	의미
ESTABLISHED	TCP로 접속이 맺어져 통신이 이루어지고 있다.
LISTEN	서버가 수신 대기 상태다. -a 옵션을 통해 확인할 수 있다.
TIME_WAIT	접속을 종료하려는 중이다.

FTP의 접속 상태를 확인한다

HTTP나 HTTPS는 상태 정보를 저장하지 않는 스테이트리스 프로토콜이기 때문에 응답을 한 번씩 주고받으면 통신이 바로 종료되어 상태를 확인하기 어렵다. 그래서 통신 중인 상태를 확인하기 위해 일부러 종료하기 전까지는 통신이 끊어지지 않는 FTP로 시험을 해 보기로 하자. FTP 클라이언트로 사이버덕(CyberDuck)*을 실행한 후에 FTP 서버에 접속하고 netstat 명령을 실행하면, 아래와 같이 21번 포트(FTP의 컨트롤 커넥션)로 통신 중인 것을 확인할 수 있다.

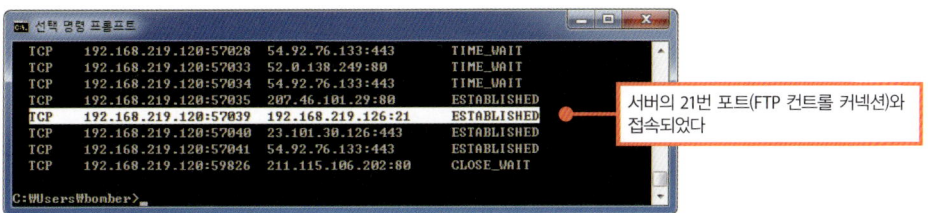

FTP로 파일 전송을 시작한 후 다시 한 번 netstat 명령을 실행한다. 같은 IP 어드레스에 다른 포트 번호로 통신 중인 것이 있는데, 이것이 FTP의 데이터 커넥션이다. 참고로, 이 예에서는 FTP가 패시브 모드로 동작 중이기 때문에 데이터 커넥션의 포트 번호는 무작위로 결정된다.

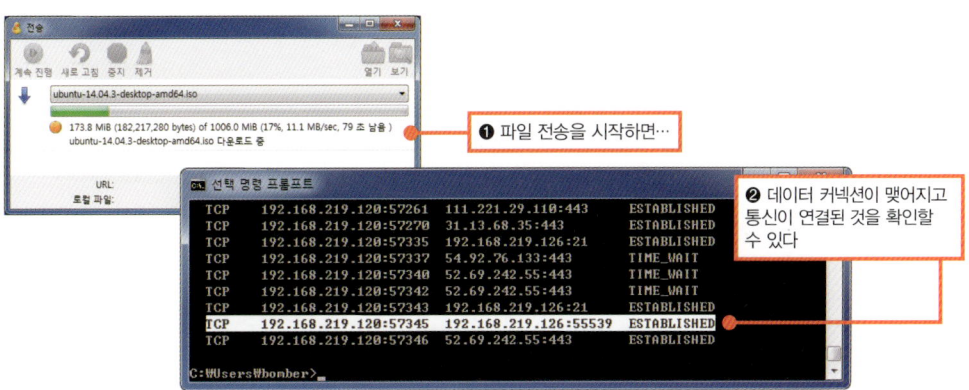

---

* 역주 https://cyberduck.io/

| Column | **패킷 캡처 도구** |

78페이지에서 소개한 netstat 명령은 간단한 통신 상태만 확인할 수 있다. 네트워크 통신 상태를 보다 더 상세하게 살펴보고 싶다면 통신 중인 패킷을 실시간으로 확인할 수 있는 패킷 캡처 도구를 사용하면 된다. 패킷 캡처 도구에는 소프트웨어나 하드웨어 등 여러 형태로 만들어진 것들이 있다.

아래 그림에서 사용하고 있는 것은 와이어샤크(Wireshark)라는 패킷 캡처 도구로, 패킷별로 사용한 포트 번호, 크기, TCP 헤더, 패킷의 내용 등이 표시되어 3장에서 설명한 TCP 통신 내용을 확인할 수 있다.

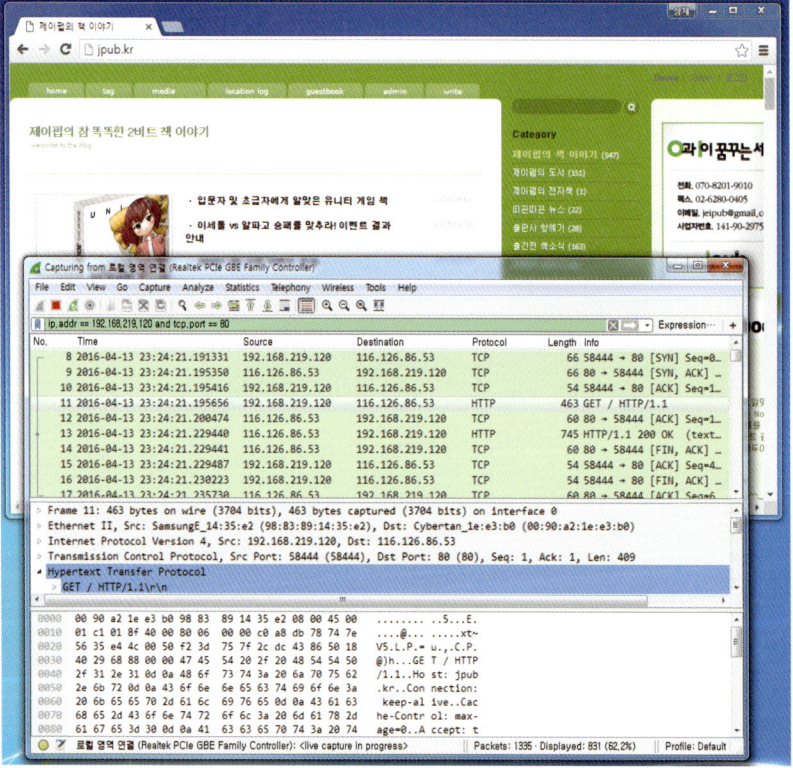

패킷 캡처 도구인 와이어샤크를 사용해서 웹 서핑 중에 오가는 패킷들을 표시하였다. TCP 접속부터 시작해서 HTTP 메시지가 전달되는 과정들을 살펴볼 수 있다.*

---

* 역주 와이어샤크 2.0.2 버전 기준으로 스크린샷을 만들었으며, 패킷 캡처를 위한 필터 문자열은 'ip.addr == 로컬 컴퓨터의 IP 어드레스 and tcp.port == 80'을 사용하였습니다.

CHAPTER

4

라우팅과 인터넷 계층

이 장에서 살펴볼 내용

IP 어드레스

4장에서 다룰 인터넷 계층의 역할은 송신지 컴퓨터의 데이터를 수신지 컴퓨터까지 전달하는 것이다. 인터넷에는 수많은 컴퓨터가 연결되어 있기 때문에 수신지 컴퓨터를 정확하게 찾아내기 위해서는 고유 식별자가 필요하다. 이때 사용되는 식별자가 바로 IP 어드레스다.

IP 어드레스는 흔히 우편번호나 전화번호로 비유되는데, 수신지의 정보를 표현한다는 측면에서는 비슷하지만 차이점이 분명 존재한다. 우편번호의 앞 세 자리는 특별(광역)시, 도와 시, 군, 자치구를 의미하는데, 예를 들어 앞자리가 '108'로 시작하면 경기도 파주시에 해당한다. 전화번호의 지역 번호는 앞 세 자리가 지역을 의미하는데, 예를 들어 '031'이라면 경기도에 해당한다. 이렇게 우편번호와 전화번호가 지역 정보를 포함하는 것과 달리 IP 어드레스는 지리적인 위치와는 상관없이 네트워크 단위로 할당된다. 그래서 IP 어드레스를 보면 그 컴퓨터가 어느 지역에 있느냐를 알 수 있는 것이 아니라 어느 네트워크에 속해 있느냐를 알 수 있고* 소속된 네트워크의 규모도 짐작할 수 있다. 이 장에서는 이러한 IP 어드레스를 읽는 방법과 할당하는 방법 등에 대해 살펴본다.

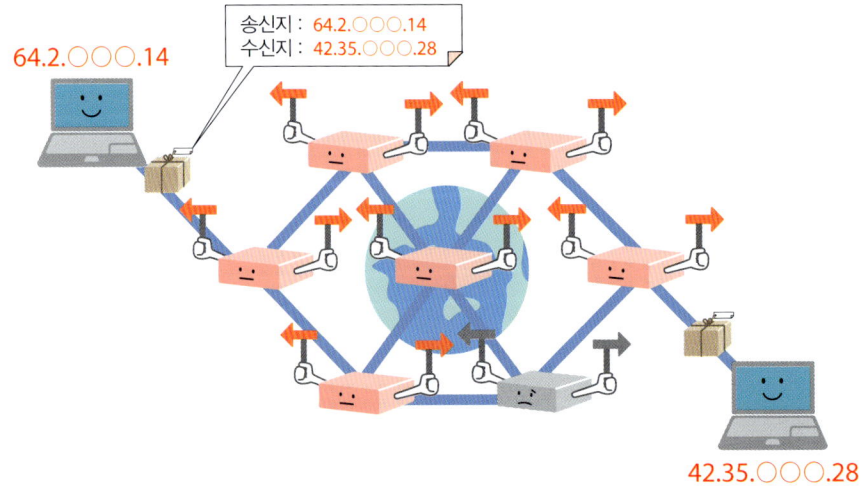

---

* **역주** IP 어드레스를 할당받을 때 발급 기관이나 할당받은 조직이 어느 정도 지리적인 범위 내에 있으므로 큰 범위에서의 유추 정도는 가능합니다. 다만, IP 어드레스는 위에서 설명된 것처럼 지역별로 할당하지 않고 네트워크 단위로 할당되기 때문에 엄밀하게는 지역 정보를 포함하지 않는다고 보는 것이 정확합니다.

네트워크의 연결을 따라 목적지를 추적한다

앞서 설명한 것처럼 IP 어드레스에는 지리적인 위치 정보가 포함되어 있지 않다. 그래서 데이터가 전달될 수신지를 찾기 위해서는 우편번호나 전화번호 체계와는 다른 방법을 사용해야 한다. 라우터(router)라는 네트워크 장비는 하나의 네트워크가 또 다른 네트워크와 연결되어 있다는 것과 같이 네트워크 간의 연결 정보를 관리한다. IP 어드레스를 보면 소속된 네트워크가 어디인지 알 수 있는데, 해당 네트워크에 연결된 라우터를 추적하다 보면 그 장비가 최종적으로는 목표로 한 수신지 컴퓨터를 찾게 되고 송신지에서 수신지까지 연결되는 통신 경로를 만들 수 있게 된다.

단, 인터넷 계층이 데이터를 전달하는 방식은 지리적인 위치나 거리와는 상관이 없기 때문에 물리적으로는 가까운 거리에 있음에도 불구하고 네트워크 간의 연결 구조상 통신 경로가 멀리 우회해서 간다거나, 반대로 네트워크 간의 연결 구조는 가까우나 실제로는 바다를 건널 정도로 지리적으로 멀리 떨어져 있을 수도 있다.

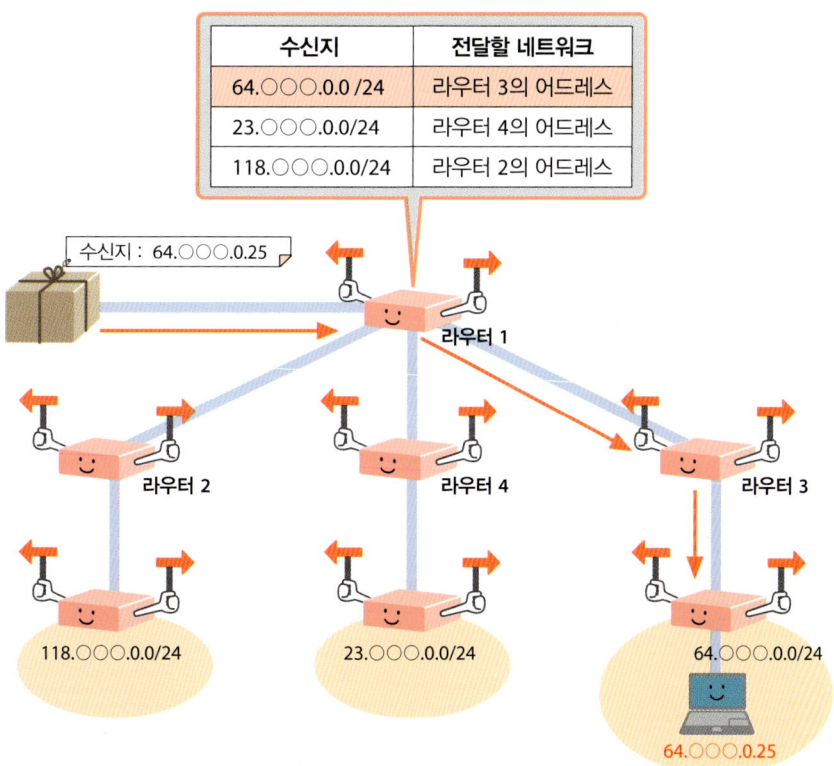

CHAPTER 4

01 인터넷 계층의 역할

인터넷 계층의 프로토콜은 수신지 컴퓨터가 아무리 멀리 있더라도 데이터를 전달할 수 있도록 설계되어 있다.

■■ IP 어드레스 정보를 보고 데이터를 전달한다

인터넷 계층은 네트워크 인터페이스 계층과 협력하여 다른 컴퓨터에게 데이터를 전달하는 역할을 한다. 하드웨어에 의존해야 하는 부분은 네트워크 인터페이스 계층이 담당하고, 인터넷 계층은 **IP 어드레스**(IP address)라고 하는 식별자 정보를 실마리로 데이터를 전달할 수 있는 체계를 제공하도록 역할이 각각 구분되어 있다.

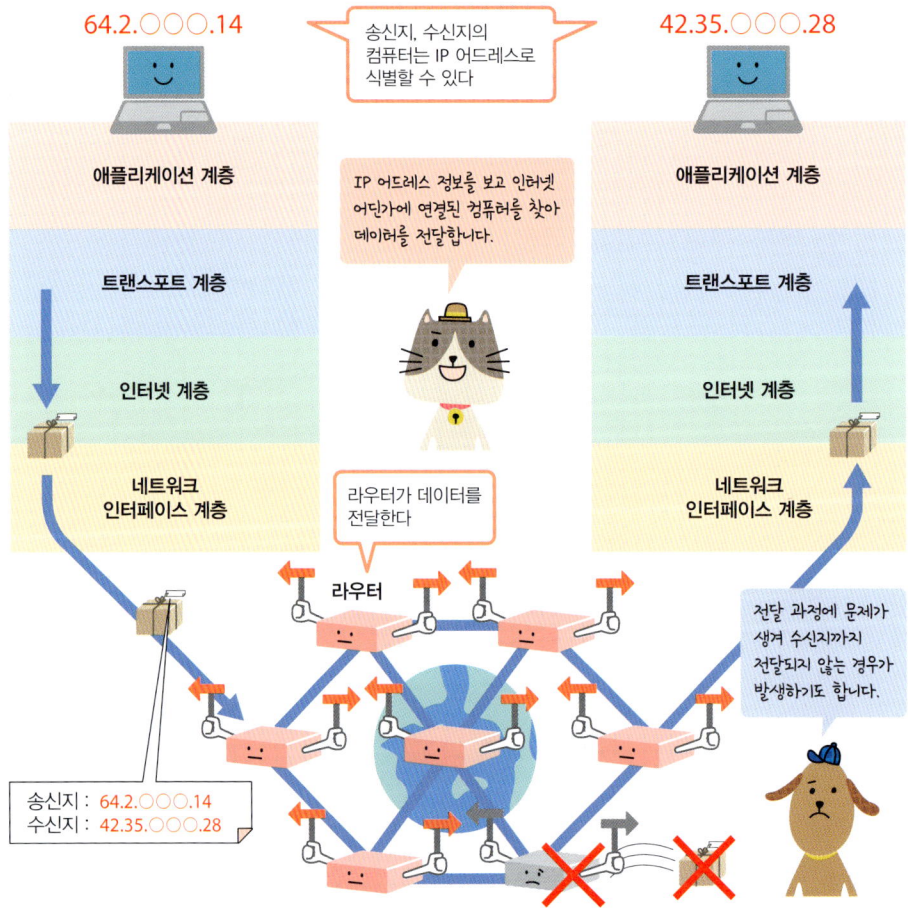

84 CHAPTER 4 라우팅과 인터넷 계층

라우터와 라우팅

데이터를 목적지까지 전달하기 위해서는 **라우터(router)**라고 하는 네트워크 장비가 필요하다. 라우터는 네트워크와 네트워크를 연결하는 역할을 하는데, 하나의 라우터는 데이터를 목적지까지 전달하기 위해 다음 네트워크의 경로를 찾고, 그 경로상에 있는 라우터에게 데이터 전달을 위임하게 된다. 이런 과정은 최종 목적지를 찾기까지 연쇄적으로 반복되는데, 이렇게 라우터가 목적지의 경로를 찾아 나가는 과정을 **라우팅(routing)**이라고 한다.

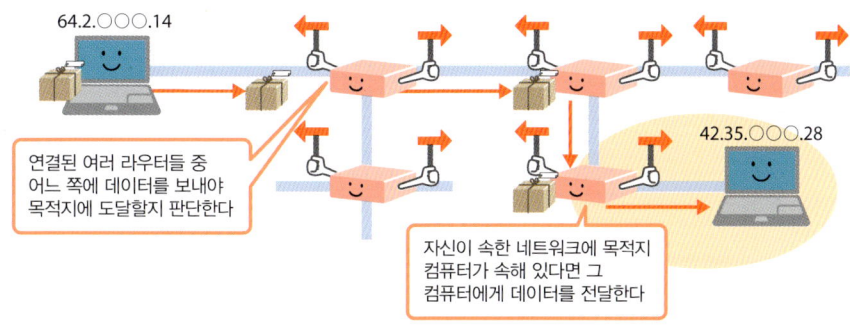

IP 어드레스와 관련된 여러 기술

인터넷 보급이 급속도로 확산됨에 따라 사용 가능한 IP 어드레스는 점점 줄어들고 있다. 그래서 IP 어드레스의 고갈을 방지하기 위한 대안으로 프라이빗 어드레스(private address)*와 퍼블릭 어드레스(public address)**를 구분하는 기법을 사용한다. 한편, 근본적인 방법으로는 IPv4보다 주소 체계가 확장된 IPv6의 도입이 가속화되고 있다. 그 외에도 IP 어드레스와 관련된 기술로는 숫자로 된 IP 어드레스를 사람이 알아보기 쉬운 도메인명과 연결해 주는 DNS 등이 있다.

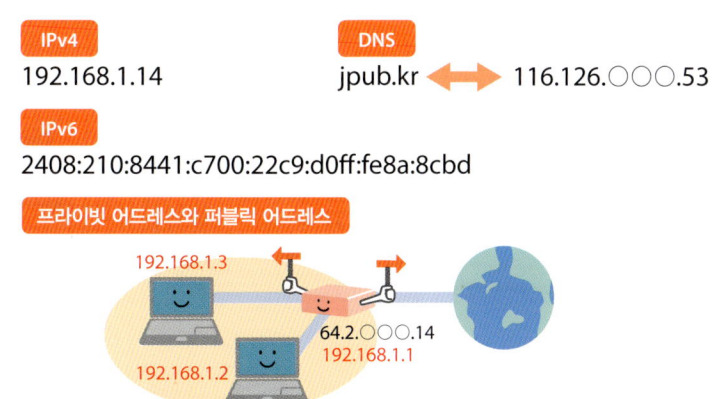

* 역주 사설 IP라고도 불리며, 사무실이나 가정 내에서만 사용 가능한 IP 어드레스를 말합니다. 소속 네트워크 내부에서만 사용되므로 외부에서는 해당 IP 어드레스로 접근이 불가능하여 클라이언트 역할을 하는 컴퓨터가 주로 사용합니다.

** 역주 공개 IP 등으로 불리며, 인터넷에서 사용 가능한 IP 어드레스를 말합니다. 외부에서도 접근이 가능하여 서버 역할을 하는 컴퓨터가 주로 사용합니다.

CHAPTER 4

02 IPv4와 IPv6

IPv4와 IPv6는 인터넷 계층에서 사용되는 중요한 프로토콜로, IP 어드레스를 결정할 때 사용하는 비트의 길이가 서로 다르다.

■■ IPv4는 32비트 어드레스

IPv4(Internet Protocol Version 4)는 현재까지 컴퓨터의 어드레스를 지정할 때 가장 많이 사용되는 인터넷 계층의 프로토콜이다. 네트워크에 연결된 컴퓨터를 식별하기 위해 32비트의 IP 어드레스가 사용된다. 단, 32비트 문자열은 사람이 알아보기 어렵기 때문에 전체 32비트를 8비트씩 4개 단위로 끊은 후에 10진수로 변환하여 표기하고 있다.

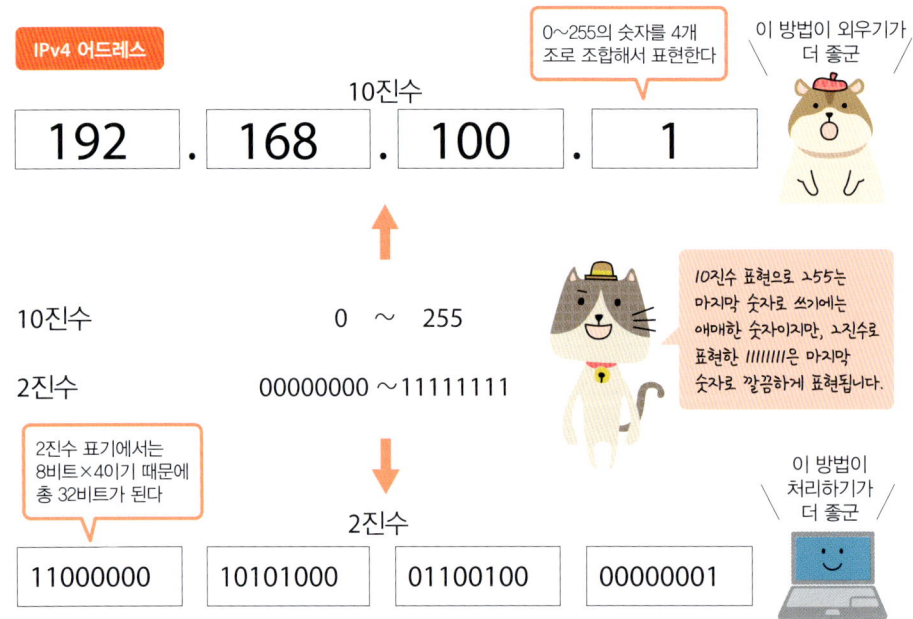

IPv4 어드레스의 관리 방법에 대한 자세한 내용은 90페이지 참고

> **NOTE** 인터넷 계층에서 사용되는 장비에만 IP 어드레스가 할당된다
> 여러 네트워크 장비들 중 네트워크 허브(L2 스위치)와 같이 네트워크 인터페이스 계층에서 사용되는 장비들에는 IP 어드레스가 할당되지 않습니다.

IPv4 헤더

IPv4 패킷의 **IP 헤더**(IP header)에는 송신지와 수신지의 IP 어드레스 외에도 패킷 길이와 같은 다양한 정보들이 포함되어 있다.

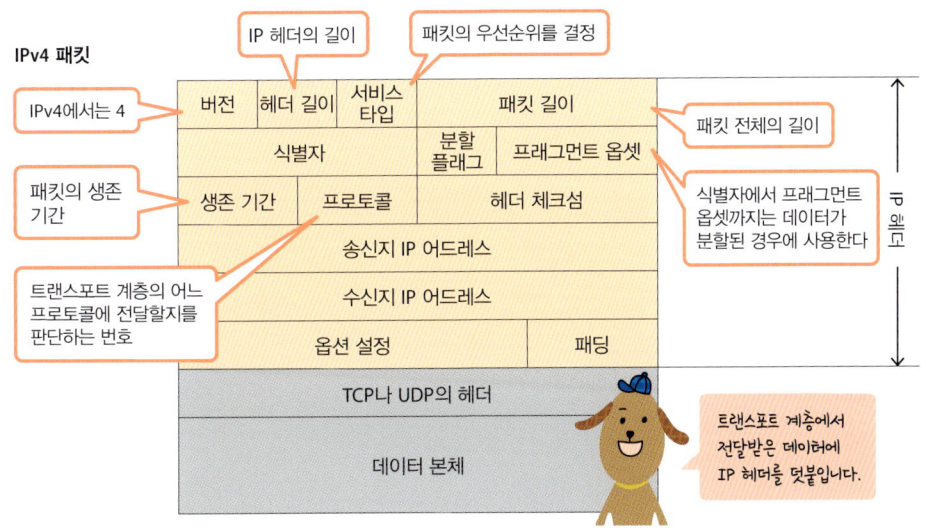

IP 패킷에도 유통기한이 있다

수신지로 지정된 컴퓨터가 실제로는 존재하지 않거나 통신 경로를 찾지 못해 패킷이 제대로 전달되지 않는 경우가 종종 발생할 수 있다. 이렇게 패킷이 목적지를 찾지 못해 네트워크 안을 계속 떠돌게 되면 네트워크가 혼잡해질 수 있는데, 이러한 문제를 방지하기 위해 IPv4 헤더에는 **생존 기간**(TTL, Time To Live) 정보를 설정할 수 있게 되어 있고, 만약 생존 기간을 초과한 패킷이 네트워크상에서 발견되면 그 패킷을 소멸시키도록 규정하고 있다.

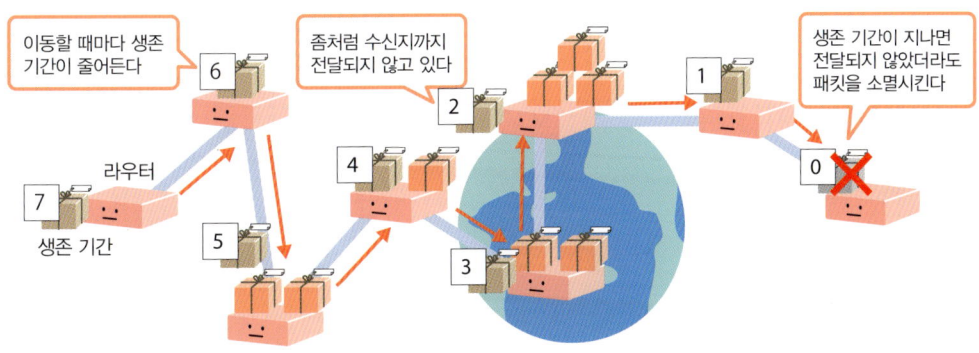

좁은 길을 지날 때는 작게 분할해서 지나간다

한 번에 전송할 수 있는 데이터 크기를 **MTU(Maximum Transmission Unit)**라고 하고, 이 값은 통신 경로의 상태에 따라 달라진다. 예를 들어, 경로 상태가 좋지 않으면 이 값이 줄어들게 되는데, 라우터에는 이 MTU 값에 따라 패킷을 분할해서 전송하는 기능이 구현되어 있다. 다만, 라우터의 작업 부하가 높아지거나 분할된 패킷 중의 일부가 유실되면 복원이 어려워지는 단점이 있다. 그래서 라우터가 데이터를 송신하기 전에 통신 경로 전체의 MTU를 살펴본 후 처음부터 MTU보다 작은 크기의 패킷을 만들도록 설정하기도 한다.

데이터를 분할하고 복원하는 방법

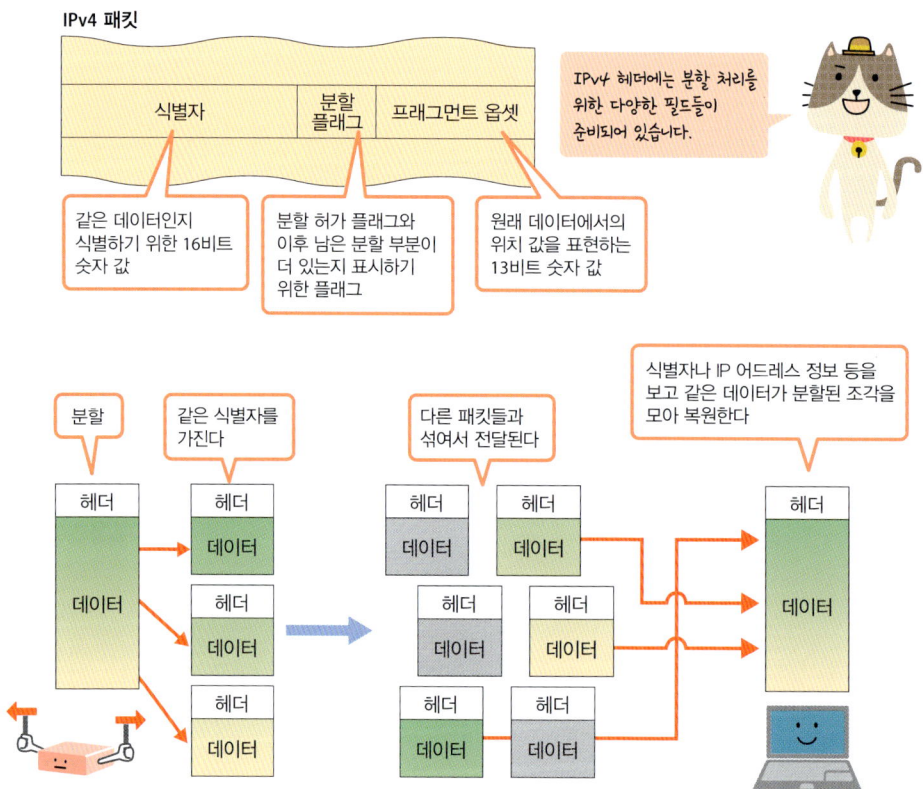

IPv6

인터넷의 급격한 성장으로 인해 IPv4의 32비트 어드레스가 머지않아 고갈될 상황에 이르렀다. 다행히 이런 혼란을 방지하기 위해 최근 128비트 어드레스로 만든 IPv6의 보급이 가속화되고 있는데, 이미 대부분의 OS나 인터넷 관련 통신 사업자들은 IPv6 지원 준비를 마친 상태다. 한편, 기존의 IPv4의 생명을 연장할 수 있는 기술들도 나오고 있어서 당분간은 IPv4와 IPv6를 병행해서 사용하게 될 것으로 보인다.

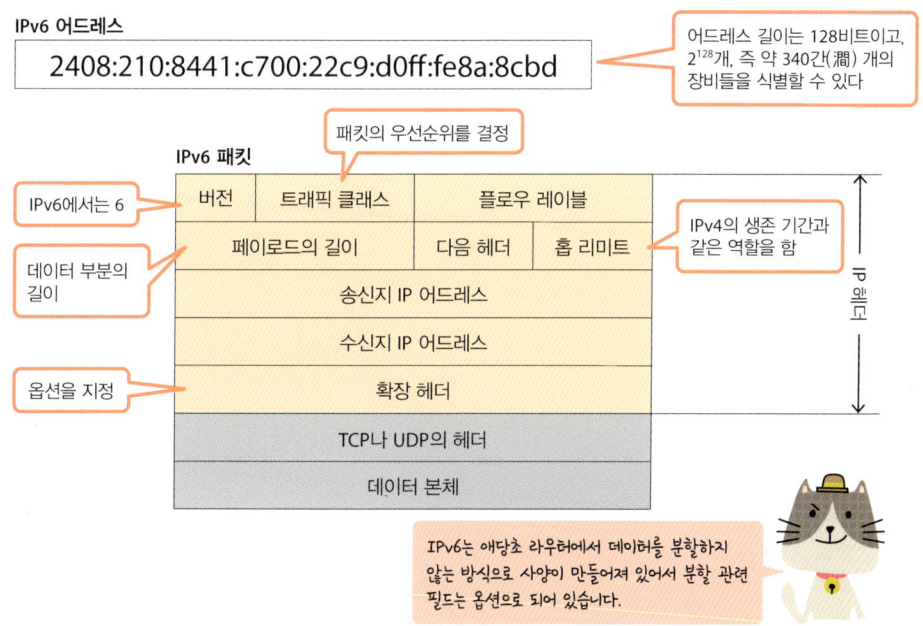

IPv6로 갈아타기

IPv4와 IPv6는 어드레스나 패킷 어느 것으로도 서로 호환이 되지 않는다. 그래서 현재는 여러 다양한 기법을 사용해서 두 가지를 병행할 수 있도록 만드는 등 IPv6로 이행하기 위한 노력이 계속되고 있다.

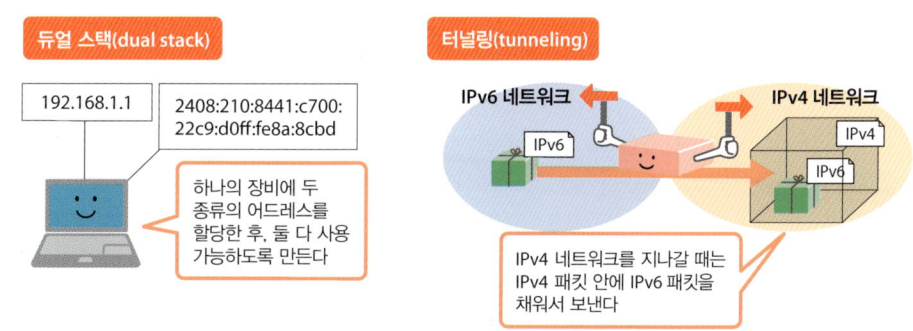

CHAPTER 4

03 IP 어드레스의 활용

IP 어드레스는 주소 할당 방법에 따라 네트워크 부와 호스트 부로 나뉘어지고, 해당 주소에 대한 접근 범위에 따라 프라이빗 어드레스와 퍼블릭 어드레스로 구분된다.

■■ 네트워크 부와 호스트 부

IP 어드레스는 네트워크 부(部)와 호스트 부(部)로 구성된다. 여기서 말하는 호스트는 네트워크에 연결된 컴퓨터나 네트워크 장비를 의미한다. 라우터는 송신지 IP 어드레스의 네트워크 부의 정보를 보고 데이터를 송신할 목적지가 같은 네트워크 안에 있는지 다른 네트워크에 있는지를 판단하게 된다.

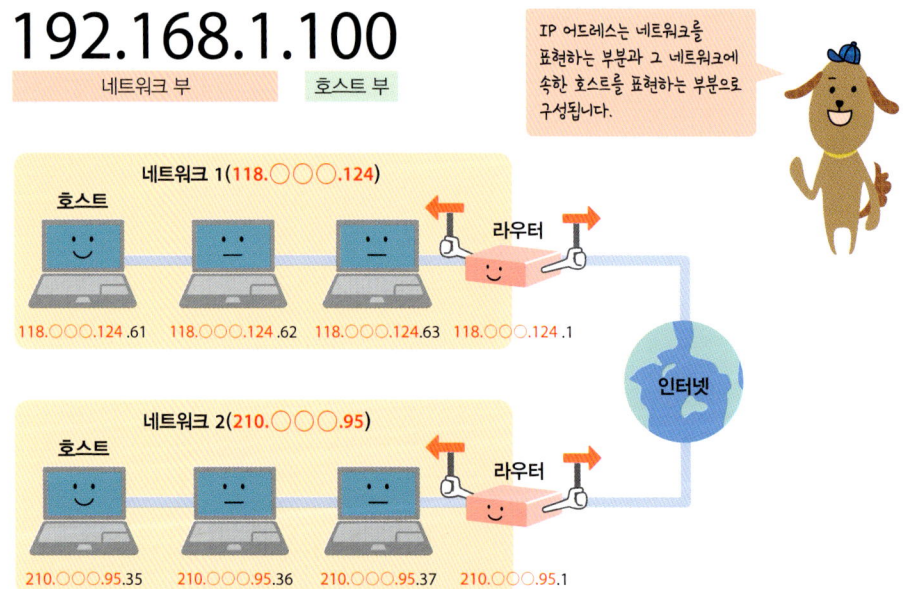

> NOTE **어디까지가 네트워크 부인가?**
>
> '네트워크'라는 용어는 여러 컴퓨터가 연결되어 데이터를 주고받을 수 있는 것을 의미하는 광의의 개념이다. 그래서 가정이나 사무실 내의 LAN은 물론 인터넷 전체도 네트워크에 해당한다. 단, 인터넷 계층을 설명할 때 사용되는 '네트워크'라는 단어의 의미는 'IP 어드레스의 네트워크 부가 같은 컴퓨터들의 그룹' 정도의 좁은 의미로 이해하면 된다. 그래서 네트워크 부가 다르다는 말은 그 네트워크는 서로 다른 네트워크라는 의미가 되고, 라우터와 같은 장비를 통하지 않고서는 각 네트워크가 서로 연결되지 않는다는 것을 의미한다.

어드레스 클래스

하나의 IP 어드레스 안에서 어디까지가 네트워크 부이고 어디까지가 호스트 부인지 미리 그 길이를 고정하여 결정해 둔 것이 있는데, 이것을 **어드레스 클래스**(address class)라고 부른다.

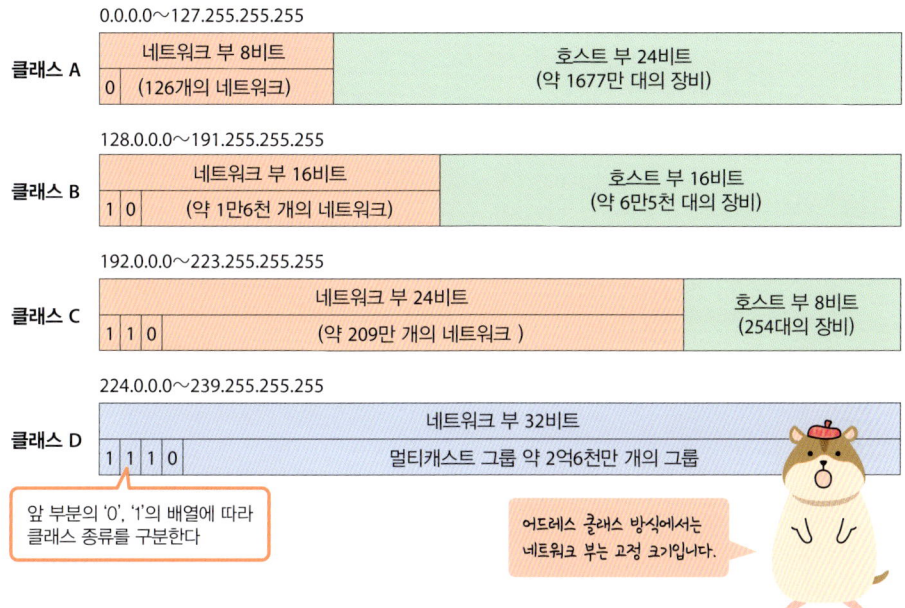

클래스 D는 멀티캐스트로 사용되는 특수한 어드레스다. 자세한 것은 77페이지 참고

어드레스 클래스의 제약

클래스 A의 어드레스는 한 개의 네트워크당 약 1677만 대의 호스트의 어드레스를 할당할 수 있다. 하지만 실제로는 그렇게 많은 호스트를 하나의 네트워크에 연결하는 경우는 거의 없기 때문에 많은 수의 어드레스가 사용되지 않고 낭비된다.

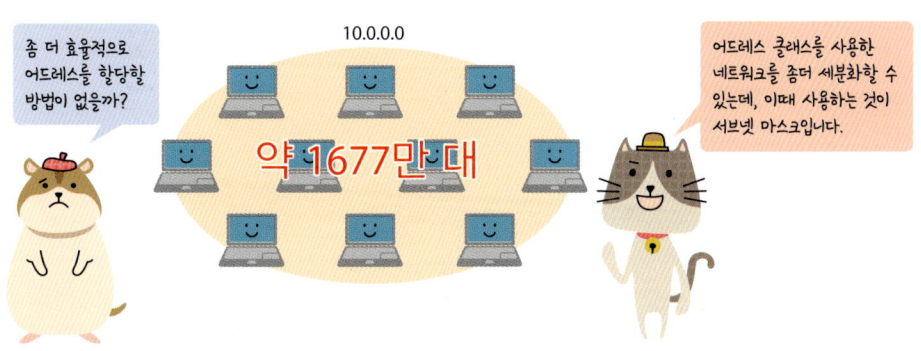

서브넷 마스크

어드레스 클래스는 네트워크 부의 길이가 미리 정해져 있다. 하지만 서브넷 마스크(subnet mask)를 사용하면 이 길이를 비트 단위로 유연하게 늘려서 쓰는 것이 가능하다. 서브넷 마스크는 IP 어드레스에 추가되는 정보이므로 32비트 길이만큼의 정보가 더 필요하다.

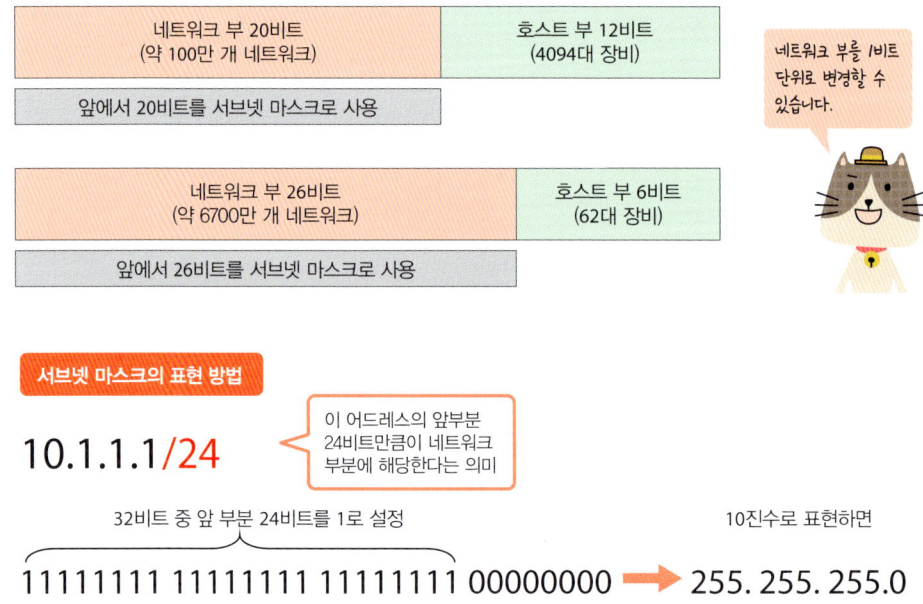

IP 어드레스의 할당 방법

IP 어드레스는 네트워크상에서 호스트(컴퓨터나 라우터와 같은 장비)를 식별하기 위해 사용되는데, 전체 32비트 중 네트워크 부를 제외한 호스트 부 부분만 자유롭게 할당하여 사용할 수 있다.

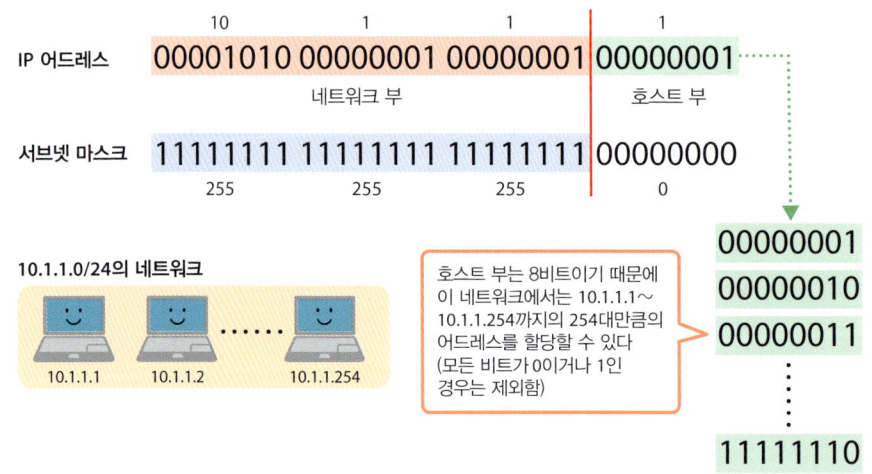

■■ 서브넷 마스크로 네트워크 세분화하기

서브넷 마스크를 사용하면 네트워크를 더 세분화하여 서브 네트워크, 즉 **서브넷**을 만들 수 있다. 한 네트워크에 연결하고 싶은 호스트들의 규모에 맞게 적절히 서브넷을 구성하면 부서나 지사, 지역 단위와 같이 작은 네트워크들을 만들어 네트워크 운영을 보다 유연하고 효과적으로 할 수 있다.

10.1.1.0/24의 네트워크

00001010 00000001 00000001 00000000

네트워크 부   호스트 부

→ 호스트 254대까지 할당 가능

서브넷 마스크를 2비트 길이만큼 더 늘려 26비트로 만들면 4개의 서브 네트워크를 만들 수 있다

10.1.1.0/26
00001010 00000001 00000001 00000000

→ 각 서브 네트워크 안에서 호스트 62대까지 할당 가능

10.1.1.64/26
00001010 00000001 00000001 01000000

10.1.1.128/26
00001010 00000001 00000001 10000000

10.1.1.192/26
00001010 00000001 00000001 11000000

10.1.1.0/24의 네트워크

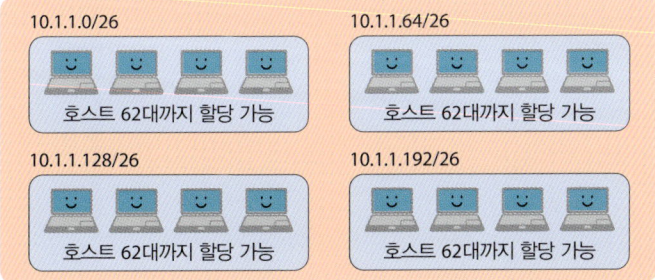

> **NOTE 서브넷 마스크의 한계**
>
> 서브넷 마스크는 어드레스 클래스에서 미리 정해진 네트워크 부의 길이를 더 늘일 수는 있지만 더 줄이지는 못한다. 그래서 이미 호스트 길이가 짧게 만들어진 클래스 C인 경우, 남은 8비트 내에서 서브넷 부와 호스트 부로 나누게 되므로 실제로 할당할 수 있는 호스트 대수가 급격히 줄어들게 된다. 그 결과, 클래스 C에서는 서브넷을 사용하는 것이 별 도움이 되지 않는다. 그래서 서브넷을 도입하는 경우는 호스트 부가 긴 클래스 A나 B의 어드레스를 세분화해야 할 때 사용하는 것이 일반적이다.

■■ 가정이나 사무실에서 자유롭게 사용하는 프라이빗 IP 어드레스

프라이빗 IP 어드레스는 가정이나 사내에서 자유롭게 사용할 수 있는 어드레스다. 인터넷이나 다른 네트워크에 연결되지 않아서 주소가 충돌만 나지 않는다면 다른 네트워크에서 사용 중인 어드레스를 사용한다 해도 큰 문제는 없다. 다만, 프라이빗 IP 어드레스는 인터넷에 연결해도 외부에서 접근할 수 없기 때문에 NAT(Network Address Translation)와 같은 어드레스 변환 기술을 사용해서 퍼블릭 IP 어드레스로 변환해 주는 기법이 필요하다.

프라이빗 IP 어드레스로 사용 가능한 범위

클래스 A 중에서	10.0.0.0 ~ 10.255.255.255
클래스 B 중에서	172.16.0.0 ~ 172.31.255.255
클래스 C 중에서	192.168.0.0 ~ 192.168.255.255

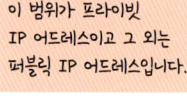
이 범위가 프라이빗 IP 어드레스이고 그 외는 퍼블릭 IP 어드레스입니다.

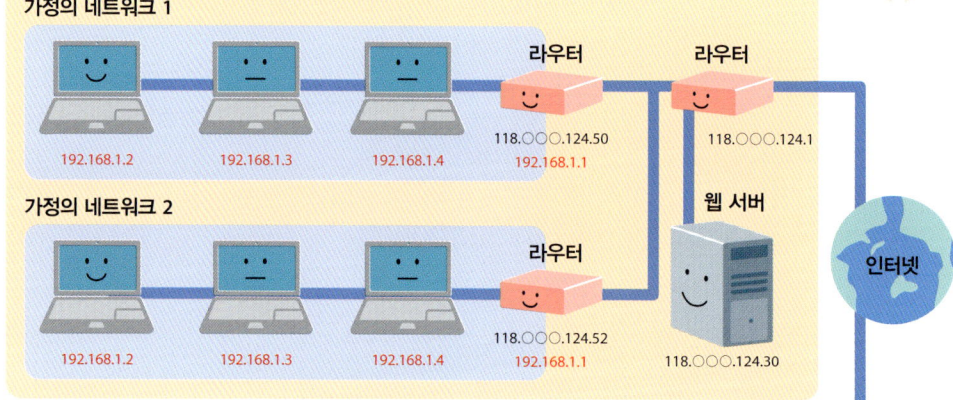

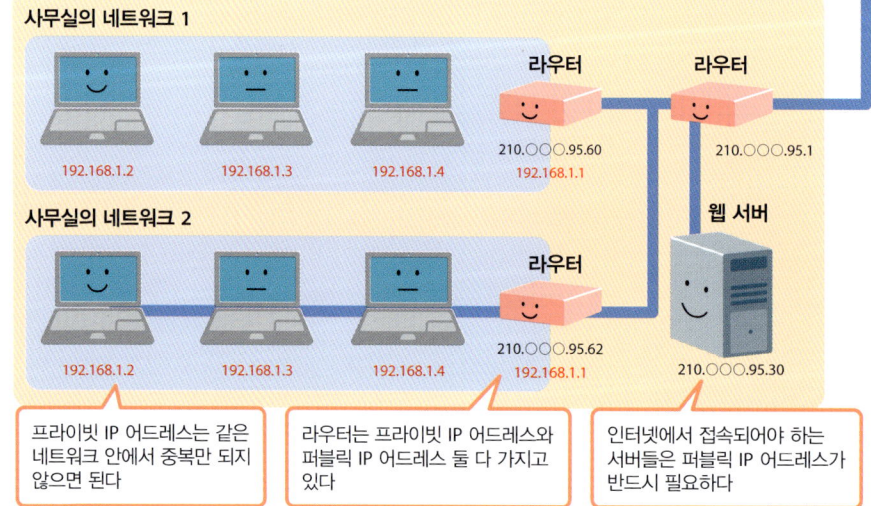

- 프라이빗 IP 어드레스는 같은 네트워크 안에서 중복만 되지 않으면 된다
- 라우터는 프라이빗 IP 어드레스와 퍼블릭 IP 어드레스 둘 다 가지고 있다
- 인터넷에서 접속되어야 하는 서버들은 퍼블릭 IP 어드레스가 반드시 필요하다

퍼블릭 IP 어드레스의 관리

퍼블릭 IP 어드레스는 인터넷 안에서 중복되면 안 되기 때문에 ICANN(Internet Corporation for Assigned Names and Numbers)이나 KRNIC(Korea Network Information Center)과 같은 단체(인터넷 레지스트리)가 관리하고 있다. 퍼블릭 IP 어드레스가 필요할 경우 각 단체에 신청해서 할당받아야 한다.

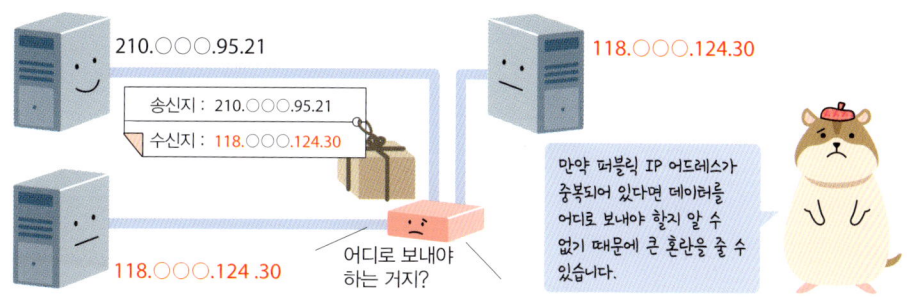

인터넷 레지스트리

퍼블릭 IP는 인터넷 레지스트리를 통해 인터넷 서비스 제공자들에게 할당되고 기업이나 가정은 인터넷 서비스 제공자가 확보한 IP 어드레스들을 빌려서 쓴다.

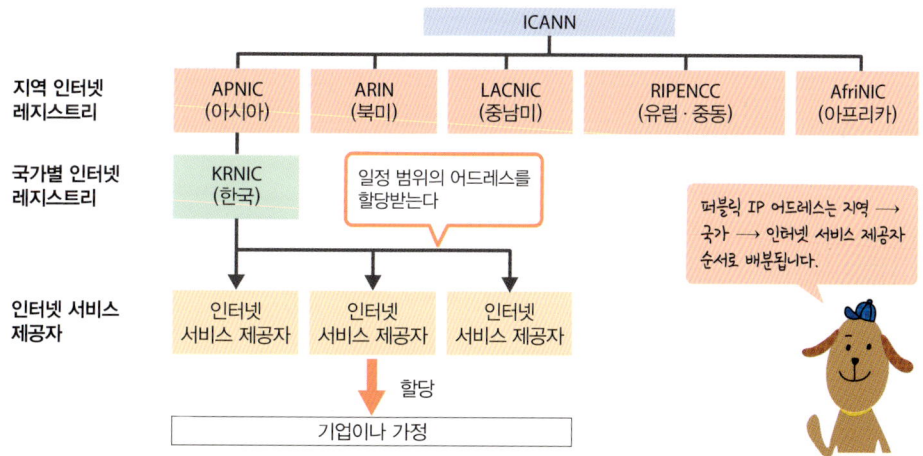

> **NOTE** 예약된 IP 어드레스
>
> IP 어드레스 중에는 이미 예약된 특수 목적의 어드레스가 있다. '127.0.0.1'은 루프백 어드레스(loopback address) 혹은 로컬 호스트(local address)라고 부르는데, 호스트 자신을 가리킨다. 그 외에도 호스트 부의 비트를 모두 1로 설정한 어드레스는 해당 네트워크의 모든 호스트들을 의미하는 브로드캐스트 어드레스(broadcast address)가 된다. 또한, 호스트 부의 비트가 모두 0으로 설정된 경우는 네트워크 전체를 의미하는 어드레스가 된다.

CHAPTER 4

04 라우팅이란?

데이터를 목적지의 IP 어드레스까지 전달하려면 라우팅이라고 하는 경로 탐색 과정이 필요하다.

■■ 라우팅과 경로 탐색

인터넷에서 데이터가 목적지까지 제대로 전달되기 위해서는 라우터가 자신과 연결된 다른 라우터를 찾아나가면서 최종 목적지까지 연결되는 경로를 찾을 수 있어야 한다. 이러한 과정을 **라우팅**(routing)이라 하고, 이때 찾은 최적의 경로를 사용해서 통신을 하게 된다. 만약 통신 경로 상에 장애가 발생하면 다음 차선책의 통신 경로를 사용하여 통신을 재개한다.

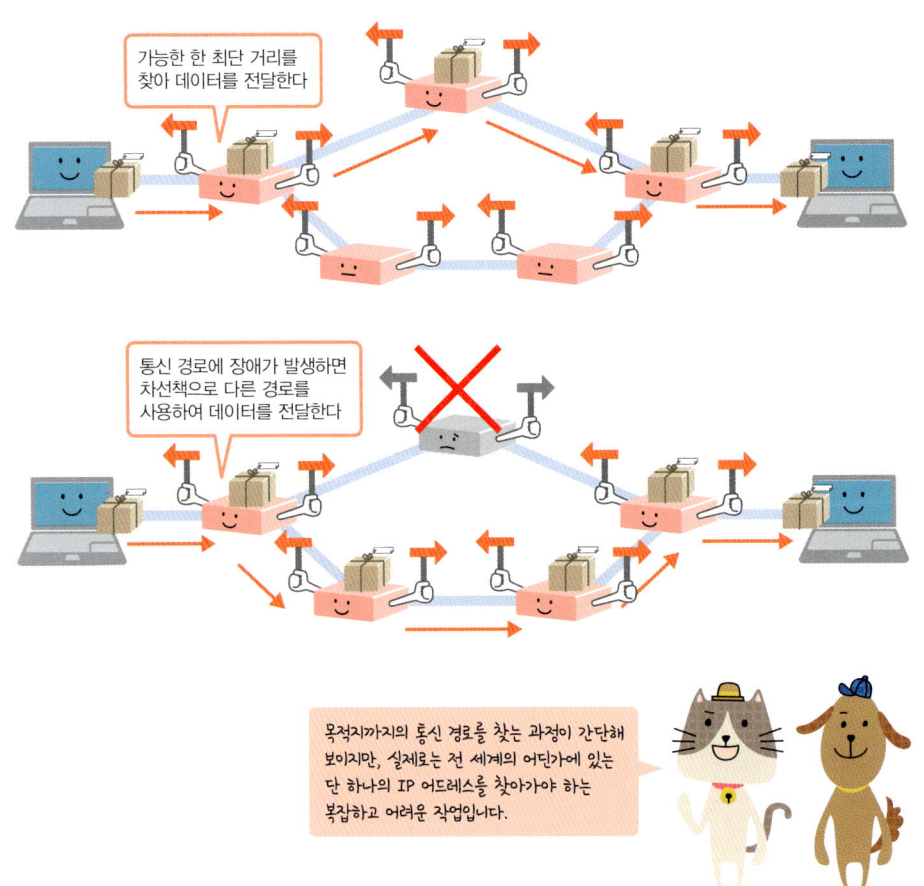

라우팅 프로토콜

데이터가 전송될 경로를 찾기 위해서 네트워크상의 각 라우터는 서로 누구와 연결되어 있는지에 대한 정보를 교환한다. 이때 **라우팅 프로토콜**(routing protocol)이 사용되는데, 대표적인 것으로는 BGP, OSPF, RIP 등이 있다.

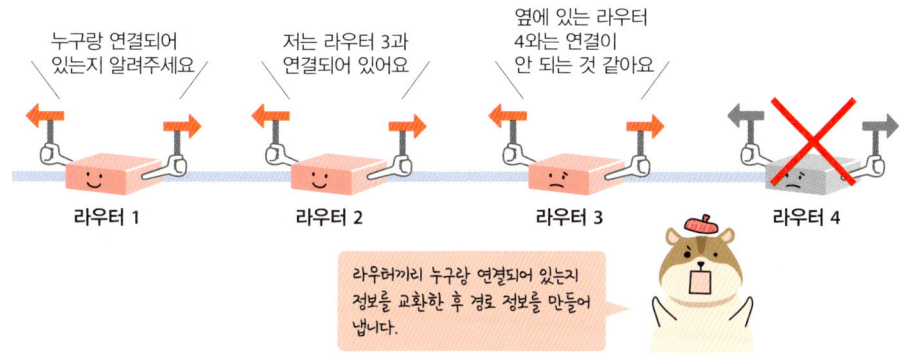

자율 시스템

인터넷 서비스 제공자가 사용하는 규모가 큰 네트워크에서는 몇 개의 네트워크를 하나로 묶어 **자율 시스템**(AS, Autonomous System)이라는 단위로 관리한다. 네트워크의 경로 하나하나를 찾아다니면서 이동하는 대신, AS와 같이 큰 덩어리의 접속 경로 단위로 이동하면 멀리 있는 컴퓨터와도 더 빠른 속도로 통신할 수 있다.

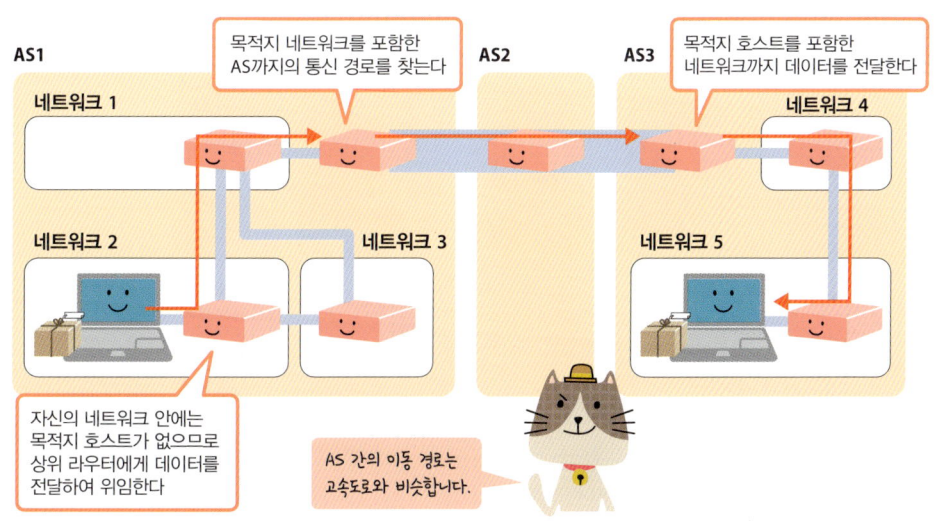

CHAPTER 4
05 라우터와 라우팅 프로토콜

데이터를 전송하는 라우터의 역할과 라우팅 프로토콜에 대해 살펴본다.

라우터의 역할

라우터의 역할은 네트워크 간의 패킷을 전달하는 것이다. 이때 연결하고 있는 각 네트워크에서 사용하는 IP 어드레스가 각각 하나씩 필요하며, 결과적으로 연결한 네트워크 개수만큼의 IP 어드레스를 여러 개 가지게 된다.

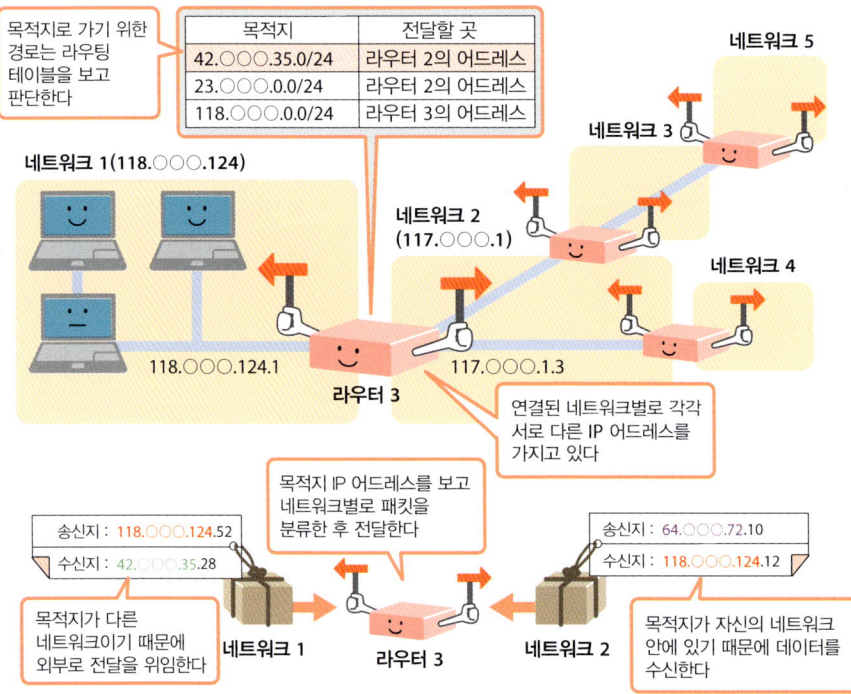

> **NOTE 가정용 초고속 인터넷 라우터**
>
> 가정에서 사용되는 초고속 인터넷 라우터도 주택 내의 네트워크에서 사용하는 IP 어드레스와 인터넷 서비스 제공자의 네트워크에서 사용되는 IP 어드레스 각각을 가지고 있다. 단, 라우팅 기능은 경량화되어 있는데, 외부로 전달되어야 하는 패킷은 별도의 복잡한 처리 없이 바로 인터넷 서비스 제공자 측의 라우터로 전달하도록 되어 있다.

라우팅 테이블

라우터는 내부에 저장하고 있는 **라우팅 테이블**이라는 정보를 활용하여 라우팅을 한다. 라우팅 테이블에는 목적지 호스트가 속한 네트워크 정보와 그 네트워크로 도달하기 위해 경유해야 하는 라우터의 정보가 들어 있다.

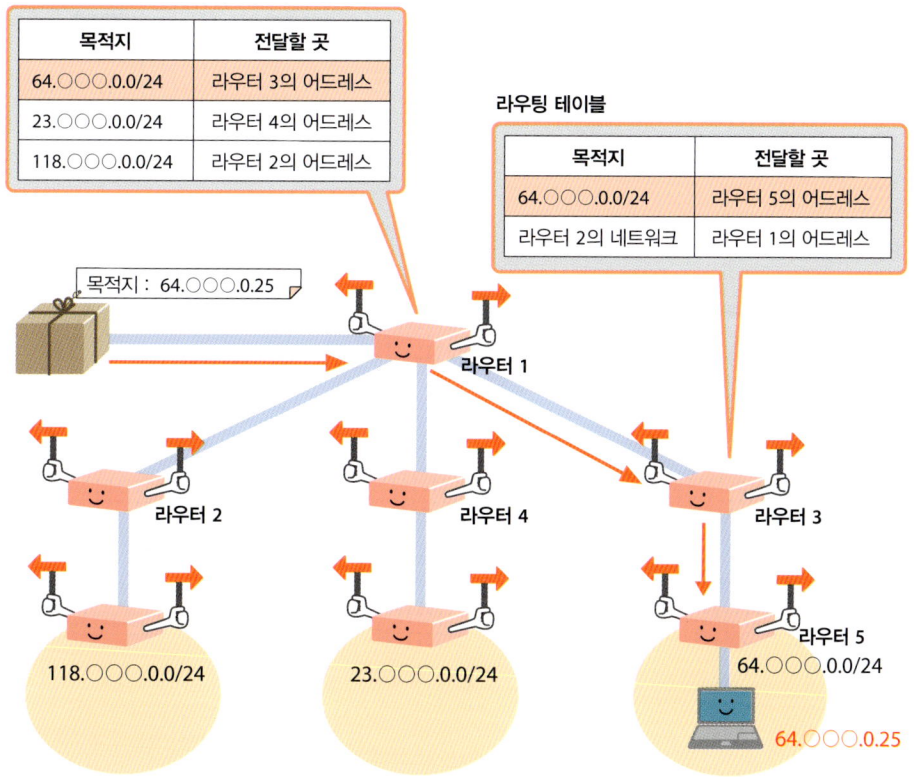

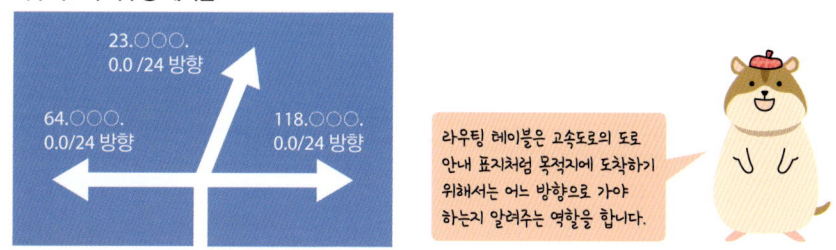

정적 라우팅과 동적 라우팅

라우팅 테이블을 만드는 방법은 크게 두 가지가 있는데, 네트워크 관리자가 직접 수작업으로 라우팅 테이블을 설정하는 방식을 **정적 라우팅**이라고 하고, 라우팅 프로토콜을 사용하여 자동적으로 경로 정보를 수집한 후 라우팅 테이블을 설정하는 방식을 **동적 라우팅**이라고 한다. 네트워크 간의 접속 형태가 복잡하면 정적 라우팅으로 설정하는 것이 사실상 불가능하기 때문에 대부분은 동적 라우팅을 사용한다.

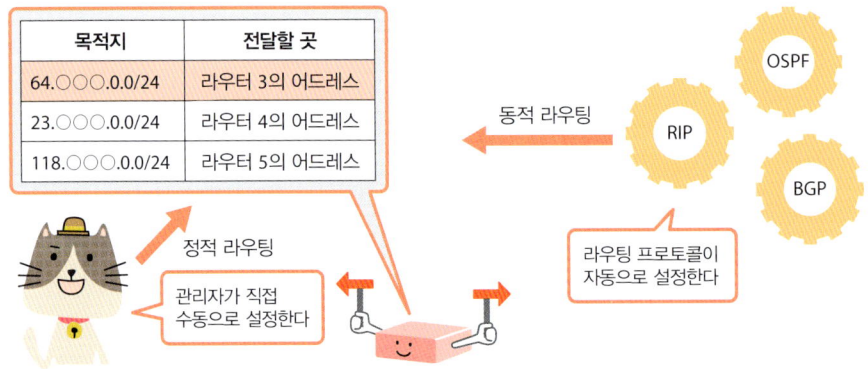

라우팅 테이블에 목적지 정보가 없을 경우

인터넷에는 수많은 네트워크가 연결되어 있기 때문에 모든 네트워크의 통신 경로를 저장하는 것은 사실상 불가능하다. 그래서 한 라우터의 라우팅 테이블에 목적지의 정보가 없다면 해당 라우터보다 더 많은 정보를 가지고 있는 기본 라우터 혹은 **디폴트(default) 라우터**에게 물어보게 된다. 이 디폴트 라우터 정보는 각 라우터마다 정적으로 설정되어 있다.

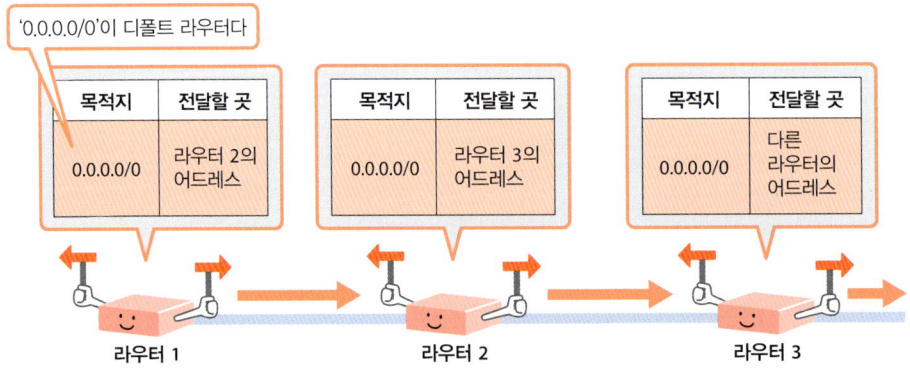

동적 라우팅 알고리즘

라우팅 프로토콜에는 여러 종류가 있는데, 경로를 찾는 방식에 따라 크게 **거리 벡터형**과 **링크 상태형**의 두 가지가 많이 사용된다. 이들 위에 자율 시스템 AS 간의 통신에서 사용되는 **경로 벡터형**도 있다.

거리 벡터형

RIP(Routing Information Protocol) 프로토콜이 사용하는 방식으로, 목적지까지의 거리를 살펴보고 짧은 경로를 선택하는 방식이다. 이때 거리는 경유하는 라우터의 수를 의미하는 홉(hop)의 수로 센다. 이 방식은 비교적 구성이 간단한 LAN 네트워크에 적합하다.

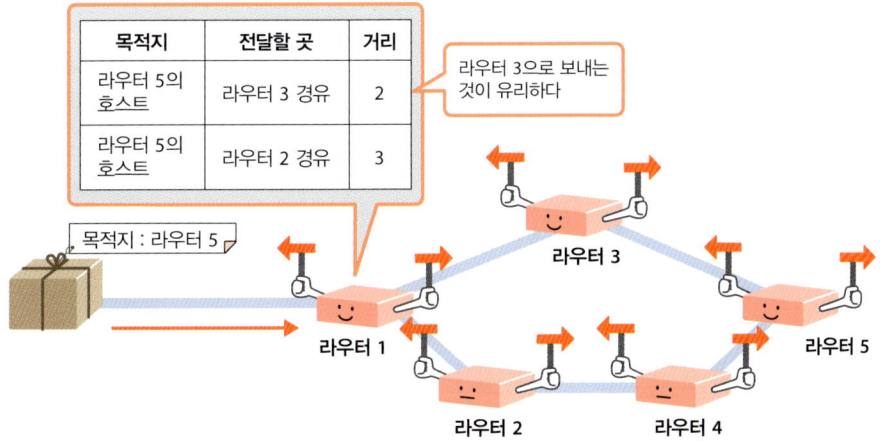

링크 상태형

OSPF(Open Shortest Path First) 프로토콜이 사용하는 방식으로 네트워크의 통신 상태 정보를 맵(map)으로 관리하면서 상태가 가장 좋은 경로를 선택하는 방식이다. 복잡하고 변화가 잦은 네트워크 구성에 적합하다.

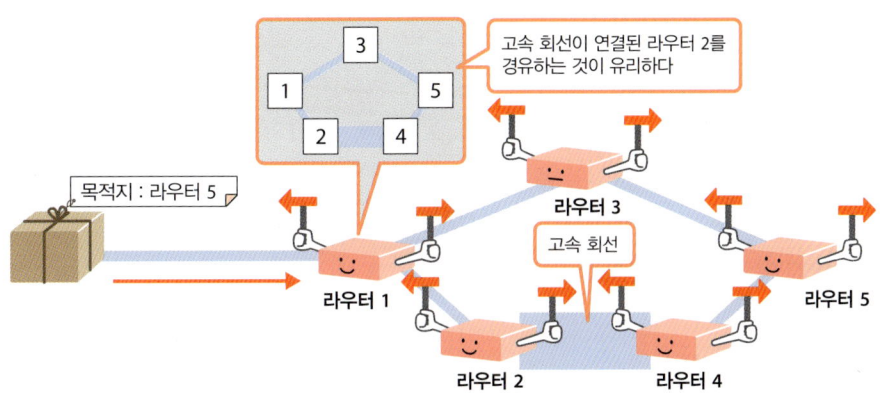

AS 내에서 사용되는 OSPF

AS(자율 시스템) 안에서는 주로 링크 상태형인 **OSPF(Open Shortest Path First)**를 사용한다. 다만, 링크 상태형은 네트워크 규모가 커지면 맵 정보를 처리하는 부하가 커질 수 있다. 따라서 네트워크를 몇 개의 영역(area)으로 분할한 후 각 영역별로 맵을 따로 만드는 방식을 사용한다.

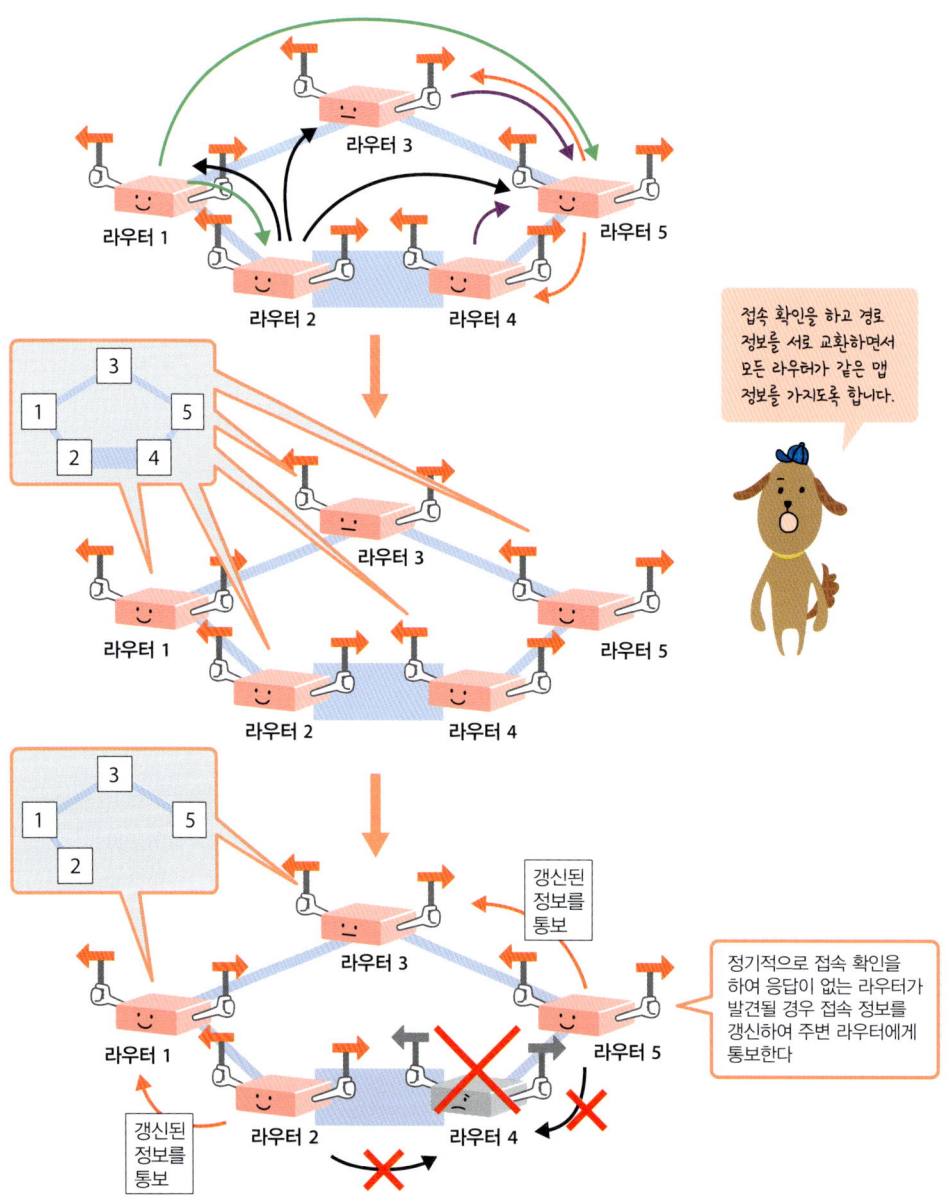

AS 간에 사용되는 BGP

AS끼리는 경로 벡터형인 **BGP(Border Gateway Protocol)**가 사용된다. 경로 벡터형은 경로의 거리뿐만 아니라 경로 도중에 경유하는 AS 정보도 포함하여 경로 정보를 만든다.

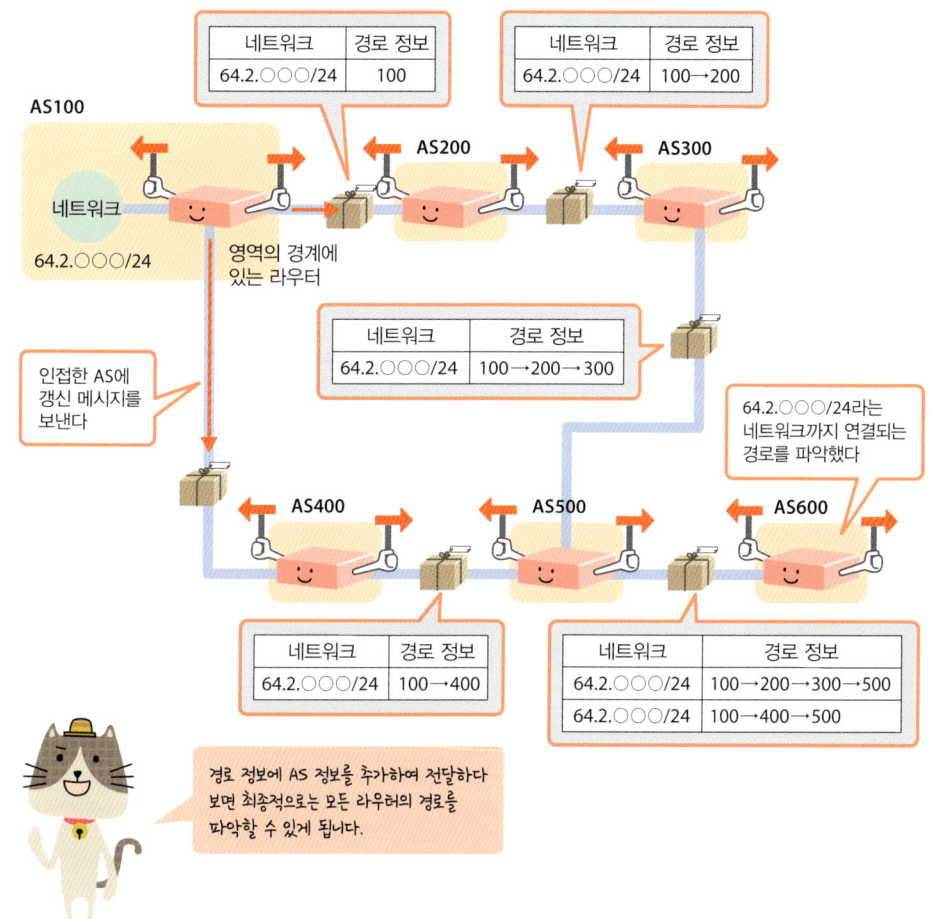

> **NOTE** **AS 번호**
>
> AS에는 IP 어드레스처럼 16비트 혹은 32비트 길이의 AS 번호가 할당된다. AS 번호는 퍼블릭 AS 번호와 프라이빗 AS 번호로 나누어지고, 퍼블릭 AS 번호는 퍼블릭 IP 어드레스와 마찬가지로 전 세계적으로 중복되지 않도록 관리되고 있다. 퍼블릭 AS 번호를 할당받기 위해서는 KRNIC과 같은 인터넷 레지스트리에 신청하면 된다.

CHAPTER 4

06 네트워크 오류를 통보하는 ICMP

데이터 전송 중에 오류가 발생하면 ICMP 프로토콜로 통보한다.

ICMP의 동작 방식

ICMP(Internet Control Message Protocol) 프로토콜은 데이터 전송 중에 문제가 생길 경우 장애 상황을 통보하기 위해 사용된다. 예를 들어, 수신 측 컴퓨터가 전원이 꺼져 있어 데이터가 전달되지 못한다면 송신 측으로 타입 3번 ICMP 메시지가 전달된다. 송신 측은 이 메시지를 보고 데이터가 수신 측까지 전달되지 않았다는 것을 파악하고 적절한 처리를 하게 된다.

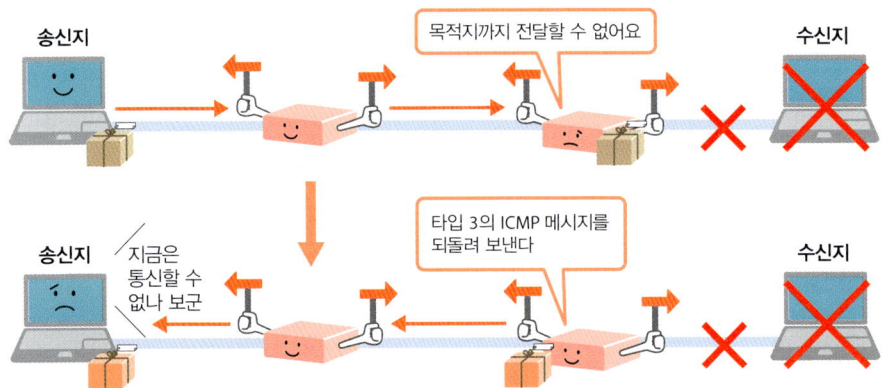

타입	의미
0	에코 응답. 수신 측 장비가 존재한다고 확인해 줄 때 사용한다.
3	데이터가 도착하지 않았다.
4	회선 상태가 혼잡하다.
5	경로 상태가 최적이 아니다.
8	에코 요청. 수신 측 장비가 존재하는지 확인할 때 사용한다.
9	라우터가 보내는 응답으로, 네트워크에 새로 연결된 장비에게 사용 가능한 라우터 정보를 알려주기 위해 사용한다(Router Advertisement).
10	장비가 보내는 요청으로, 네트워크에 새로 연결되었을 때 라우터를 찾기 위해 사용한다(Router Solicitation).
11	생존 기간이 지난 패킷을 삭제했음을 알려 준다.

ICMP 헤더

IP 헤더		
타입	코드	체크섬
데이터		

ICMP 패킷은 IP 헤더에 타입이나 코드와 같은 ICMP 메시지를 덧붙인 형태입니다.

주요 ICMP 메시지

목적지에 도착하기 전에 패킷의 생존 기간(TTL, Time To Live)이 경과하게 되면 이 패킷은 네트워크상에서 소멸되는데, 이때 라우터가 패킷을 보낸 송신 측으로 타입 11번 ICMP 메시지를 보내게 된다. 한편, 네트워크에 속한 라우터의 IP 어드레스를 알고 싶을 때는 타입 10번과 타입 9번 ICMP 메시지를 사용하면 된다.

시간 초과 메시지

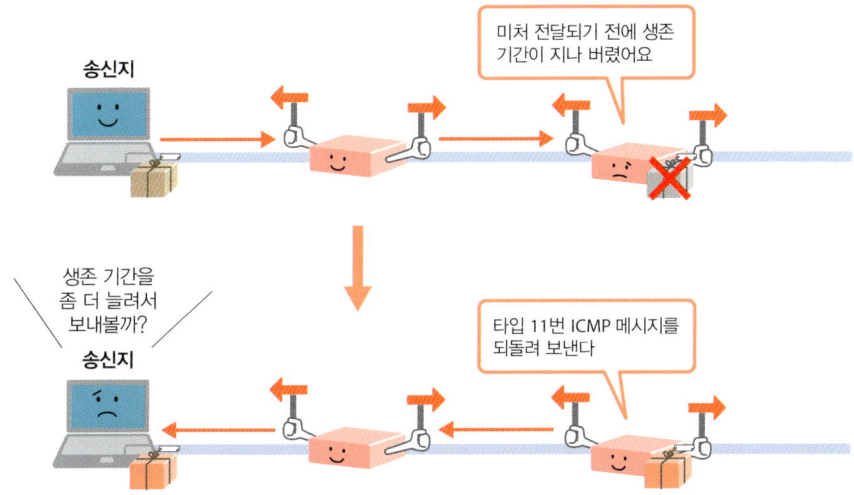

라우터 요청 메시지*와 라우터 광고 메시지**

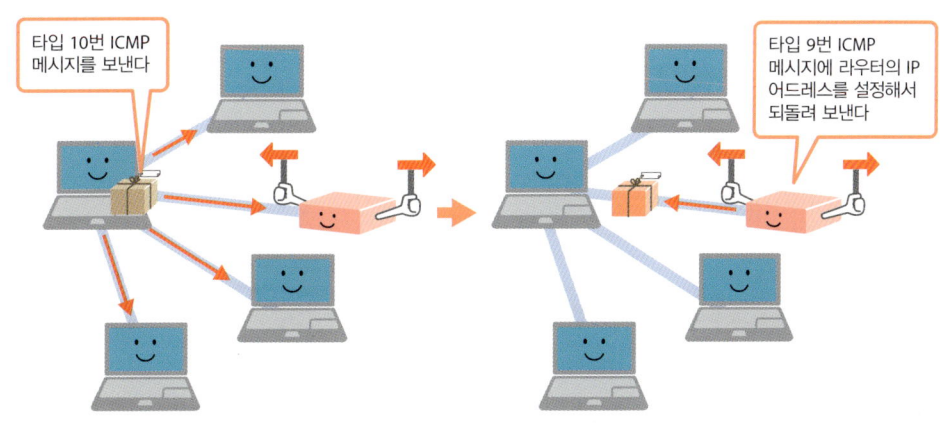

---

* 〔역주〕 장비가 네트워크에 연결될 때 라우터를 찾기 위해 보내는 메시지(RS, Router Solicitation)

** 〔역주〕 라우터 정보 요청에 대한 응답으로 라우터 정보를 보내는 메시지(RA, Router Advertisement)

CHAPTER 4

07 어드레스 변환

프라이빗 IP 어드레스를 할당받은 호스트와 퍼블릭 IP 어드레스를 할당받은 호스트는 기본적으로 서로 통신을 하지 못한다. 하지만 어드레스 변환 기술을 사용하면 둘 간의 통신이 가능해진다.

■■ 네트워크 어드레스 변환(NAT)의 동작 방식

가정이나 사무실의 네트워크에서는 보통 프라이빗 IP 어드레스를 사용한다. 이 주소는 내부에서 사용하는 가상의 주소라서 인터넷에 연결된 퍼블릭 IP 어드레스를 사용하는 서버와의 통신은 불가능하다. 그래서 이때 **네트워크 어드레스 변환**(NAT, Network Address Translation) 기술이 사용된다. NAT 기술은 프라이빗 IP 어드레스와 퍼블릭 IP 어드레스 간의 변환 외에도 IPv4와 IPv6 간의 변환에도 응용되고 있다.

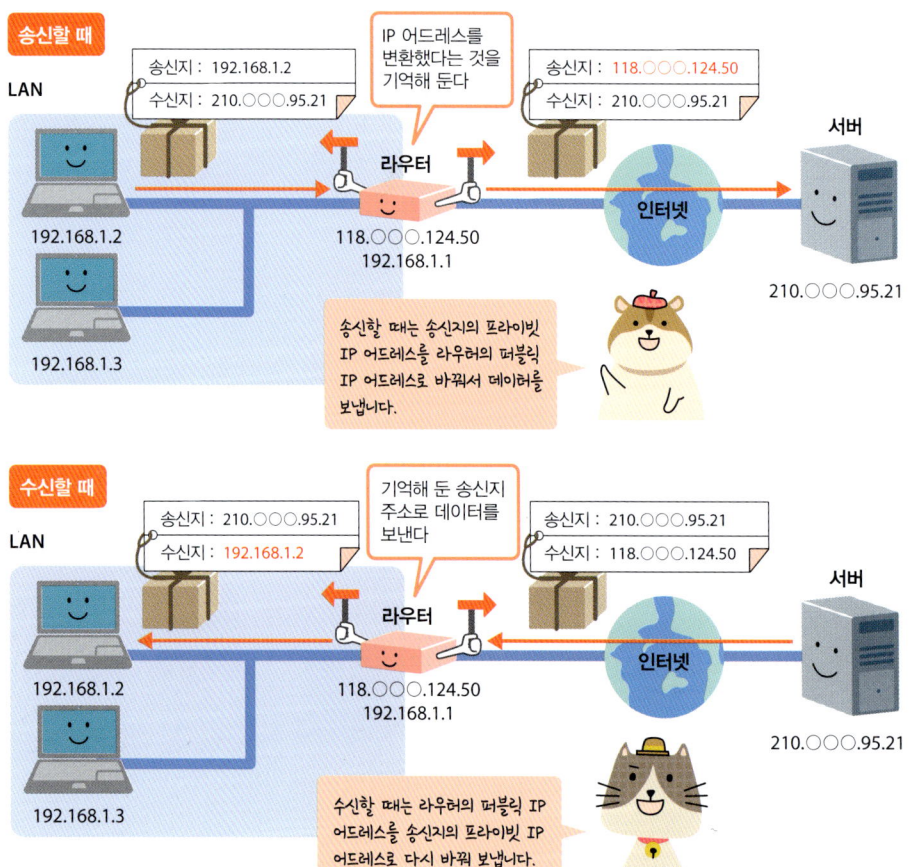

NAT에서 발생할 수 있는 제약 사항

NAT는 단순히 IP 어드레스를 변환할 뿐이다. 그래서 몇 가지 상황에서는 제약이 발생할 수 있다. 우선, 내부의 여러 호스트가 공교롭게 같은 포트 번호를 사용하고 있다면 라우터는 이 요청에 대한 응답을 어느 호스트에게 되돌려 보내야 하는지 포트만 보고는 판단하지 못한다. 또, 내부에서 보낸 요청에 대한 응답은 받을 수 있지만 외부에서 일방적으로 보낸 데이터는 NAT 범위 안에 있는 호스트로 전달되지 않는다.

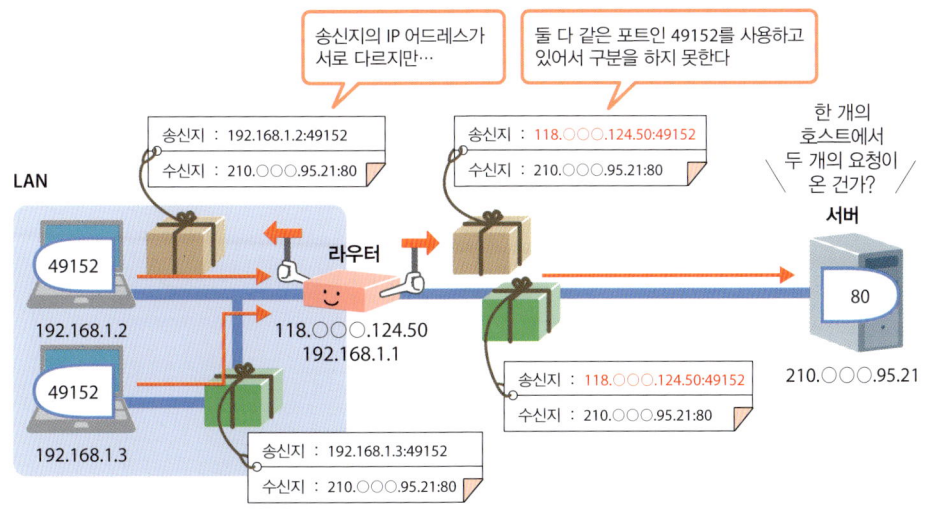

외부에서 온 데이터를 전달하지 못한다

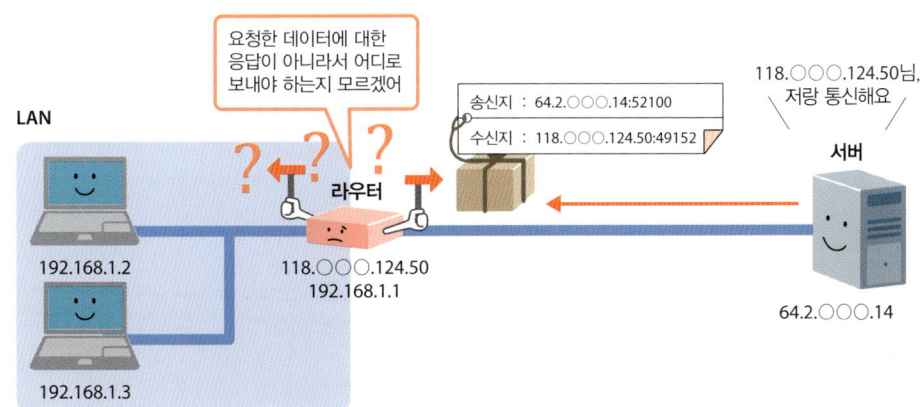

네트워크 어드레스 포트 변환

위의 제약 사항과 같이 NAT의 포트 번호 충돌을 막기 위해 만들어진 방식이 **네트워크 어드레스 포트 변환**(NAPT, Network Address Port Translation)이다. 이 방식은 IP 어드레스뿐만 아니라 포트 번호도 함께 변환한다. 내부 네트워크에서 프라이빗 IP를 사용하는 여러 호스트가 같은 포트 번호를 사용하고 있다면, 외부와 통신할 때 포트 번호가 충돌 나지 않도록 변환해서 요청을 보낸 호스트를 구분할 수 있도록 한다.

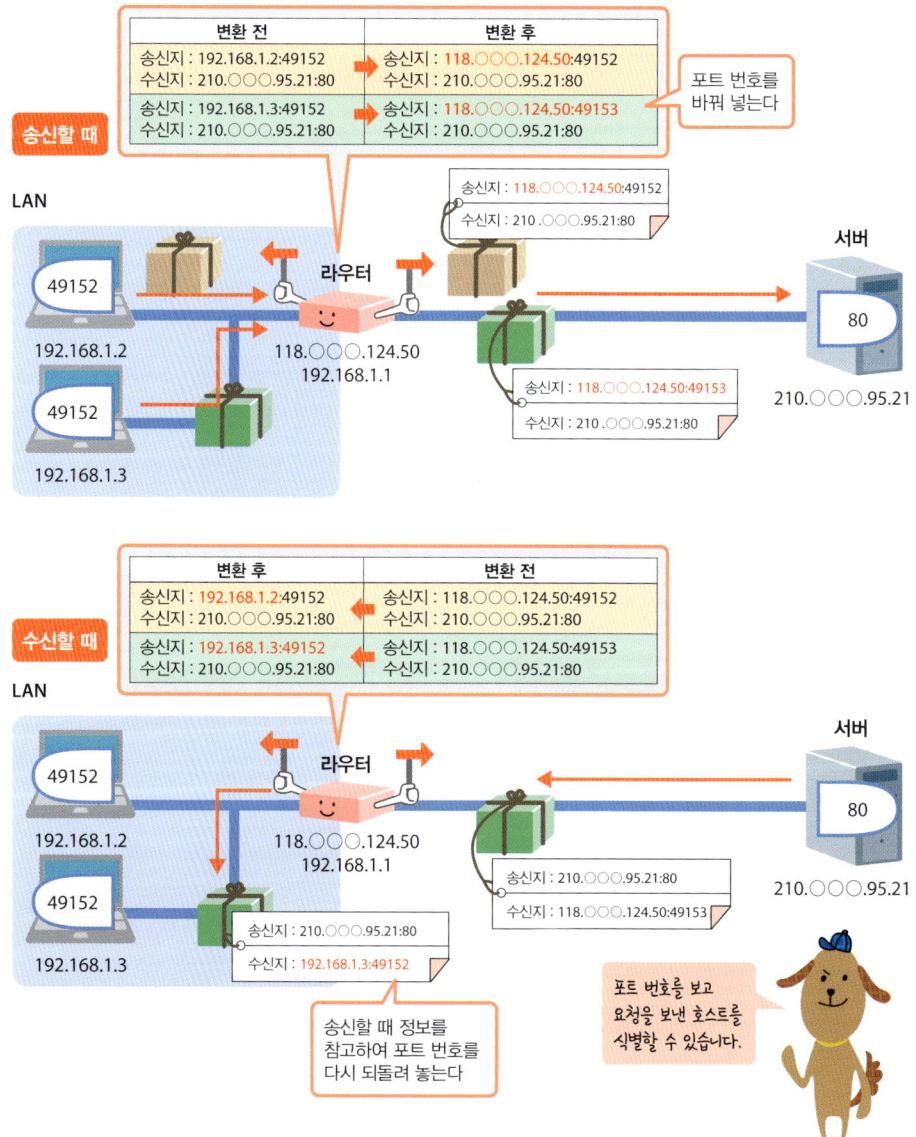

외부에서 접속이 가능하게 하려면

앞서 언급한 제약 사항과 같이 사용자의 요청 없이 외부에서 들어오는 요청을 받아야 하는 경우에는 다음과 같은 몇 가지 기법을 사용할 수 있다.

메시지의 자동 확인

SNS 등에서는 자동으로 메시지 도착 알림이 되는데, 이러한 서비스는 대부분 내부에서 메시지 도착 여부를 정기적으로 확인 요청하는 방법으로 구현된다. 사용자가 직접 요청한 것은 아니지만 내부에서 외부로 자동으로 정보를 요청하고 응답을 받는 방식이라서 라우터가 데이터를 전달하는 데 큰 문제가 없다.

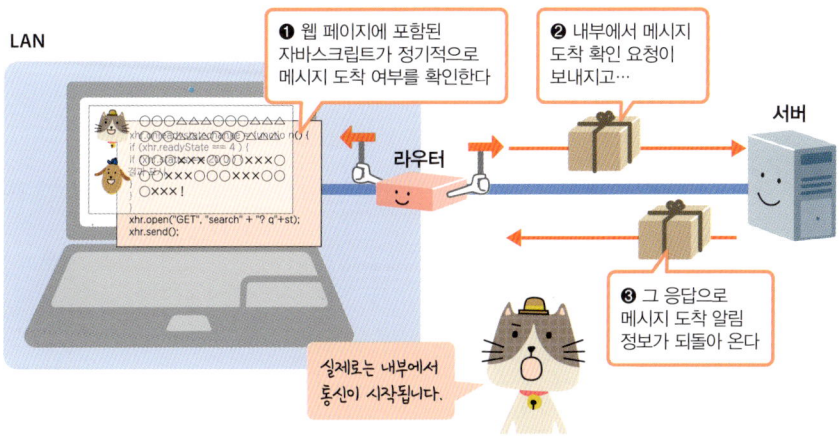

포트 포워딩

LAN 안에 웹 서버나 FTP 서버를 운영하면서 외부로 이 서비스를 공개해야 할 때가 있다. 이때 라우터의 특정 포트 번호로 통신이 들어오면 내부의 특정 서버에 전달되도록 설정할 수 있는데, 이 방법을 **포트 포워딩(port forwarding)**이라고 한다.

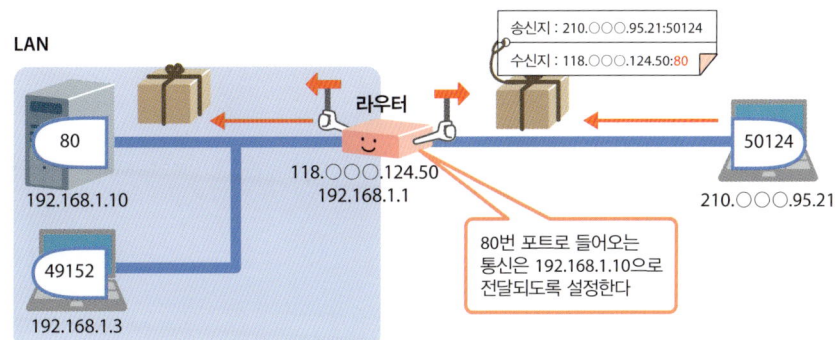

CHAPTER 4

08 도메인명

IP 어드레스는 긴 숫자 형태로 표현되기 때문에 사람이 알아보기 어렵다. 그래서 상대적으로 사람이 다루기 쉬운 도메인명을 대신 사용할 수 있다.

■■ 호스트명과 도메인명

서로 다른 컴퓨터를 구분하는 식별자로는 IP 어드레스와 호스트명이 있는데, 이들 정보를 관리하기 위해 **DNS(Domain Name System)**와 **도메인명**이라는 것이 만들어졌다. 주의할 것은 도메인의 표현 방식이 호스트명을 계층적인 형태로 표현하고 있으나, 실제로는 단순히 분류 체계의 성격으로 표현하고 있을 뿐 실제 네트워크 구성 형태가 계층적이라는 의미는 아니다.

■■ DNS 서버에 질의하기

도메인명에 대응하는 IP 어드레스 정보가 알고 싶다면 DNS 서버에게 물어보면 된다. 다만, 사전에 컴퓨터나 라우터에 DNS 서버의 IP 어드레스가 등록되어 있어야 한다.

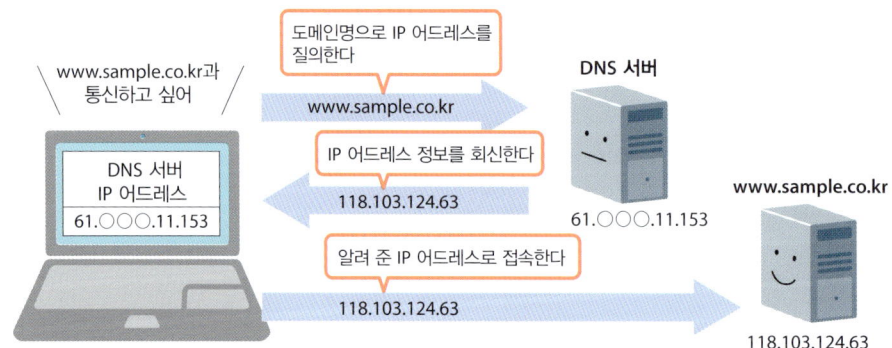

도메인의 계층 구조

도메인명은 계층 구조 형태를 마침표로 구분하여 표현한다. 가장 뒤에 나오는 'kr'이나 'com'과 같은 도메인이 상위 도메인에 해당하고, 최상위 도메인 혹은 **탑 레벨 도메인**(top level domain)이라고 부른다. 탑 레벨 도메인의 하위 도메인은 **2단계 도메인** 혹은 **서브 도메인**이라고 부른다.*

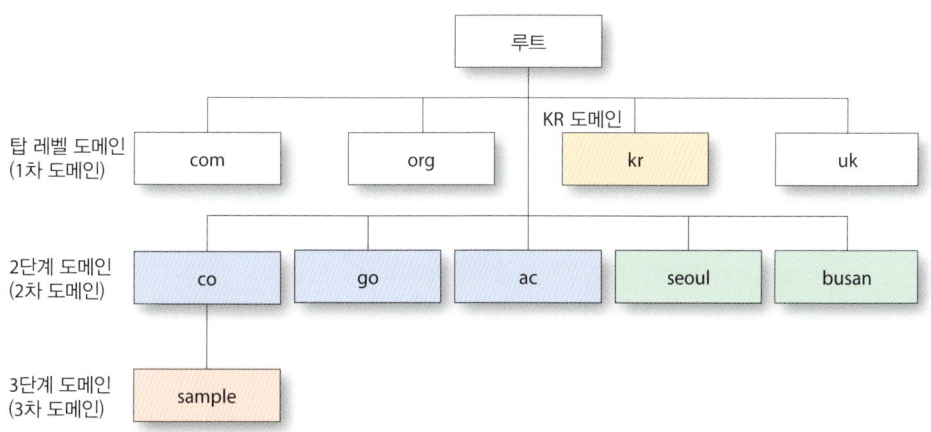

DNS 서버의 계층 구조

도메인명의 계층과 완전히 일치하지는 않지만 DNS 서버도 계층적으로 구성된다. DNS 서버는 자신이 담당하는 영역에 대한 도메인명을 관리하게 되는데, 이렇게 도메인명 데이터를 직접 관리하는 DNS 서버를 **DNS 콘텐츠 서버**라고 부른다.

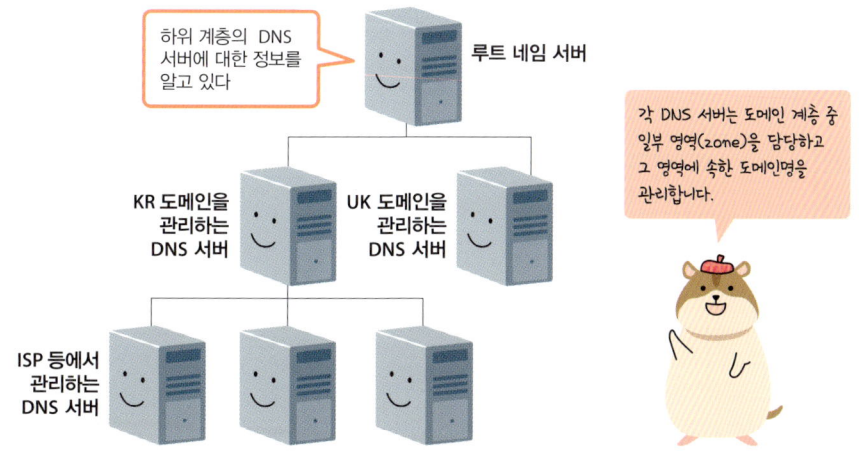

---

* 역주 KRNIC에서는 Top Level Domain을 '최상위 도메인'으로, Sub Domain을 '2단계 도메인'으로 표현하고 있습니다.

DNS 서버에 질의하는 처리 과정

DNS 서버는 크게 도메인명을 관리하는 **콘텐츠 서버**(content server)와 질의에 응답하기 위한 **캐시 서버**(caching server)의 두 종류로 구분된다. DNS 캐시 서버는 루트 네임 서버부터 순차적으로 질의하게 되고, 질의 결과로 IP 어드레스를 알게 되면 그 내용을 요청한 클라이언트에게 응답하게 된다. 한번 질의한 내용은 캐시로 보관되기 때문에 이후 같은 질의가 들어오면 콘텐츠 서버까지 가지 않고 바로 IP 어드레스를 알려줄 수 있다.

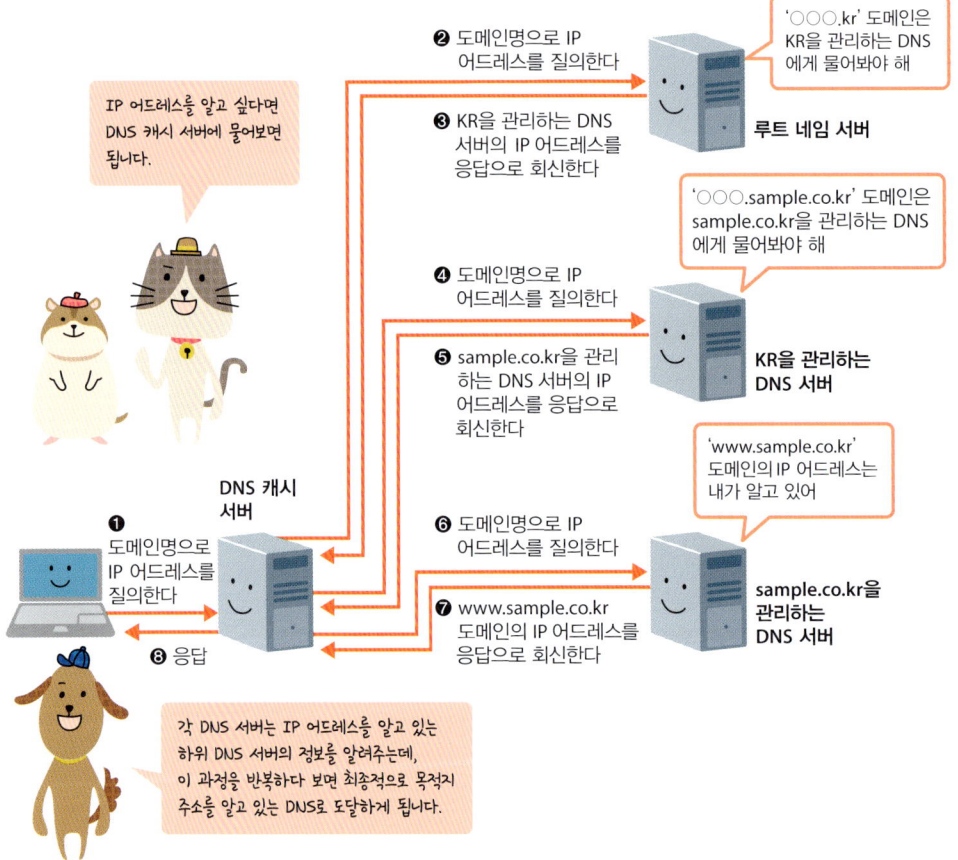

> **NOTE** hosts 파일
>
> 인터넷 초창기에는 호스트명과 IP 어드레스를 매핑하기 위해 텍스트 파일 형태인 hosts 파일을 사용해서 IP 어드레스 변환을 했었다. 오늘날의 OS에도 이 흔적은 남아 있어서 DNS에 등록되기 전의 서버나 DNS에 등록할 수 없는 서버에 접근해야 할 경우 hosts 파일 방식을 사용하기도 한다.*

---

* 역주 정식 운영 전이고 개발 중인 서비스를 테스트할 때나 새 버전을 출시하기 전에 내부 테스트를 해야 할 때 이 방법이 많이 활용됩니다. 테스트할 클라이언트 개수가 많아 hosts 파일을 배포하기 어렵거나 hosts 파일 자체를 변경하기 어려운 경우는 사설 DNS를 구성하는 방법을 이용하기도 합니다.

DNS에 도메인 등록하기

도메인명은 퍼블릭 IP 어드레스와 마찬가지로 ICANN에서 관리한다. 그래서 사용하고 싶은 도메인이 있다면 등록 기관에 신청해야만 인터넷에서 사용할 수 있다. 우리나라에서는 한국인터넷진흥원과 등록 계약을 체결한 등록 대행 업체를 통해 신청하면 되는데, 이때 신청한 도메인명은 해당 사업자가 운영하는 DNS 서버에 등록된다. 이때 DNS 서버에 등록되는 정보를 **리소스 레코드**(resource record)라고 부르고, 리소스 레코드가 등록된 파일을 **존 파일**(zone file)이라고 한다.*

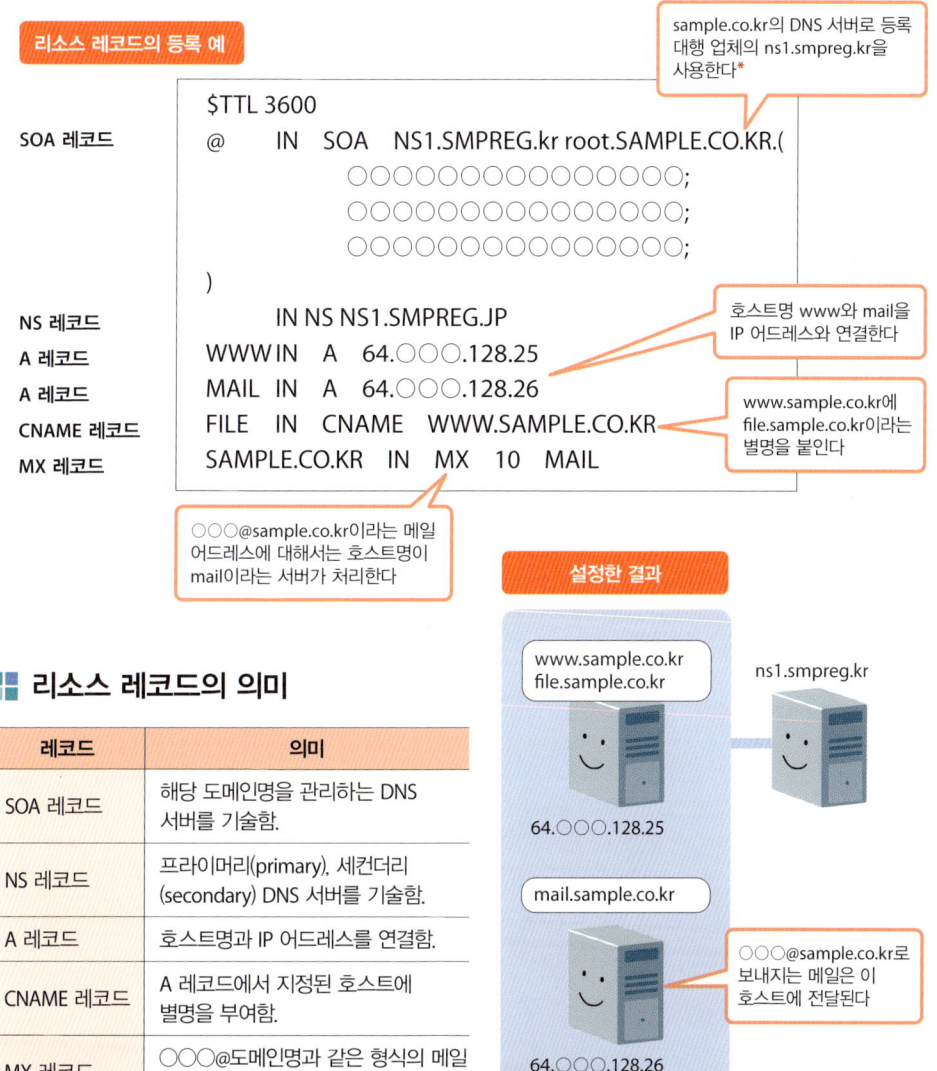

---

* 역주 smpreg.kr은 예를 들기 위해 만든 가상의 DNS 서버의 도메인 주소입니다.

CHAPTER 4
09 IP 어드레스를 자동으로 할당하는 DHCP

DHCP는 네트워크에 속한 호스트들에게 IP 어드레스를 자동으로 부여해 사람이 직접 IP를 설정하고 관리하는 수고를 덜어준다.

DHCP의 장점

TCP/IP가 제대로 동작하기 위해서는 네트워크에 속한 각 호스트의 IP 어드레스가 중복되지 않아야 한다. 네트워크의 호스트들에 대해 IP 어드레스를 할당하고 중복되지 않게 관리하는 작업을 사람이 직접 해야 할 경우 상당히 번거로울 수가 있는데, 이것을 자동으로 해 주는 것이 바로 **DHCP**(Dynamic Host Configuration Protocol)이다. 이 방식을 사용하면 호스트가 네트워크에 연결될 때 IP 어드레스와 서브넷 마스크 등의 정보가 자동으로 설정된다.

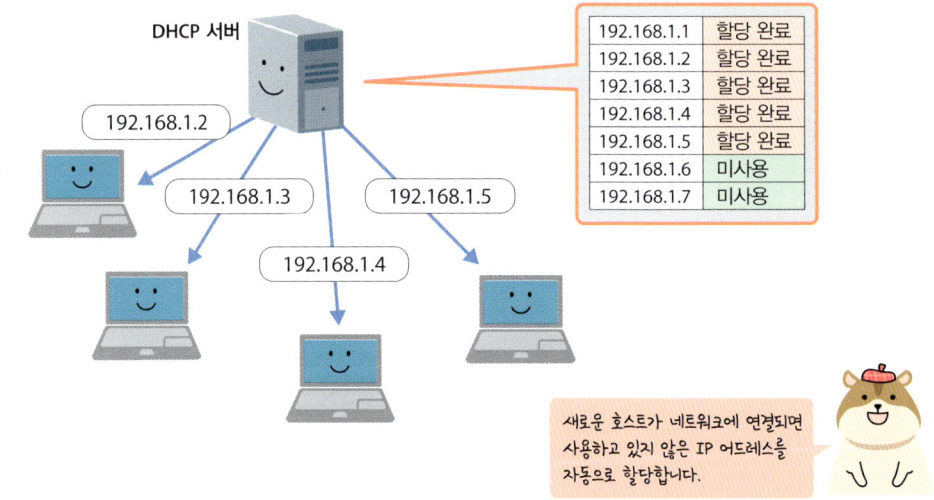

가정용 초고속 인터넷 라우터는 대부분 DHCP 서버 기능을 가지고 있어서 컴퓨터를 연결하면 바로 프라이빗 IP 어드레스가 할당된다. 그 외에도 공공 장소의 무료 와이파이(Wi-Fi) 역시 DHCP로 IP 어드레스를 할당하는 방식을 사용하고 있다.

IP 어드레스 할당 방법

네트워크에 새로운 호스트가 연결된 직후에는 아직 IP 어드레스가 할당되지 않은 상태이고 DHCP 서버의 IP 어드레스조차 모르는 상태이므로 특정 호스트와 통신하는 것은 사실상 불가능하다. 그래서 신규 호스트는 네트워크의 모든 호스트에게 브로드캐스트 방식으로 **DHCP 발견 메시지**를 보내고, 이 메시지를 받은 DHCP 서버가 사용 가능한 IP 어드레스를 알려주는 방식으로 자동 할당이 이루어진다. 단, 이때의 신규 호스트는 아직 IP 어드레스가 할당된 상태가 아니라서 DHCP 서버가 신규 호스트에만 선택적으로 IP 어드레스 정보를 알려주진 못한다. 그래서 DHCP 서버도 브로드캐스트 방식으로 네트워크 내의 모든 호스트에게 사용 가능한 IP 어드레스를 알려주게 된다.

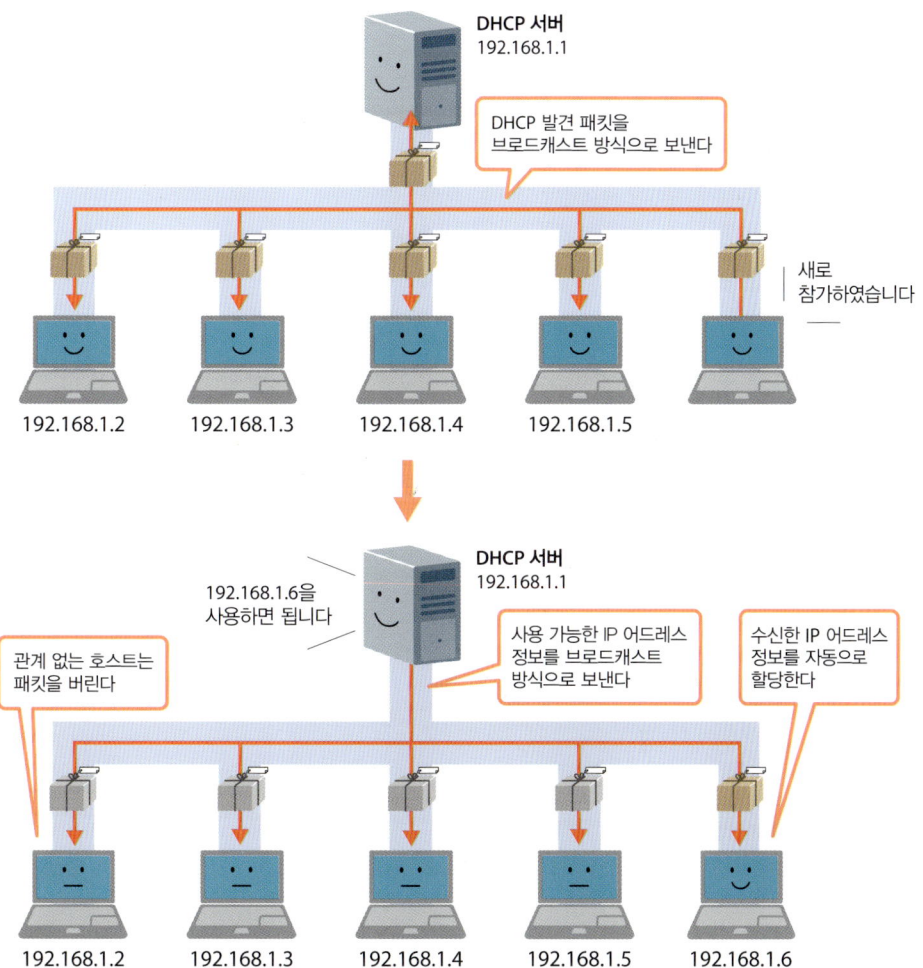

CHAPTER 4

10 ipconfig 명령과 ping 명령

ipconfig는 사용 중인 컴퓨터의 IP 어드레스를 확인할 때 사용하고, ping은 통신하려는 상대가 접속 가능한 상태인지 확인할 때 사용한다.

■■ ipconfig 명령

ipconfig 명령을 사용하면 컴퓨터에 할당된 IP 어드레스나 서브넷 마스크와 같은 정보를 확인할 수 있다. 윈도우에서는 명령어 프롬프트에서 **ipconfig**를 입력하면 되고, 맥 OS X이나 리눅스에서는 **ifconfig** 명령을 사용하면 된다.

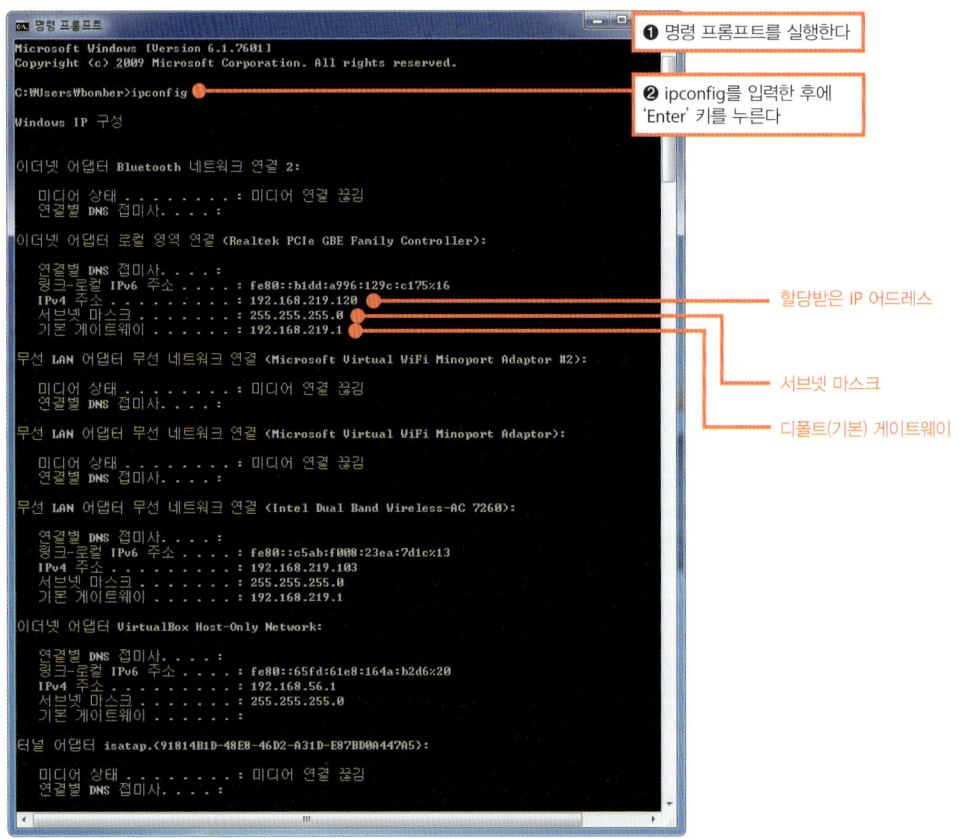

사용 중인 컴퓨터에 여러 개의 네트워크 어댑터를 사용하고 있다면 그 수만큼 위와 같은 정보가 표시된다. 위 화면에서 터널 어댑터라고 나오는 것은 IPv6 접속에서 사용되는 것으로, IPv4를 사용하고 있다면 무시해도 된다.

ping 명령으로 통신 상대의 생사 확인하기

ping은 지정한 IP 어드레스로 ICMP 타입 8번 메시지를 보내는 명령이다. ICMP 타입 8번 메시지는 에코(echo)를 요청하는 것으로, 송신자가 수신자에게 메시지를 보낸 후 수신자가 자신이 받은 메시지를 다시 송신자에게 되돌려 보내라는 의미다. 에코 요청을 받은 수신자는 응답으로 ICMP 타입 0번 메시지를 보내는데, 이 메시지는 에코 응답에 해당한다. 이렇게 에코 요청과 응답이 오가면 상대방이 통신이 가능한 상태인지 확인할 수 있게 된다.

192.168.219.1에 ping을 하는 예는 아래 그림과 같다. 이 예에서는 앞서 ipconfig를 실행할 때 사용 중인 컴퓨터의 IP 어드레스가 192.168.219.120이었으므로 디폴트 게이트웨이인 192.168.219.1로 ping을 해 보았다. 만약 자신의 컴퓨터에서 ipconfig를 입력했을 때 192.168.1.○○○와 같이 나왔다면 192.168.1.1로 테스트를 하면 비슷한 결과를 확인할 수 있다.

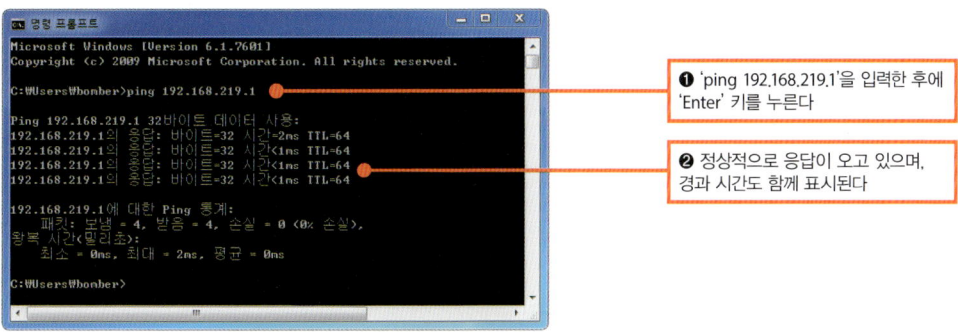

이번에는 다른 주소로 ping을 해 보기로 하자. 이 예에서는 연결된 네트워크 범위 밖에 있는 IP 어드레스로 192.168.220.1을 사용하였다.

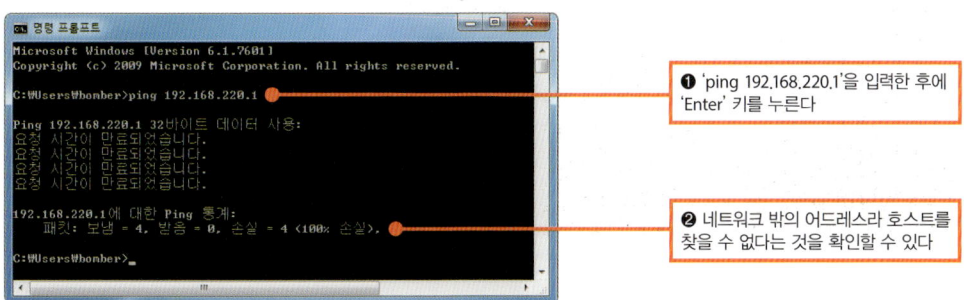

실제로 통신이 되지 않기 때문에 호스트를 찾을 수 없다는 결과를 확인할 수 있다. 테스트에 사용된 192.168.220.1은 ping을 실행한 컴퓨터의 네트워크 범위 밖에 있다. 이 통신이 성공적으로 이루어지기 위해서는 192.168.220.○○○ 네트워크와 연결하기 위한 별도의 라우터나 L3 스위치가 필요하다.

CHAPTER 4

11 tracert 명령으로 통신 경로 확인하기

tracert는 목적지 컴퓨터까지 통신하면서 통과한 경로를 표시하는 명령이다.

tracert 명령

인터넷에서는 라우터와 라우터의 연결을 따라 데이터가 전달되는데, 그 경로를 표시할 수 있는 것이 **tracert** 명령이다. 맥 OS X이나 리눅스에서는 **traceroute** 명령을 사용한다. ping과 마찬가지로 ICMP 타입 8번에 해당하는 에코 요청을 보내는데, 이때 IP 헤더의 생존 기간을 1에서 시작해서 하나씩 증가시키면서 여러 번 보내게 된다. 목적지에 닿기 전에 패킷의 생존 기간이 경과하면 라우터에서 IMCP 타입 11번에 해당하는 시간 초과 메시지가 되돌아 오는데, 이 정보를 이용해서 경유한 라우터들의 목록 정보를 만들 수 있다.

tracert 명령을 실행하려면 'tracert 도메인명' 혹은 'tracert IP 어드레스'와 같은 형태로 입력하면 된다. 아래 예에서는 국내 사이트와 해외 사이트를 모두 운영하는 모 기업의 웹 서버에 대해 접속 경로를 확인한 결과다.

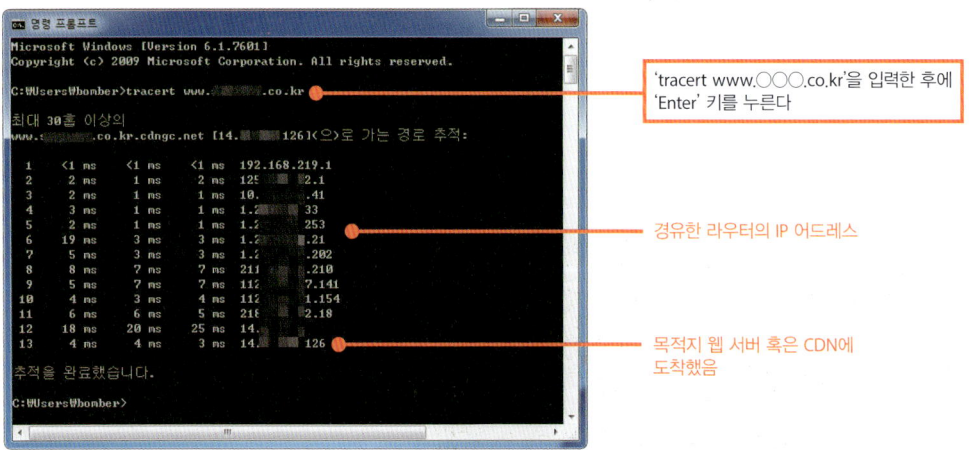

처음 나오는 192.168.219.1은 사용 중인 컴퓨터가 연결된 라우터다. 여기서 인터넷 서비스 제공자의 라우터로 이동하는 것을 알 수 있다. IP 어드레스 정보만 있어 상세한 정보를 알기는 어렵지만, 최종 목적지까지 도달하는 데 12개의 라우터를 경유한다는 것을 알 수 있다.

해외 서버까지의 경로 확인하기

이번에는 같은 모 기업의 해외에서 운영되는 웹 서버까지의 경로를 살펴보자. 지정할 도메인을 '.co.kr'에서 '.com'으로 바꿔 보자.

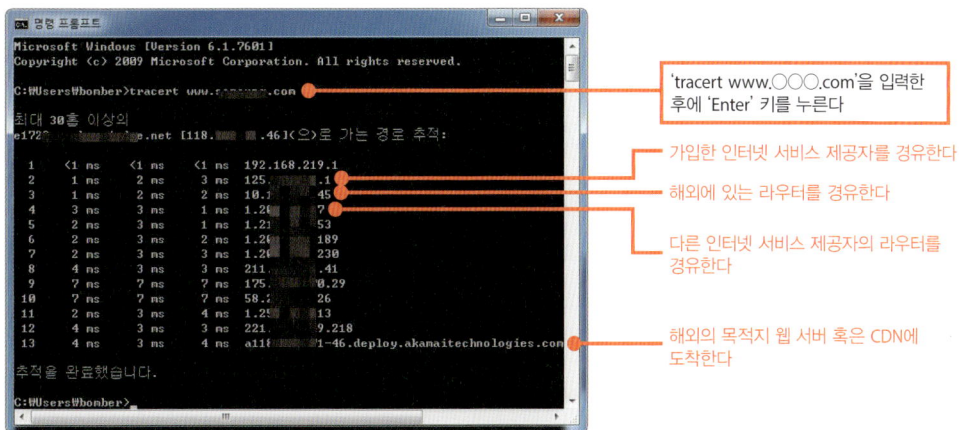

이번에는 IP 어드레스 외에도 도메인명이 표시되어 도메인명을 보고 라우터가 어디에 위치해 있는지 짐작할 수 있다. 사용자가 가입한 서비스 제공자의 라우터를 먼저 경유하고 해외 라우터와 타사 인터넷 서비스 제공자의 라우터를 경유한다. 그런 후 최종적으로 해외의 웹 서버에 도달하는 것을 알 수 있다.*

한편, 라우터의 설정에 따라서는 ICMP의 에코 응답이나 시간 초과 메시지를 되돌려 보내지 않는 경우도 있는데, 이때는 tracert 실행 결과로 도메인명이나 IP 어드레스 등이 표시되지 않고 요청 시간이 만료되었다는 메시지가 나오게 된다.

---

* 역주 tracert로 테스트해 볼 사이트에 따라 결과는 다르게 나올 수 있습니다. 웹 사이트에 따라서는 실제로 웹 서버는 한 곳에서만 운영하고 접속자의 웹 브라우저의 국제화 설정에 따라 표시 언어만 바꿔서 보여주는 경우도 있어서 '.com'과 '.co.kr'의 tracert 결과에 큰 차이가 없을 수도 있습니다. 또한, 실제 웹 서버가 아닌 CDN을 표시하는 경우도 있습니다.

CHAPTER 4

12 nslookup 명령으로 IP 어드레스 알아내기

nslookup 명령은 DNS 서버에게 도메인명을 주고 IP 어드레스를 물어보거나 거꾸로 IP 어드레스를 주고 도메인명을 물어볼 때 사용한다.

도메인명으로 IP 어드레스 알아내기

웹 브라우저와 같은 애플리케이션에서 URL에 도메인명을 입력하게 되면 웹 서버와 통신하기 전에 DNS 서버에게 IP 어드레스를 물어보는 작업이 선행된다. 이렇게 웹 브라우저가 수행하는 것과 동일한 작업을 명령 프롬프트에서 실행하는 명령이 **nslookup**이다. 인터넷에 접속된 환경이라면 DNS 접속도 가능한 상태이므로 명령 프롬프트에서 '**nslookup 도메인명**' 형태로 입력하기만 하면 IP 어드레스를 확인할 수 있다.

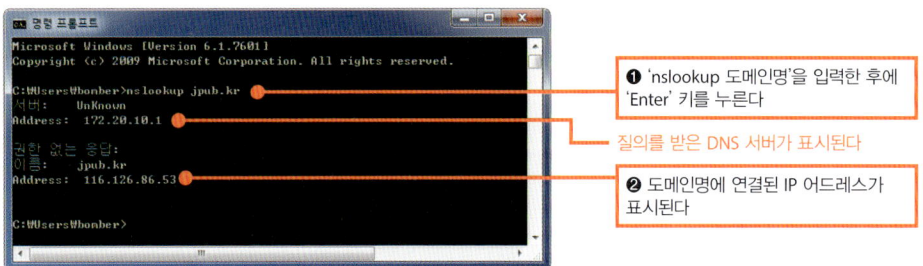

❶ 'nslookup 도메인명'을 입력한 후에 'Enter' 키를 누른다

질의를 받은 DNS 서버가 표시된다

❷ 도메인명에 연결된 IP 어드레스가 표시된다

'UnKnown'은 질의를 받은 DNS 서버가 자신의 도메인명 정보를 알려주지 않도록 설정되어 있을 때 표시된다. '권한 없는 응답'은 DNS 콘텐츠 서버가 응답한 것이 아니라 DNS 캐시 서버가 응답할 때 표시된다.

■■ IP 어드레스로 도메인명 알아내기

도메인명을 주고 IP 어드레스를 알아내는 방법을 정방향 조회(forward DNS query)라고 하고, 반대로 IP 어드레스를 주고 도메인명을 알아내는 방법을 역방향 조회(reverse DNS query)라고 한다. nslookup은 이 두 가지 조회 모두에 사용할 수 있다. 역방향 조회를 하려면 '**nslookup IP 어드레스**'를 입력하면 된다.

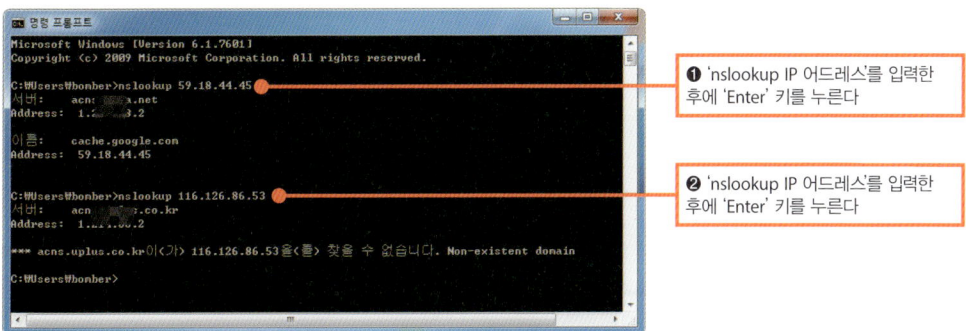

DNS 서버가 IP 어드레스와 연결된 도메인명을 찾지 못하는 경우도 종종 있다. 이는 컴퓨터가 인터넷을 사용하는 데 도메인명이 반드시 필요한 것은 아니라서 설정되어 있지 않을 수도 있기 때문이다.

■■ MX 레코드 살펴보기

DNS 서버에 등록된 정보에는 도메인명(호스트명)과 IP 어드레스를 연결한 A 레코드 외에도 메일 어드레스를 위한 MX 레코드도 있다. '**nslookup –type=mx 도메인명**'을 실행하면 레코드 정보를 확인할 수 있다.

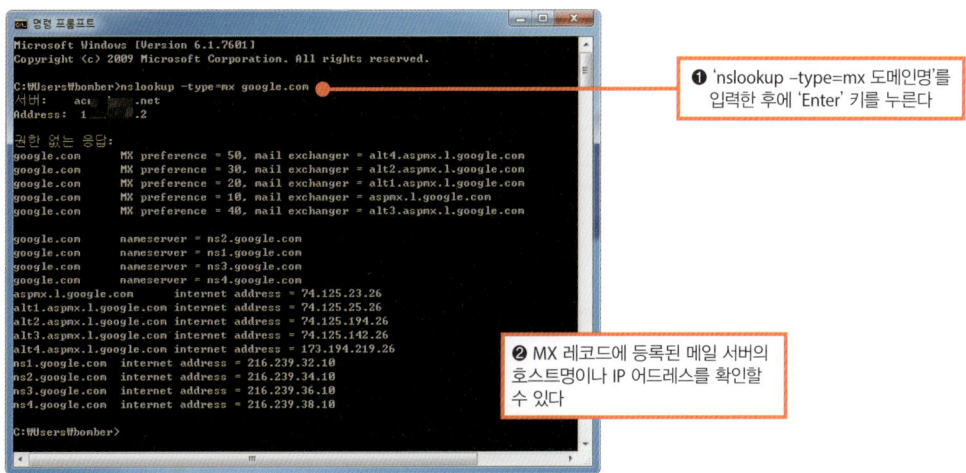

Column: 2진수와 16진수

IP 어드레스를 설명할 때 다루었던 2진수는 0과 1만 사용하여 10, 11, 100, …과 같이 숫자를 표현하는 방식이다. 컴퓨터 입장에서는 스위치를 on, off하는 것과 잘 맞아 다루기가 쉬운 표현이지만, 사람 입장에서는 자릿수가 길어져 읽기도 어렵고 막상 8비트 단위로 잘라 10진수로 표현을 한다고 하더라도 '11111111'을 '255'와 같이 표현한다고 하더라도 가장 큰 수에 대한 경계가 애매하여 쉽게 익숙해지지 않는 것이 사실이다. 그래서 2진수와는 궁합이 잘 맞고 사람이 봤을 때도 10진수보다는 상대적으로 눈에 잘 들어온다고 하는 것이 IPv6에서 사용되는 16진수 표현이다. 16진수는 0, 1, 2, 3, 4, 5, 6, 7, 8, 9 다음에 A, B, C, D, E, F를 순서대로 놓은 후, 하나 더 커지면 한 자리가 올라가 10이 되는 표현 방법이다. 2진수의 '1111'이 'F'가 되고 2진수의 '11111111'은 'FF'가 되어 4비트 분량을 한 개 자리로 표현할 수 있어서 가장 큰 수를 표현하는 경계를 구분하는 것도 10진수보다는 깔끔하게 나온다.

2진수	16진수	10진수
0	0	0
1	1	1
10	2	2
11	3	3
100	4	4
101	5	5
110	6	6
111	7	7
1000	8	8
1001	9	9
1010	A	10
1011	B	11
1100	C	12
1101	D	13
1110	E	14
1111	F	15

CHAPTER

5

하드웨어와 네트워크 인터페이스 계층

이 장에서 살펴볼 내용

네트워크 인터페이스 계층이 담당하는 영역

네트워크 인터페이스 계층은 TCP/IP 계층 모델 중 가장 아래에 있다. 네트워크 어댑터와 같이 하드웨어와 맞닿은 부분까지 혹은 경우에 따라서는 하드웨어까지 포함해서 네트워크 인터페이스 계층이라고 말한다. 네트워크의 하드웨어 부분이라고 하면 유선 LAN, 무선 LAN과 같은 다양한 것들이 있는데, 이러한 하드웨어들을 제어하면서 인접한 다른 통신 기기까지 데이터를 전달하는 것이 네트워크 인터페이스 계층의 역할이다. 다르게 표현하자면, 통신할 상대 기기까지 데이터를 전달하고 나면 이 계층이 할 일은 끝난다는 말이기도 하다. 물론, 데이터를 받은 상대 기기에도 자신의 네트워크 인터페이스 계층이 있어서 상위 계층과의 또 다른 처리가 이루어지겠지만, 이 과정은 엄연히 독립된 장비에서 벌어지는 일이기 때문에 별도로 생각해도 무방하다. 바로 위 계층에 위치한 인터넷 계층이 원거리의 통신 경로를 거쳐 데이터를 가져오는 것에 반해, 네트워크 인터페이스 계층은 상대적으로 짧은 구간에 데이터를 전달하는 셈이다.

네트워크 인터페이스 계층은 여행할 때 목적지까지 가기 위해 교통수단을 갈아타는 것에 비유할 수 있다. 승객은 지하철이나 버스, 비행기 등으로 환승하면서 목적지까지 이동하게 되는데, 이때 이용하는 각 교통수단은 자신이 운행하는 구간만 알고 있을 뿐 환승하는 다른 교통수단이 어떻게 운행하는지 신경 쓰지 않는다. 이와 비슷하게 네트워크 인터페이스 계층도 인접하는 기기까지만 데이터를 전달하는 데 집중하도록 만들어져 있다. 이후 최종 목적지까지 데이터가 도달하도록 행선지를 정하는 것은 인터넷 계층이 하는 일이므로 네트워크 인터페이스 계층은 이후의 일에 대해서는 신경 쓰지 않는다.

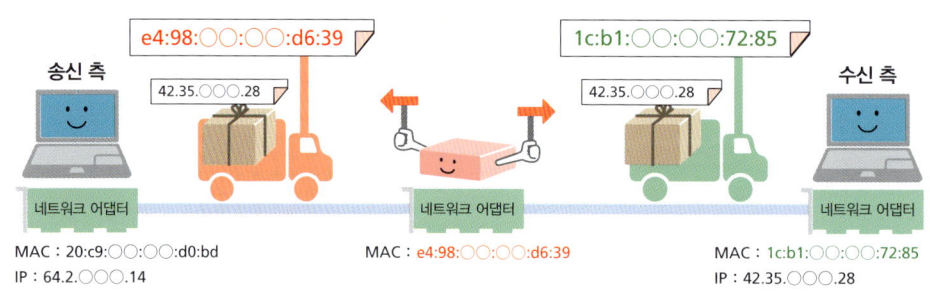

하드웨어와의 관계

이제까지 이 책에서 설명한 내용은 모두 하드웨어를 고려하지 않은 소프트웨어에서의 데이터 교환 방식에 대해서만 다루어 왔다. 이제부터는 네트워크 인터페이스 계층을 언급할 때 하드웨어 이야기를 빼놓을 수가 없는데, 그도 그럴 것이 네트워크 인터페이스 계층에서 사용하는 각종 규격이 소프트웨어적인 데이터 형식이나 프로토콜 사양 외에도 물리적인 케이블의 종류나 재질, 커넥터 유형, 신호를 보내는 방식 등의 사양이 포함되어 있어 딱 잘라서 구분하기 어렵기 때문이다.

예를 들어, 유선 LAN의 이더넷이라고 하면 IEEE 802.3이라는 국제 규격과 이더넷 프레임이나 MAC 어드레스와 같은 데이터 형식의 사양들, 그리고 100BASE-TX와 같은 케이블과 관련된 사양들이 함께 다루어지는 것이 일반적이다.

그런 이유로 5장에서는 네트워크 인터페이스 계층을 언급할 때 하드웨어 부분까지 포함하여 설명할 것이다.

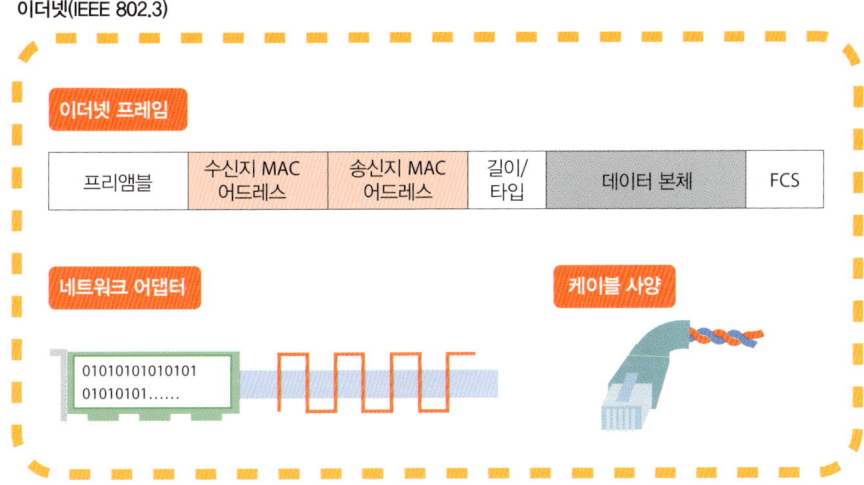

CHAPTER 5

01 네트워크 인터페이스 계층의 역할

네트워크 인터페이스 계층은 하드웨어를 제어하고 이와 연결된 다른 기기까지 데이터를 전달한다.

다양한 하드웨어를 네트워크에 연결한다

네트워크 인터페이스 계층은 네트워크의 하드웨어를 제어하는 부분이다. 여기서 말하는 하드웨어에는 네트워크 어댑터나 LAN 케이블, 광 케이블 등을 포함한다. 이러한 하드웨어들을 제어하면서 상위의 인터넷 계층이 하위의 하드웨어 동작에 대해서는 신경 쓰지 않고 동작할 수 있도록 만들어주는 것이 네트워크 인터페이스 계층의 역할이다. 참고로, OSI 참조 모델에서는 프로토콜과 같이 소프트웨어와 관련된 부분을 **데이터 링크 계층**이라고 하고, 하드웨어와 관련된 부분을 **물리 계층**이라고 구분한다.

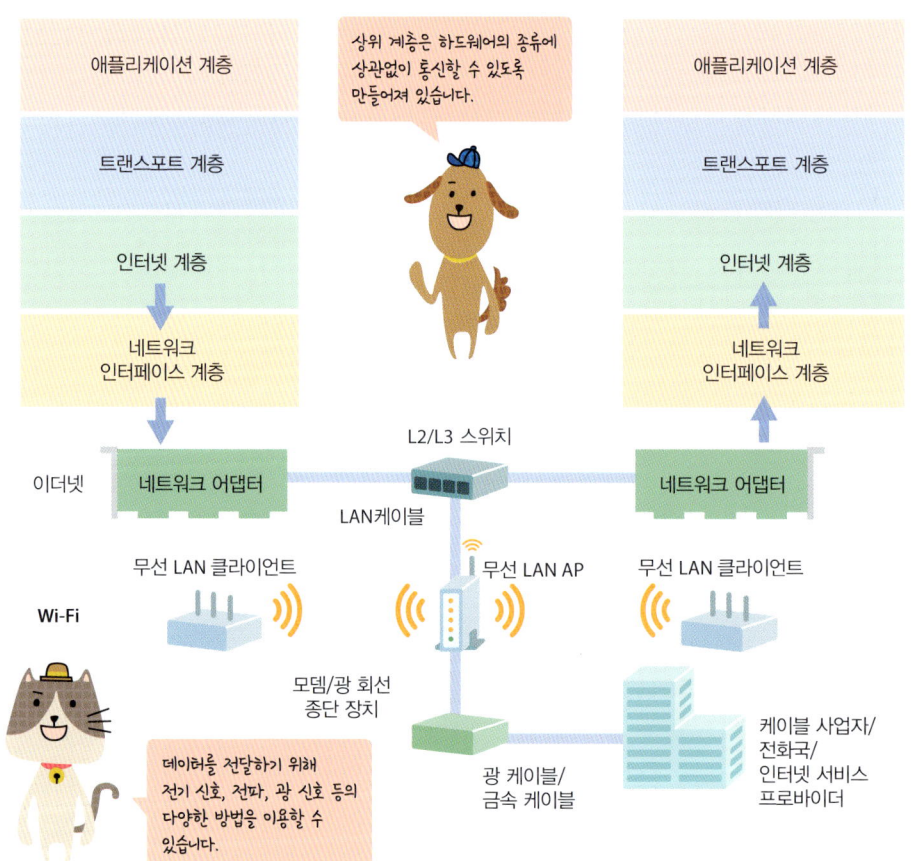

네트워크 인터페이스 계층의 프로토콜

네트워크 인터페이스 계층의 프로토콜 중에는 전화 회선을 사용해서 원격지와 접속하는 **PPP**와 동축 케이블이나 UTP 케이블을 사용하는 **이더넷**과 같은 프로토콜들이 있다. 그 외에도 IP 어드레스 정보를 이용하여 목적지의 MAC 어드레스를 알아내는 **ARP** 같은 프로토콜도 있다.

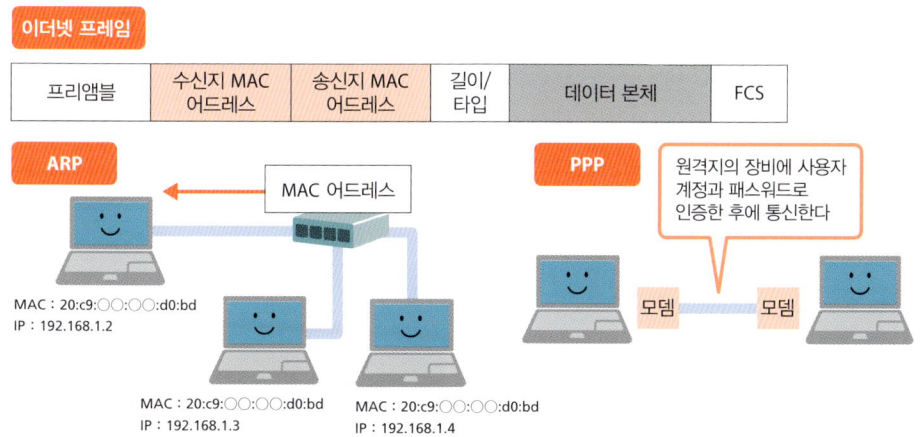

네트워크에 연결되는 하드웨어

네트워크 통신에 사용되는 하드웨어들은 장비 간의 접속 방식이나 신호를 주고받는 방식 등이 다양한데, 이러한 내용은 각종 사양이나 규정에 정의되어 있다.

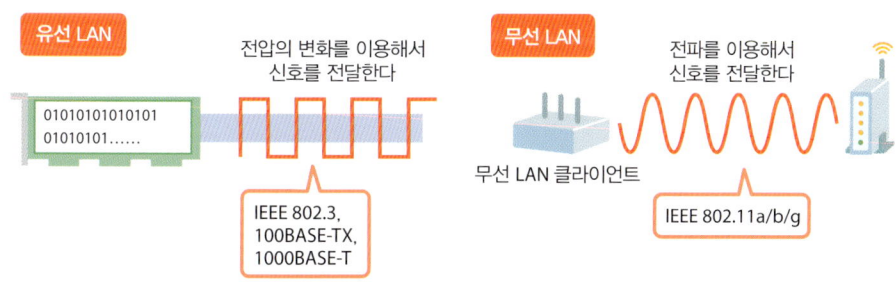

> **NOTE** 네트워크 인터페이스 계층과 하드웨어와의 관계
>
> 트랜스포트 계층과 인터넷 계층에서 사용되는 TCP/IP는 특정 하드웨어에 의존하지 않도록 설계되어 있다. 반면, 네트워크 인터페이스 계층은 하드웨어와 떼려야 뗄 수 없는 관계다. 그래서 이더넷과 같은 기술에서는 소프트웨어 사양과 하드웨어 사양이 함께 존재한다.

CHAPTER 5

02 MAC 어드레스

MAC 어드레스는 네트워크 장비에 부여된 식별 번호다.

■ MAC 어드레스란?

네트워크 어댑터(NIC, Network Interface Card)에는 **MAC(Media Access Control)** 어드레스라고 하는 식별 번호가 부여되어 있다. 이 식별 번호는 제조사가 제조 단계부터 붙이는 것으로, 퍼블릭 IP 어드레스와 비슷하게 전 세계의 네트워크 장비들이 서로 구분될 수 있도록 할당된다.

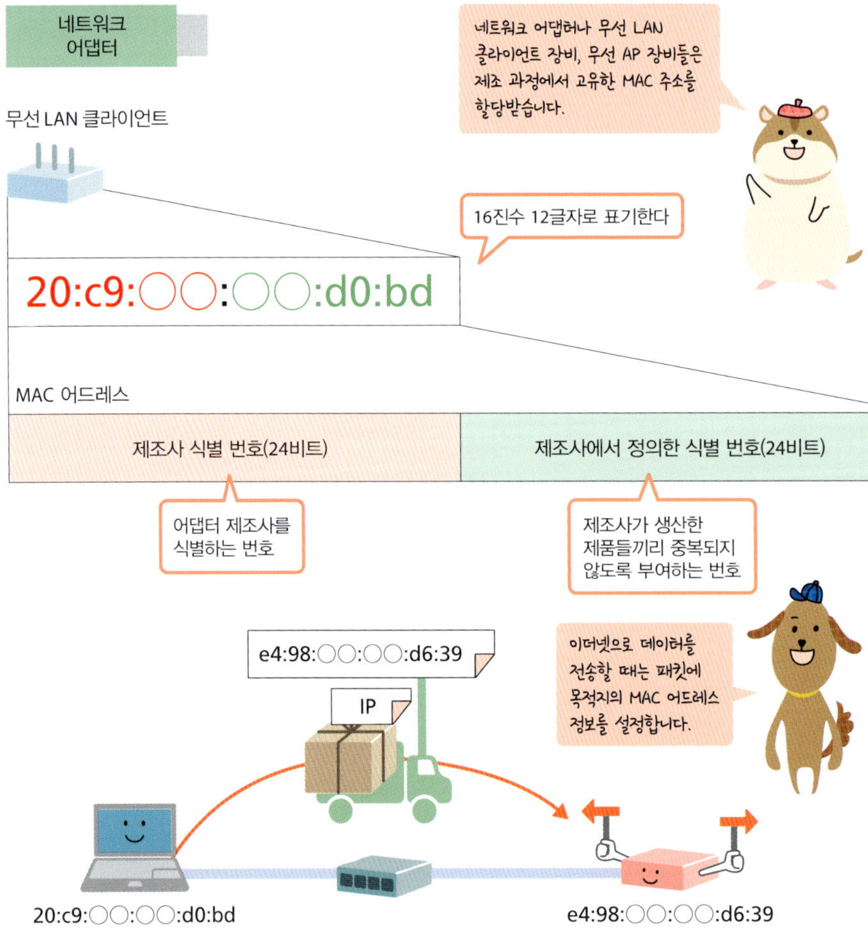

네트워크 어댑터

무선 LAN 클라이언트

네트워크 어댑터나 무선 LAN 클라이언트 장비, 무선 AP 장비들은 제조 과정에서 고유한 MAC 주소를 할당받습니다.

16진수 12글자로 표기한다

20:c9:○○:○○:d0:bd

MAC 어드레스

| 제조사 식별 번호(24비트) | 제조사에서 정의한 식별 번호(24비트) |

어댑터 제조사를 식별하는 번호

제조사가 생산한 제품들끼리 중복되지 않도록 부여하는 번호

e4:98:○○:○○:d6:39

IP

이더넷으로 데이터를 전송할 때는 패킷에 목적지의 MAC 어드레스 정보를 설정합니다.

20:c9:○○:○○:d0:bd　　　　　　e4:98:○○:○○:d6:39

수신지 주소로 MAC 어드레스를 사용한다

MAC 어드레스는 유선 LAN의 이더넷이나 무선 LAN 외에도 단거리 통신에 사용되는 블루투스(Bluetooth)와 같은 다양한 데이터 통신에서 활용된다. 네트워크 인터페이스 계층이 보내는 데이터를 **프레임(frame)**이라고 부르는데, 이 프레임 안에 송신지와 수신지의 MAC 어드레스 정보가 들어간다.

IP 어드레스와 MAC 어드레스의 차이점

MAC 어드레스의 역할은 데이터를 전달할 목적지를 가리킨다는 점에서 IP 어드레스와 유사하다. 다만, IP 어드레스는 최종 목적지가 한번 설정되면 전송 과정 중에 변경되지 않지만, MAC 어드레스는 전송 과정 중에 통신 경로상에 다음 장비의 어드레스로 교체된다는 점이 다르다.

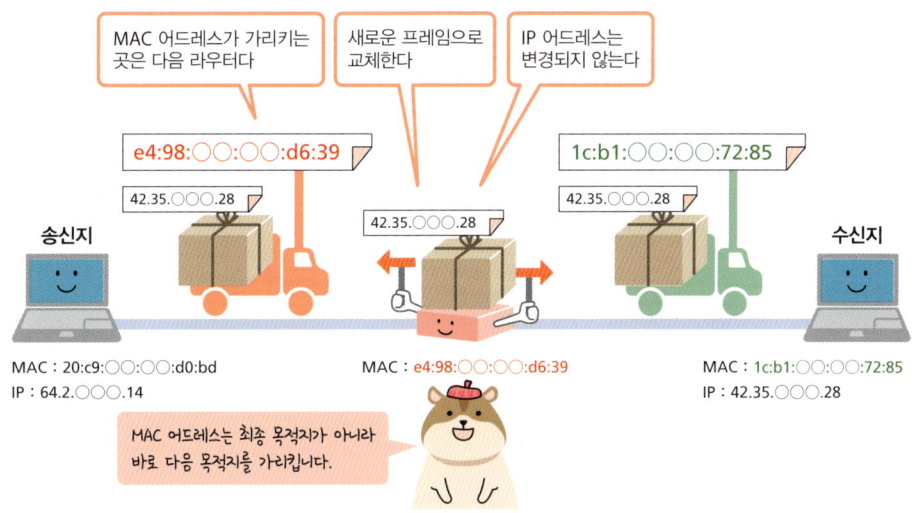

CHAPTER 5

03 이더넷

이더넷은 현재 가장 많이 사용되는 유선 LAN의 규격으로, 기술이 발전함에 따라 점점 더 많은 데이터를 고속으로 처리할 수 있게 개선되고 있다.

■ 이더넷이란?

유선 LAN은 통신 장비끼리 케이블로 연결하게 되는데, 이때 **이더넷(Ethernet)**이라는 규격을 사용한다. 통신 속도나 접속 방식에 따라 100BASE-TX나 1000BASE-T와 같은 세부 규격이 존재한다.

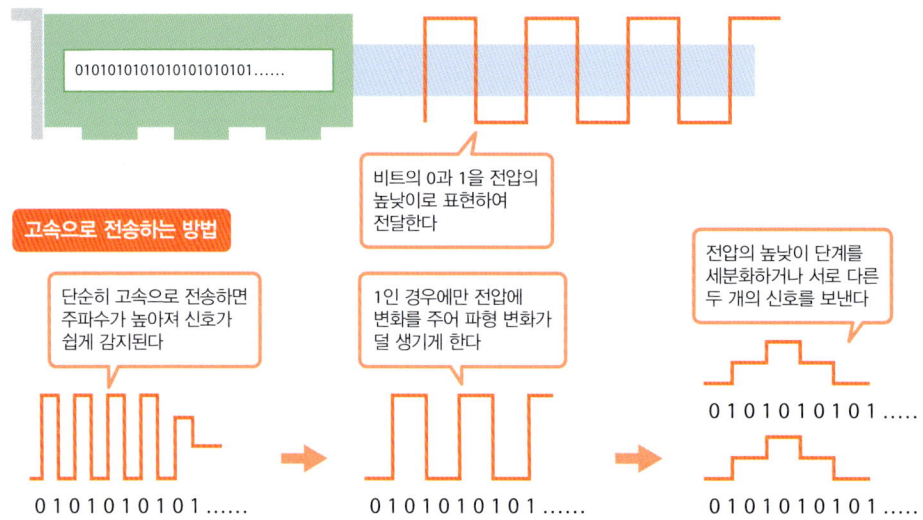

■ 주요 이더넷 규격

규격 이름	특징
10BASE-T	트위스트 페어 케이블을 사용하고 10Mbps로 통신한다.
100BASE-TX	트위스트 페어 케이블을 사용하고 100Mbps로 통신한다.
1000BASE-T	트위스트 페어 케이블을 사용하고 1000Mbps로 통신한다.
1000BASE-X	광섬유 케이블을 사용하고 LX, SX, FX 등의 규격이 있다. 이들 규격은 케이블 종류나 전송 거리에 차이가 있다.

주파수가 높은 신호는 쉽게 감쇠하기 때문에 전송 속도가 고속인 규격에서는 가능한 한 주파수가 높아지지 않도록 제한하는 대신 케이블 자체를 고급 사양으로 사용하고 있습니다.

130 　CHAPTER 5 하드웨어와 네트워크 인터페이스 계층

프리앰블은 프레임의 시작을 알린다

수신 측의 네트워크 어댑터는 전압의 높낮이가 변화하는 신호를 받아 0과 1의 디지털 신호로 복호화한다. 이때 전압이 변화하는 타이밍에 맞춰 신호를 분석하려면 어디부터가 시작인지 기준점을 알아야 한다. 그래서 프레임 앞부분에는 **프리앰블(preamble)**이라고 하는 패턴을 두어 신호의 시작을 알 수 있도록 만들어져 있다.

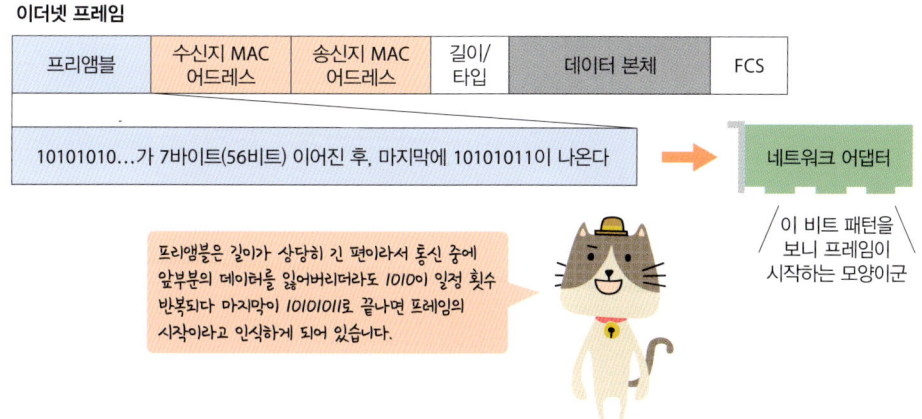

케이블의 종류

100BASE-TX와 같이 규격 표기 방법에서 앞에 나오는 숫자는 전송 속도를, BASE는 신호의 변조 방식을, 마지막의 알파벳은 케이블의 종류를 의미한다.

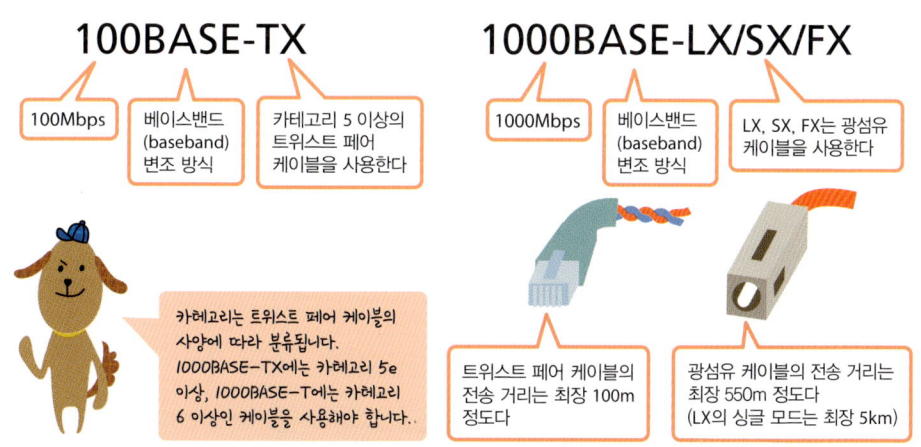

CHAPTER 5

04 네트워크 허브

이더넷에서는 L2, L3 스위치와 같은 네트워크 허브를 중계 기기로 사용한다.

네트워크 허브의 동작 방식

유선 LAN에서는 **네트워크 허브**라는 장비에 케이블을 연결해서 네트워크를 구성한다. 일반 가정에서는 인터넷 서비스 업체에서 임대한 초고속 인터넷 라우터를 사용하는 것이 일반적인데, 이 단말기에는 네트워크 허브 기능이 내장되어 있다. 네트워크 허브에는 리피터 허브, L2 스위치(스위칭 허브), L3 스위치 등이 있다.

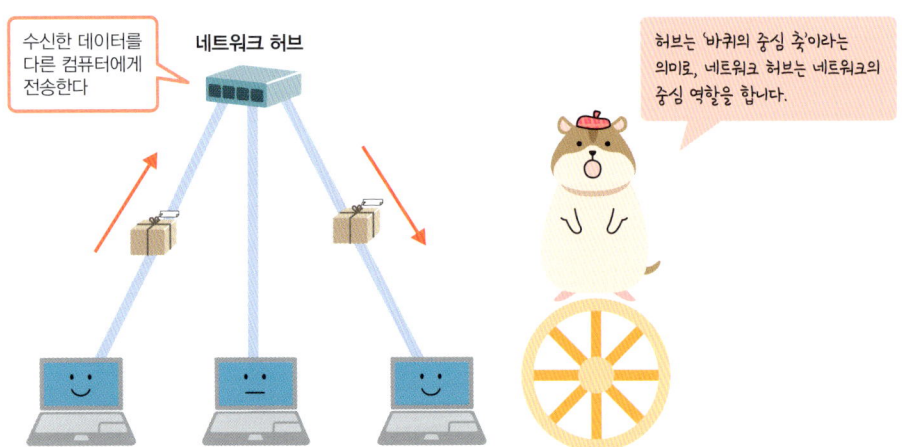

> NOTE **네트워크 토폴로지**
> 네트워크의 구성 형태를 네트워크 토폴로지(topology)라고 부른다. 대표적인 몇 가지 패턴이 있는데, 이더넷은 그 중 스타형(形)에 해당한다.

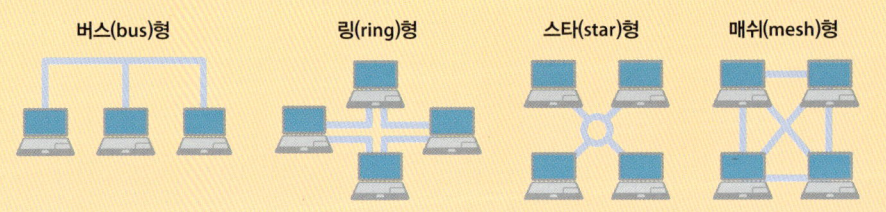

접속된 상대를 식별하는 L2 스위치

L2 스위치 혹은 **스위칭 허브**는 오늘날 가장 많이 사용되는 네트워크 중계 기기다. L2는 OSI 참조 모델의 데이터 링크 계층을 의미하고, TCP/IP 모델에서는 네트워크 인터페이스 계층에 해당한다. L2 스위치는 포트에 연결된 각 호스트의 MAC 어드레스를 기억해 두었다가 통신할 당사자 간에만 데이터를 전달하기 때문에 통신 과정에서 다른 호스트가 보내는 패킷 신호와의 충돌을 피할 수 있다.

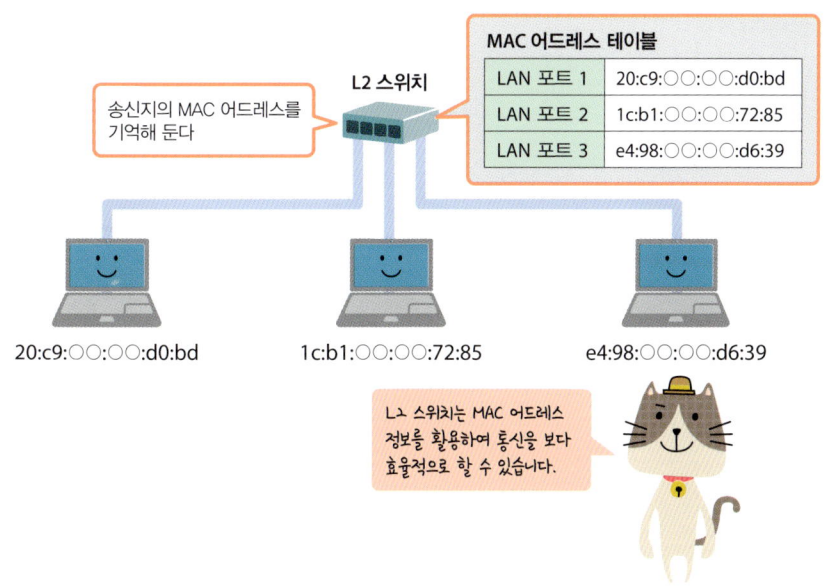

L2 스위치가 통신하는 방식

L2 스위치를 사용하면 통신 회선이 통신 당사자 간에만 독립적으로 만들어지기 때문에 여러 통신이 동시에 이루어지더라도 패킷 충돌이 발생하지 않는다.

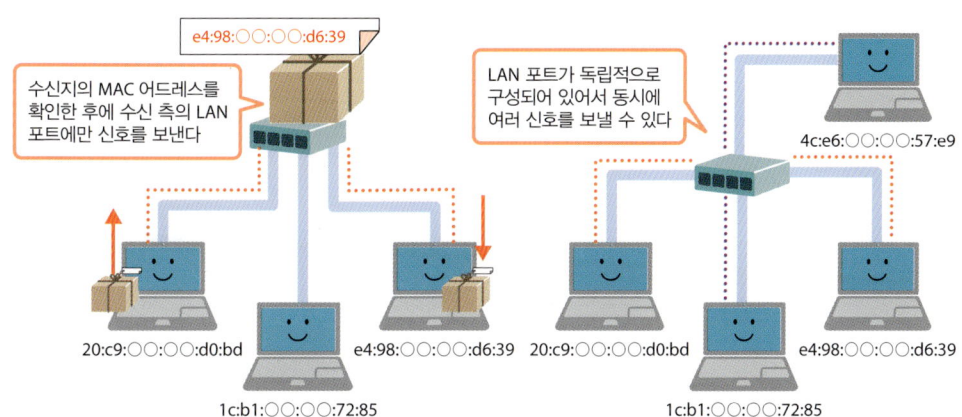

브로드캐스트 도메인

브로드캐스트 도메인(broadcast domain)이란, 수신지의 주소가 브로드캐스트 어드레스일 때 데이터가 전달되는 범위를 의미한다. 그래서 L2 스위치로 네트워크를 구성하였다면 네트워크 전체가 브로드캐스트 도메인이 된다. 만약 네트워크에 연결된 호스트의 수가 많을 경우, DHCP나 OS의 파일 공유와 같은 브로드캐스트 통신이 자주 사용되면 네트워크 내에 대량의 패킷이 발생해서 망이 혼잡해질 수도 있다.

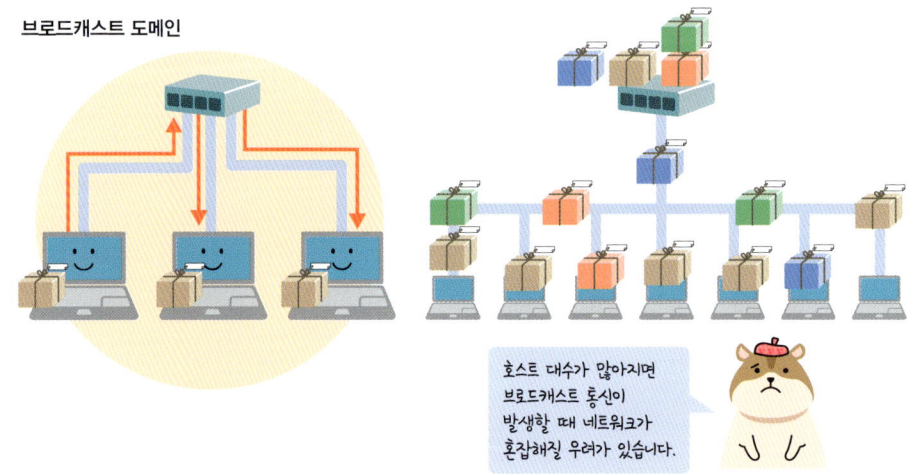

> NOTE **리피터 허브와 콜리전 도메인**
>
> L2 스위치가 보급되기 전에는 한 개의 호스트에서 수신한 데이터를 다른 모든 호스트에게 전달하는 리피터 허브를 많이 사용했었다. 이 경우는 모든 호스트가 회선을 공유하고 있는 형태라서 여러 대의 호스트가 동시에 통신하게 되면 네트워크상에서 신호가 충돌할 수 있는데, 이렇게 충돌이 발생할 수 있는 범위를 충돌 도메인 혹은 콜리전(collision) 도메인이라고 불렀다. 이더넷 사양에서는 충돌이 발생한 경우 모든 호스트가 통신을 멈추고 대기하도록 규정하고 있으므로 접속한 호스트 대수가 늘어나는 만큼 통신 속도가 떨어져 효율적인 통신을 할 수가 없었다.

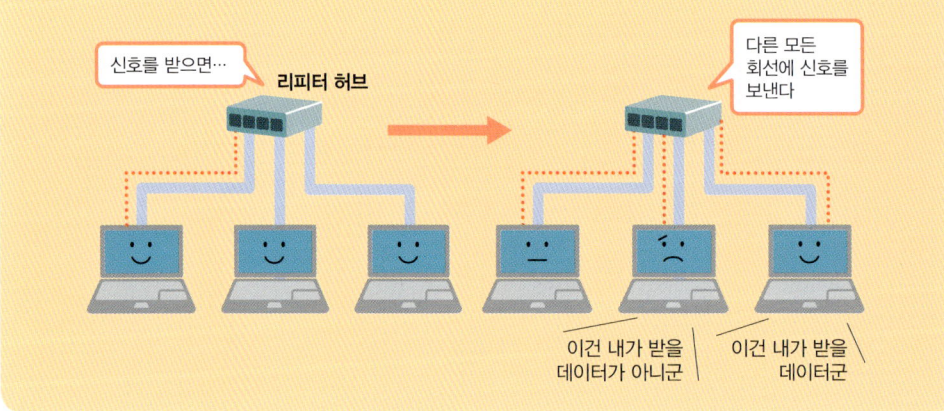

대규모 사무실에 적합한 L3 스위치

L3 스위치는 OSI 참조 모델 중 네트워크 계층에 해당하고, TCP/IP 모델에서는 인터넷 계층의 기능까지 수행할 수 있는 네트워크 장비다. L3 스위치의 대표적인 기능으로는 **VLAN(Virtual LAN)** 을 꼽을 수가 있는데, 이 기능은 LAN을 몇 개의 가상적인 네트워크로 분할해서 통신 효율을 높이기 위해 사용한다. VLAN을 구성하면 브로드캐스트 패킷을 VLAN 내의 호스트 범위로만 제한하여 전달할 수 있다.

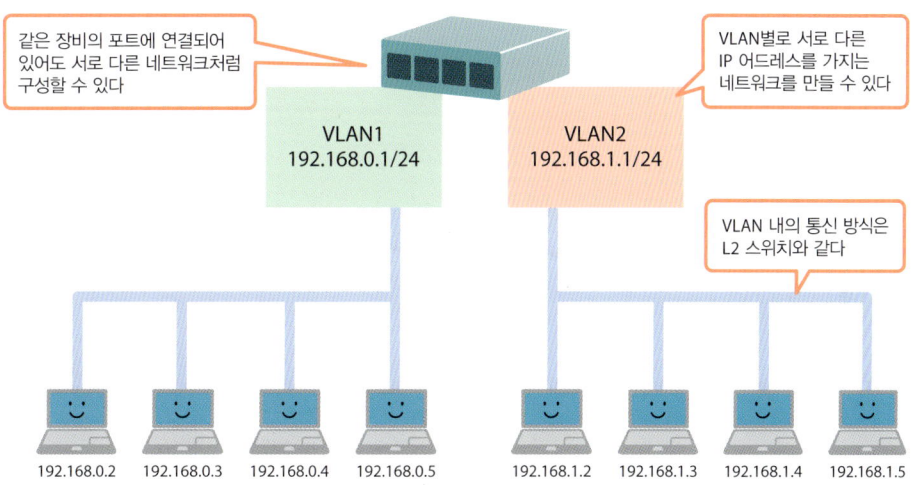

VLAN 간의 통신

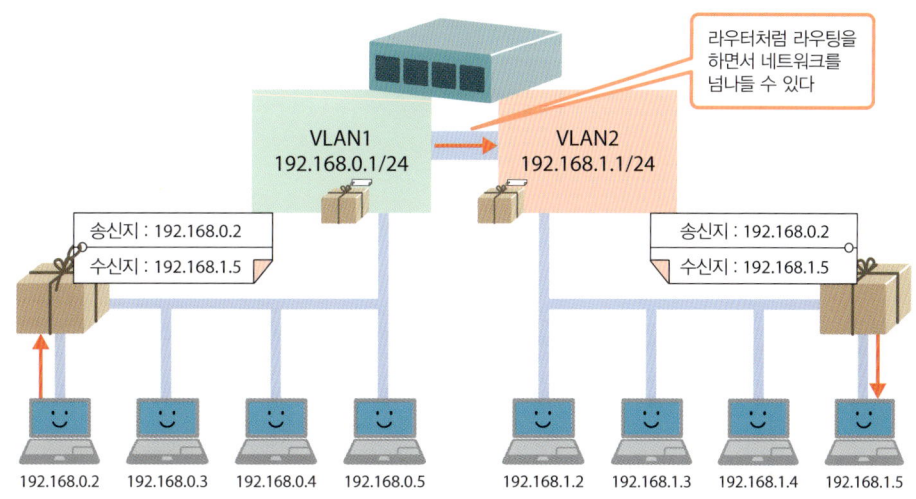

5-04 네트워크 허브

CHAPTER 5

05 무선 LAN

무선 LAN은 전파를 통신 매개체로 사용하여 네트워크를 구성한다. 이 절에서는 무선 LAN 규격의 IEEE 802.11 중에서도 데이터 전송 관련 부분에 대해 설명한다.

무선 LAN의 통신 방식

전파를 이용해서 네트워크를 구성하는 **무선 LAN**의 정식 규격명은 **IEEE 802.11**이다. 무선 LAN에서는 다른 통신 장비가 전파를 발신하고 있지 않은 것을 확인한 후, 통신을 시작하는 **CSMA/CA**(Carrie Sense Multiple Access with Collision Avoidance)라는 방식을 사용한다.

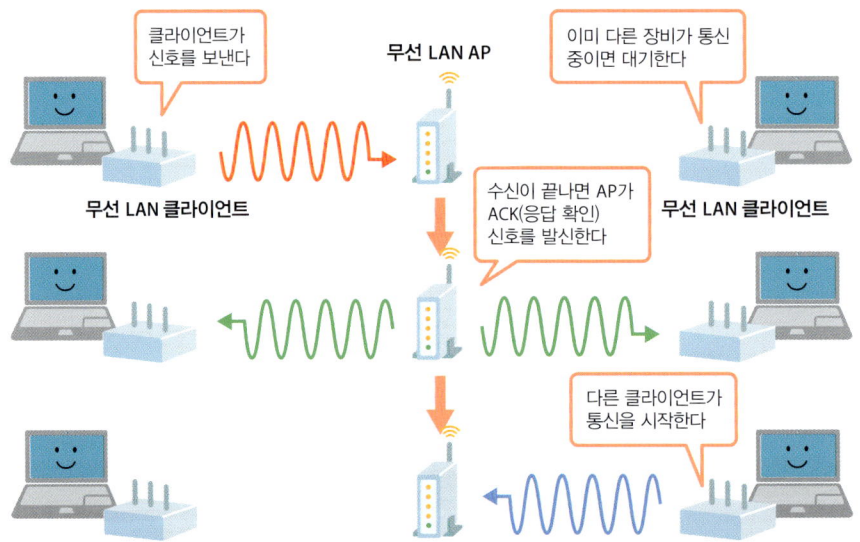

주요 LAN 규격

규격 이름	특징
IEEE 802.11	기본이 되는 규격. 프레임의 구성 형태 등을 정의하고 있음
IEEE 802.11a	5GHz 대역을 사용하며, 최대 54Mbps까지 통신 가능
IEEE 802.11b	2.4GHz 대역을 사용하며, 최대 11Mbps까지 통신 가능
IEEE 802.11g	2.4GHz 대역을 사용하며, OFDM 방식으로 최대 54Mbps까지 통신 가능
IEEE 802.11n	여러 개의 안테나를 사용하여 최대 600Mbps까지 통신 가능

무선 LAN의 프레임 구조

이더넷과 마찬가지로 무선 LAN에서도 통신할 때 주고받는 데이터를 프레임이라고 부른다. 다만, 무선 LAN의 프레임에는 MAC 어드레스 필드가 4개나 되는데, 무선 LAN끼리 통신하는 경우와 무선 LAN 뒤에 유선 LAN이 연결되는 경우 등에 따라 MAC 어드레스 정보가 할당되는 방식이 달라진다.

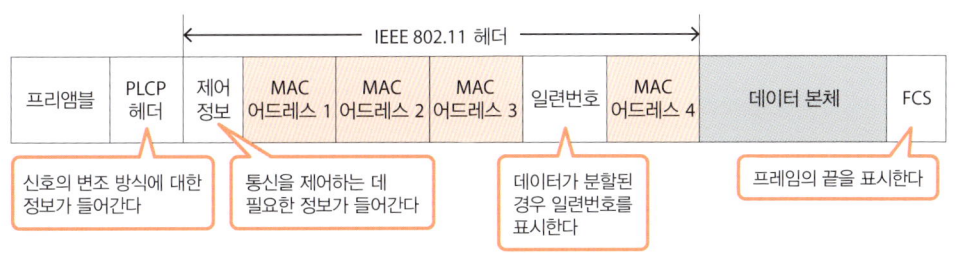

MAC 어드레스 정보의 설정 방식

무선 LAN의 통신에는 송신지와 수신지 사이를 무선 AP가 중계하게 된다. 그래서 프레임에는 송신지와 수신지의 MAC 어드레스 외에도 무선 AP의 MAC 어드레스 정보도 들어간다.

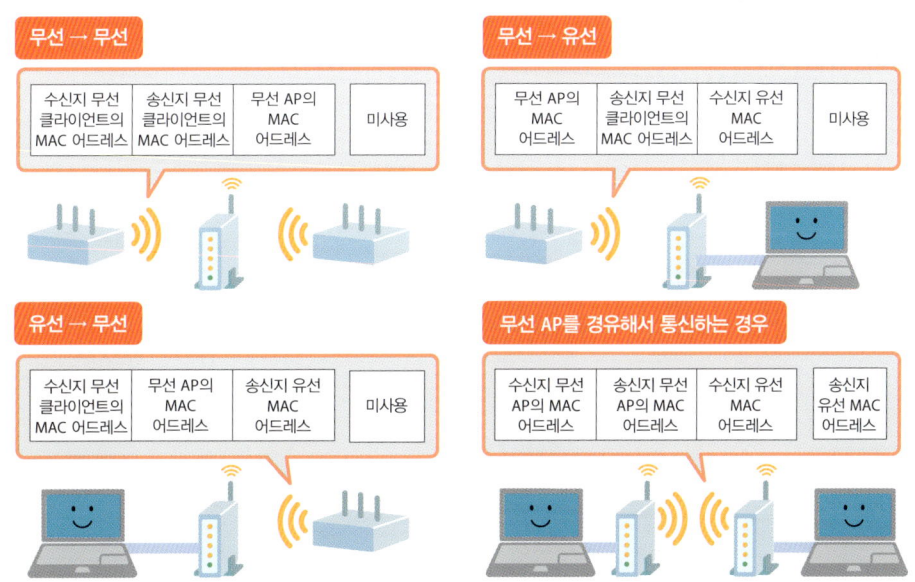

무선 LAN의 규격에는 도청을 방지하기 위한 보안 기능도 포함된다. 자세한 내용은 164페이지 참고

06 ARP

ARP는 IP 어드레스 정보를 이용하여 해당 장비의 MAC 어드레스를 알아내는 프로토콜이다.

■ IP 어드레스로 MAC 어드레스 알아내기

이더넷이나 무선 LAN으로 데이터를 보내려면 수신 측의 MAC 어드레스를 알고 있어야 한다. 이때 필요한 것이 **ARP(Address Resolution Protocol)**인데, 송신 측 장비는 **요청 패킷**에 수신 측의 IP 어드레스를 설정한 후 네트워크 전체에 브로드캐스트한다. 이어 이 요청을 받은 호스트들 중 수신지의 IP 어드레스가 자신의 IP 어드레스와 동일한 장비는 자신의 MAC 어드레스를 **응답 패킷**에 설정하여 응답하게 된다. 결국, 송신지 장비는 수신지 장비의 IP 어드레스 정보를 사용하여 MAC 어드레스도 알 수 있게 된다.

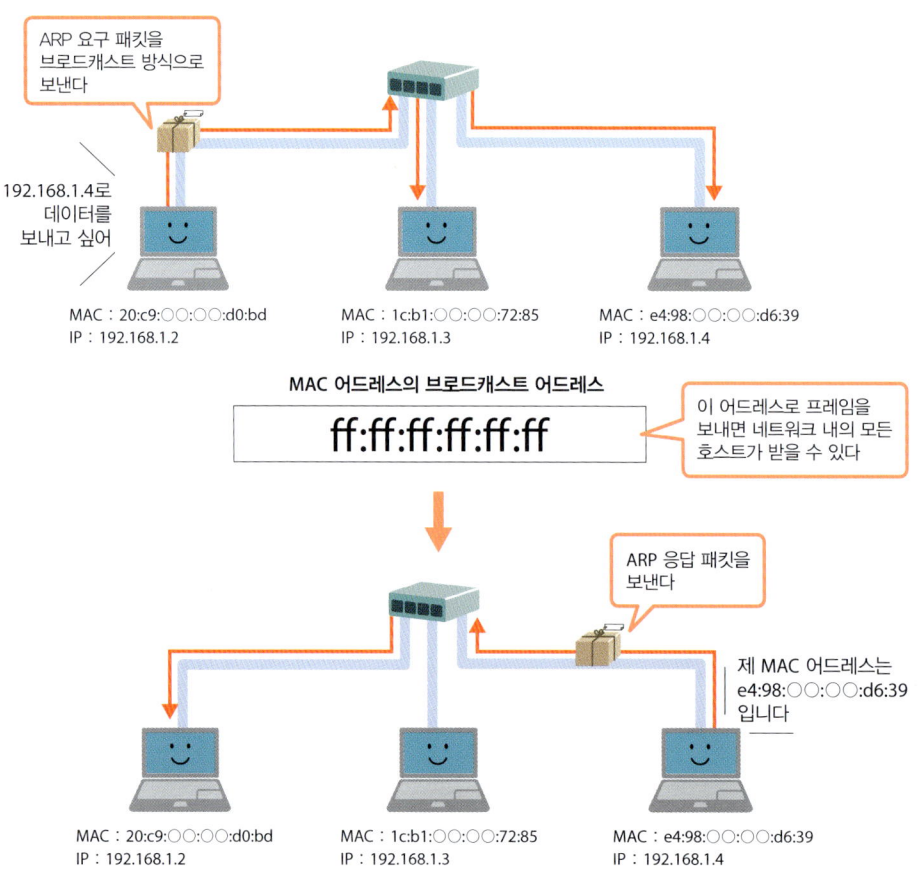

ARP 헤더

ARP 헤더에는 MAC 어드레스를 물어보는 송신지의 어드레스 정보와 MAC 어드레스를 알 수 없는 목적지의 어드레스를 담을 수 있는 필드가 있다.* 헤더 내의 오퍼레이션 코드가 1인 경우는 요청을 의미하고, 2인 경우는 응답을 의미한다.

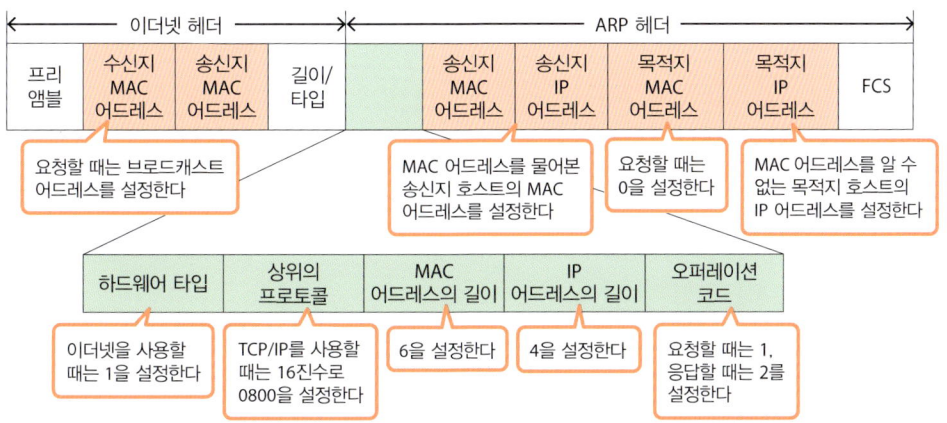

프락시 ARP

대리 ARP 혹은 **프락시(proxy) ARP**는 호스트 대신 라우터가 ARP에 대해 응답하는 기능을 말한다. 서브넷 마스크 값이 다른 호스트가 있을 때 이 기능이 필요한데, 통상적인 ARP 요청은 같은 네트워크 내에 있는 호스트들에게는 브로드캐스팅되는 반면, 서브넷 마스크가 다른 호스트에는 전달되지 않기 때문이다. 그래서 그 사이에 있는 라우터가 프락시 ARP 기능으로 자신의 MAC 어드레스를 대신 응답하여 데이터를 중계할 수 있게 만든다.

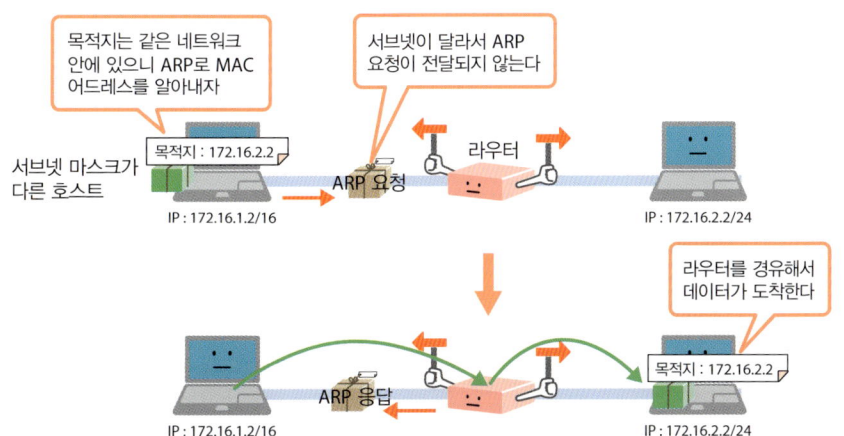

---

* 역주 여기서 '수신지'는 '송신지'가 보낸 ARP 요청 패킷을 받는 곳(이 경우 브로드캐스트 어드레스)을 의미하고, '목적지'는 IP 어드레스는 알고 있지만 MAC 어드레스를 알지 못하는 곳(target)을 의미합니다.

CHAPTER 5
07 FTTx와 xDSL

가정이나 사무실에서 인터넷 서비스 제공자까지의 통신에는 광섬유 케이블을 사용하는 FTTx나 금속 케이블을 사용하는 xDSL이 사용된다.

■■ 광섬유 케이블을 사용하는 FTTx

광섬유 케이블에 레이저 빛을 쏘아 통신하는 광섬유 회선은 수 km 떨어진 원거리에서도 고속 통신이 가능하다. 그 예로, 일반 가정까지 광 회선이 들어와 인터넷 서비스를 제공하는 방식인 **FTTH(Fiber To The Home)**가 많이 알려져 있다. 광 회선이 어디까지 들어오느냐에 따라 명칭이 조금씩 달라지는데, 이를 통틀어서 **FTTx**라고 부른다.

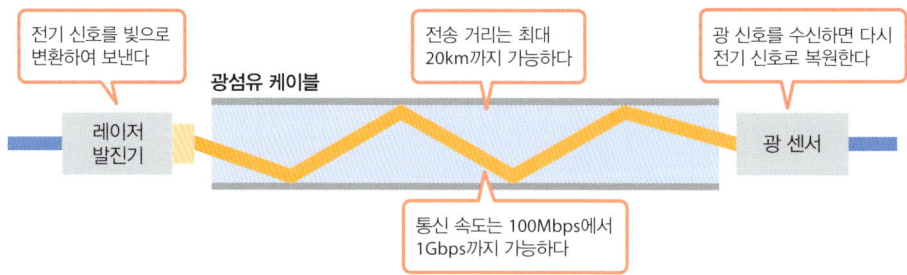

■■ 인터넷 서비스 제공자에서 가입자까지 접속하는 방법

가정이나 사무실과 같은 인터넷 서비스 가입자까지 통신 회선이 연결되는 방식은 점유형과 공유형의 두 가지가 있다.

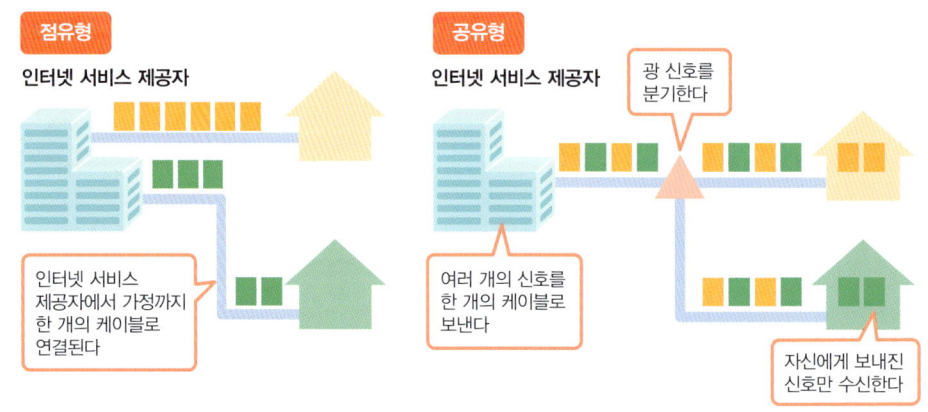

금속 케이블을 사용하는 xDSL

ADSL(Asymmetric Digital Subscriber Line)이나 VDSL(Very high bitrate Digital Subscriber Line)은 금속 케이블을 사용하는 통신 회선이다. 통신 방식이나 속도, 거리에 따라 몇 가지 규격으로 구분되는데, 일반적으로 이들을 모두 통틀어서 **xDSL**이라고 부른다.

주요 xDSL 규격

규격	통신 거리	통신 속도
ADSL	1~3km	다운로드 50Mbps, 업로드 5Mbps
ReachDSL	5~12km	960kbps
VDSL	1.5km	100Mbps

ADSL은 가입한 서비스에 따라 통신 속도가 크게 차이 납니다.

전화 회선을 이용하는 ADSL

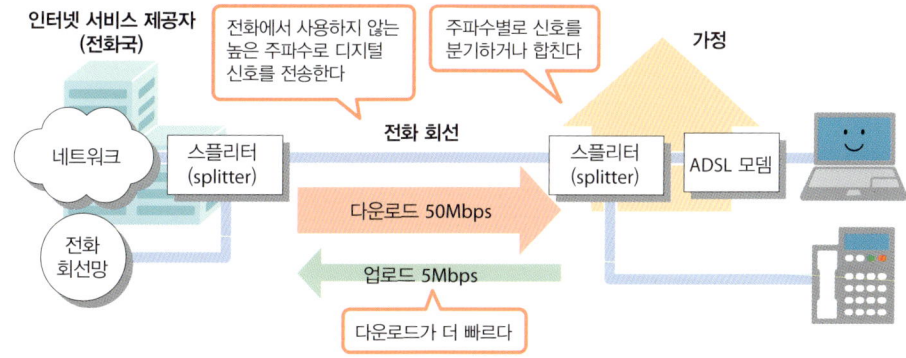

옥외 배선에 사용되는 VDSL

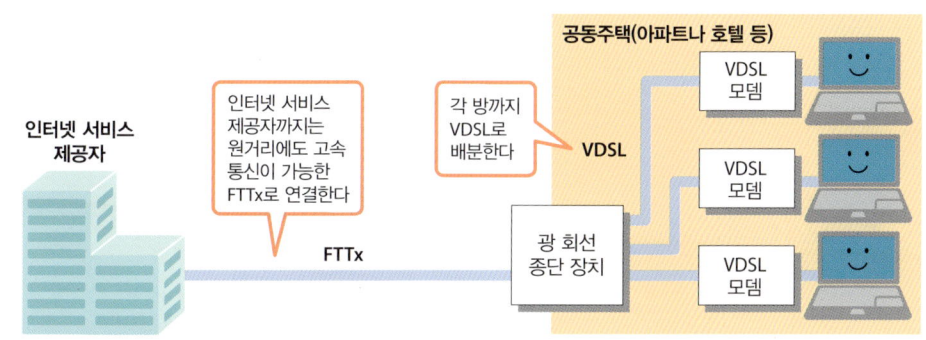

5-07 FTTx와 xDSL

CHAPTER 5

08 PPP와 PPPoE

PPP는 멀리 떨어진 컴퓨터끼리 접속하기 위한 프로토콜이다. 이더넷에서 사용 가능한 형태는 PPPoE라고 한다.

PPP

PPP(Point to Point Protocol)는 원격지에 있는 컴퓨터를 일대일로 연결하기 위한 프로토콜이다. 이 프로토콜은 다양한 통신 하드웨어를 지원하도록 설계되어 있어서 실제로 전화 회선을 이용하는 다이얼 업 PPP나 이더넷을 사용하는 PPPoE와 같은 형태가 있다. PPP는 접속, 사용자 인증, 통신, 중단과 같은 단계로 통신한다.

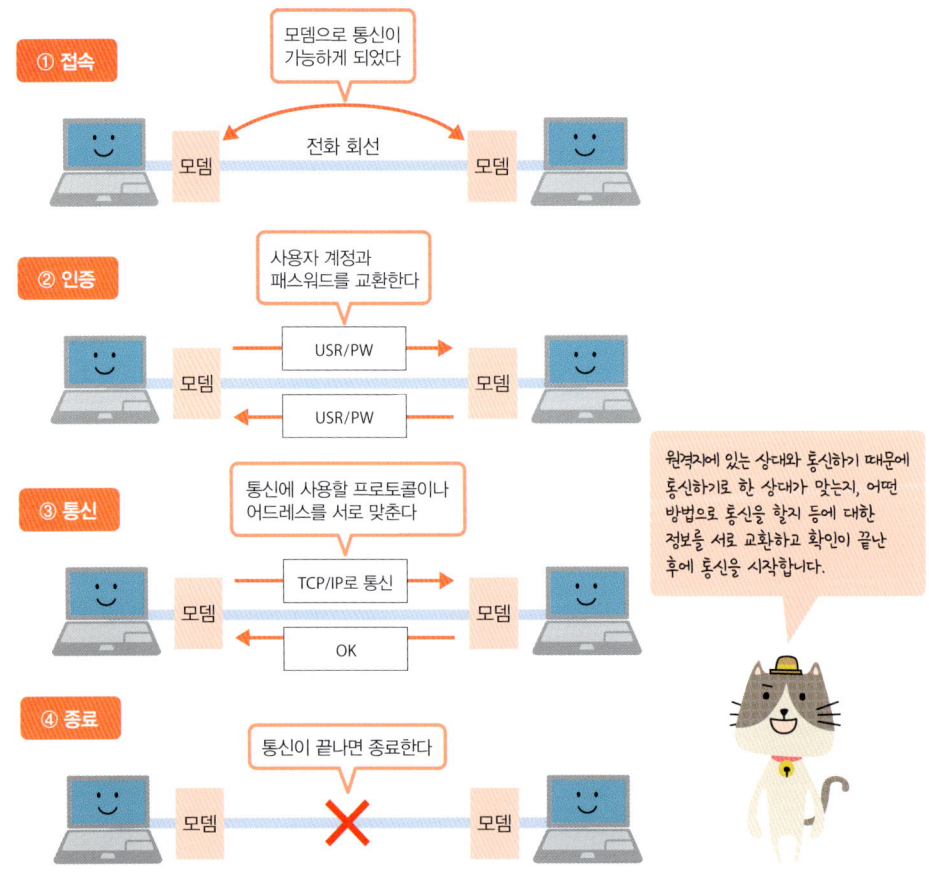

이더넷에서 사용하는 PPPoE

ADSL이나 FTTx에서는 이더넷 프레임을 사용하는데, 이더넷에는 접속, 인증, 종료와 같은 절차가 없다. 그래서 이더넷을 사용하여 PPP 통신을 할 경우 이더넷의 프레임 안에 PPP의 헤더를 넣은 **PPPoE(PPP over Ethernet)**라는 프로토콜을 사용한다.

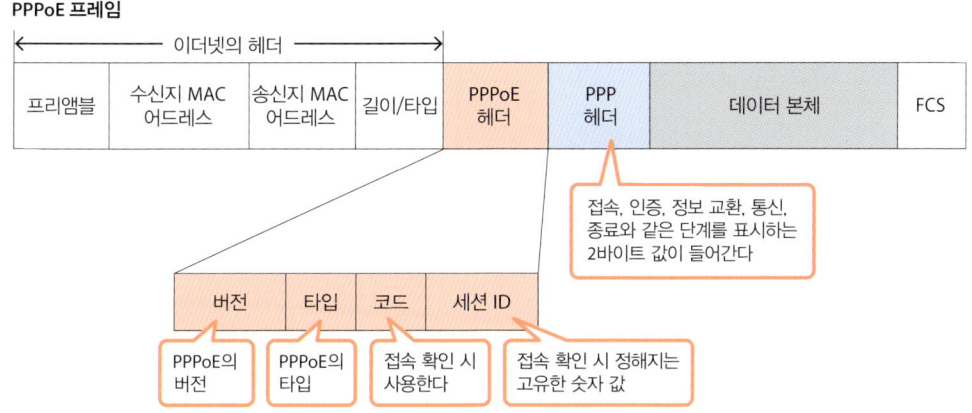

디스커버리 스테이지

PPPoE에서는 PPP에 의한 접속 시 디스커버리 스테이지라고 부르는 단계를 거쳐 PPPoE 세션을 생성한다.

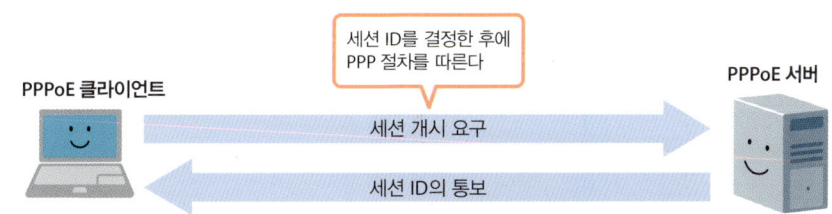

> **NOTE 이더넷의 MTU**
>
> 이더넷의 프레임이 한 번에 옮길 수 있는 데이터 크기(MTU)는 최대 1500바이트다. PPPoE와 PPP의 헤더는 총 8바이트다. 그래서 PPPoE로 통신한다면 일반적인 이더넷만 사용할 때보다 전송량이 8바이트만큼 줄어들게 된다.

CHAPTER 5
09 arp 명령으로 MAC 어드레스 알아내기

arp 명령을 이용하면 컴퓨터에 캐시된 IP 어드레스와 MAC 어드레스를 확인할 수 있다.

■ MAC 어드레스 목록 확인하기

IP 어드레스만 알고 있고 MAC 어드레스를 모를 때는 ARP를 사용하면 된다. 같은 IP 어드레스에 대해 매번 MAC 어드레스를 요청하는 것은 불필요한 시간 낭비가 발생할 뿐만 아니라, 요청할 때마다 발생하는 브로드캐스트 때문에 네트워크가 혼잡해질 수도 있다. 그래서 한번 확인한 MAC 어드레스는 요청한 컴퓨터에서 일정 기간 보관하여 캐시 기능을 하게 되어 있다. 만약 캐시에 보관된 MAC 어드레스의 목록을 확인하고 싶다면 **arp** 명령으로 확인할 수 있다.

예를 들어, MAC 어드레스의 목록을 보고 싶을 때는 '**arp -a**'와 같이 a 옵션을 붙인다. 이때 다른 명령들과 마찬가지로 arp와 -a 옵션 사이를 한 칸 띄어 써야 한다.

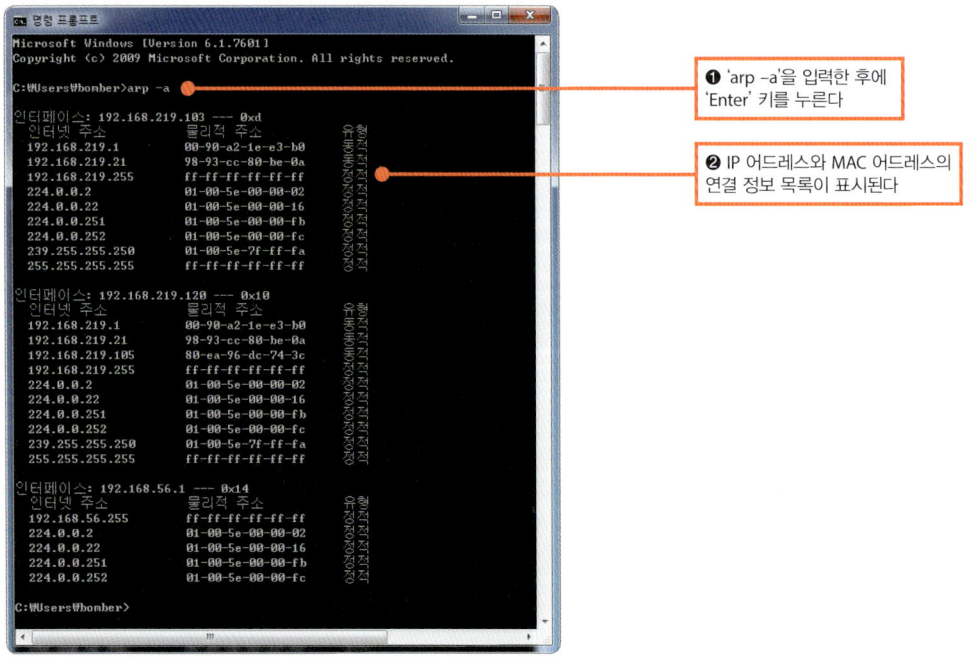

❶ 'arp -a'을 입력한 후에 'Enter' 키를 누른다

❷ IP 어드레스와 MAC 어드레스의 연결 정보 목록이 표시된다

IP 어드레스와 MAC 어드레스의 연결 정보 추가하기

자주 사용하는 기능은 아니지만, 명령 프롬프트를 관리자 권한으로 실행한 후에 s 옵션을 지정하면 IP 어드레스와 MAC 어드레스의 연결 정보를 정적으로 추가할 수도 있다.*

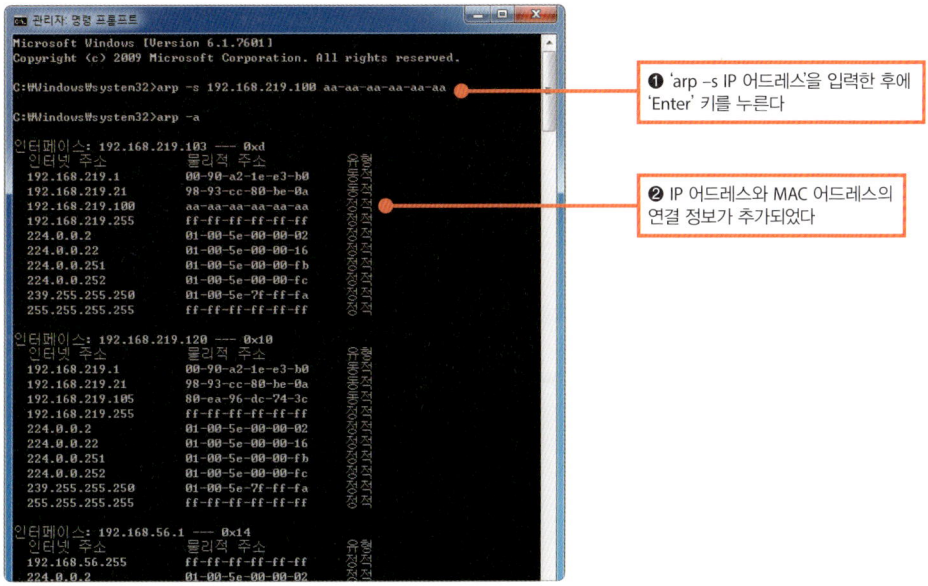

❶ 'arp -s IP 어드레스'을 입력한 후에 'Enter' 키를 누른다

❷ IP 어드레스와 MAC 어드레스의 연결 정보가 추가되었다

와이어샤크를 사용해서 ARP 감시하기

LAN에서는 ARP에 의한 MAC 어드레스 확인이 빈번하게 발생한다. 와이어샤크와 같은 패킷 캡처 도구을 사용하면 자세한 동작 상황을 확인할 수 있다.

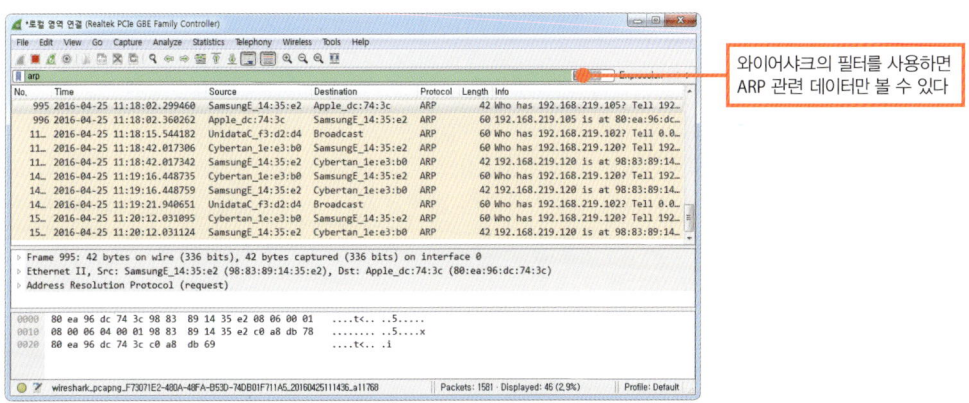

와이어샤크의 필터를 사용하면 ARP 관련 데이터만 볼 수 있다

---

* [역주] 정적으로 MAC 어드레스를 추가하는 것을 예를 들어 보이기 위해 사용하지 않는 IP 어드레스와 MAC 어드레스를 입력하였습니다.

Column: 모바일 통신 기술

휴대전화나 스마트폰과 같은 모바일 단말기는 3G나 4G, LTE, WiMAX와 같은 모바일 통신 기술을 활용하고 있다. 무선으로 통신한다는 점에서는 무선 LAN과 비슷하지만, 무선 LAN의 통신 거리는 중간에 장애물이 없는 경우에도 불과 수십에서 백여 미터 정도밖에 도달하지 못한다. 한편, 3G나 4G의 경우 무선 기지국과의 거리가 수백 미터에서 수 킬로미터까지 떨어져 있어도 통신이 가능하도록 만들어져 있다. 똑같이 무선 통신이라고 생각할 수 있지만, 실제로는 사용하는 주파수 대역이나 변조 방식에도 큰 차이가 있어서 애당초 서로 다른 무선 방식이라고 봐야 한다.

2010년 즈음부터는 본격적으로 3G에서 4G로 옮겨가게 되었는데, 대표적인 예가 LTE(Long Term Evolution)다. LTE는 시간과 주파수를 다중화하는 OFDMA(Orthogonal Frequency Division Multiple Access)라는 방식을 사용하고 있어서 이전보다 더욱 빠른 통신이 가능하게 되었다.

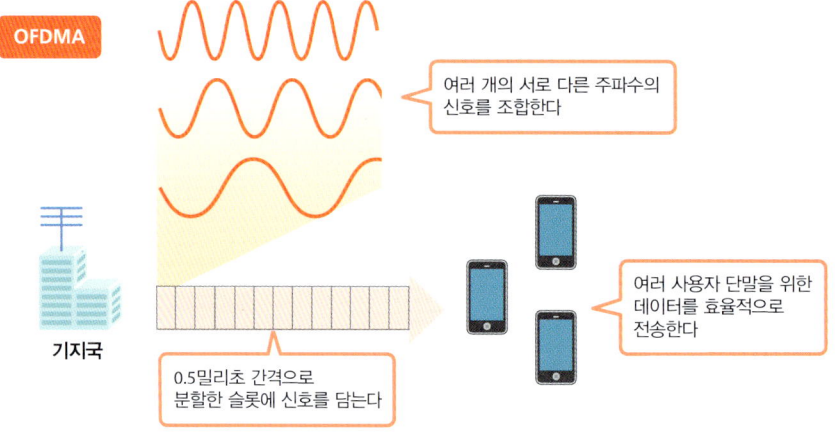

3G와 4G가 비단 통신 속도에서만 차이가 나는 것은 아니다. 3G 통신 기술에서는 패킷 교환 방식의 데이터 통신과 회선 교환 방식의 통화를 동시에 사용할 수 있었는데, LTE는 패킷 교환 방식의 데이터 통신만 사용하고 통화는 VoIP라는 규격을 따르고 있다. 다만, 아직은 LTE의 서비스 제공 지역이나 지원 단말기의 제약으로 인해 전화 통화 시에는 3G가 사용되기도 한다. 이렇게 4G는 기존의 음성 위주의 전화 통화보다는 데이터 통신에 더 최적화되어 있다는 것을 알 수 있다.

CHAPTER

6

보안

이 장에서 살펴볼 내용

보안 프로토콜 적용하기

이제까지 살펴본 TCP/IP 기술은 기본적으로 데이터를 원본 그대로 전송하기 때문에 누군가 마음먹고 데이터를 가로채서 보려 한다면 인증 과정의 비밀번호조차도 엿보는 것이 가능하다. 많은 네트워크 서비스들이 사용자 계정과 비밀번호를 입력받아 사용자 인증을 하고 있는데, 만약 이들 정보가 유출된다면 제3자가 특정 사용자를 사칭하거나 해당 계정을 도용하여 악의적인 목적으로 서비스를 이용할 위험이 있다.

그래서 통신 과정의 보안을 강화하기 위한 각종 암호화 기법이나 프로토콜들이 새로 개발되고 표준의 형태로 도입되고 있다. 예를 들어. 온라인 쇼핑몰과 같은 각종 웹 서비스에서는 대부분 HTTP 대신 HTTPS를 사용한다. 이것은 HTTP에 SSL/TLS라는 암호화 통신 프로토콜을 적용한 것으로, HTTP로 주고받을 모든 통신 내용을 암호화하여 외부로 정보가 유출되지 않게 한다. 이렇게 암호화 프로토콜을 사용하는 웹 서비스라면 기본적인 안전성은 확보했다고 볼 수 있다.

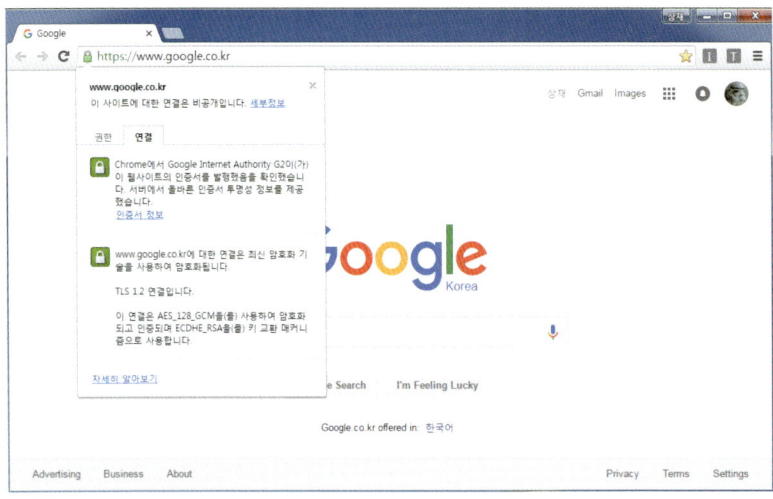

HTTPS 프로토콜을 적용한 웹 사이트

보안 기술의 특징 이해하기

앞에서 HTTPS에 대해 언급했는데, HTTPS만 적용했다고 해서 모든 통신에 대한 보안이 해결되었다고 할 수는 없다. 왜냐하면 HTTPS로 보호되는 영역은 웹 서비스에 국한되는 것으로, 이메일이나 FTP 등의 서비스들은 또 다른 방법으로 보호해야 하기 때문이다.

모든 통신 프로토콜 하나하나에 대해 방어하는 것이 사실상 어렵다면 VPN을 사용하는 방법도 생각해 볼 수 있다. VPN은 통신 거점 간의 통신을 통째로 암호화하는 방식을 사용하므로 애플리케이션별로 따로따로 보안 대책을 세워 대응하지 않아도 된다. 다만, 보호되는 구간은 통신 거점 사이의 구간뿐이라 해당 구간 밖에서는 주의가 필요하다.

이렇게 보안 관련 프로토콜은 보호하는 범위나 영역이 서로 다르다. 그래서 각 보안 프로토콜들의 특징을 제대로 이해한 후에 보안 취약점이 최대한 드러나지 않도록 잘 조합해서 쓰는 것이 중요하다.

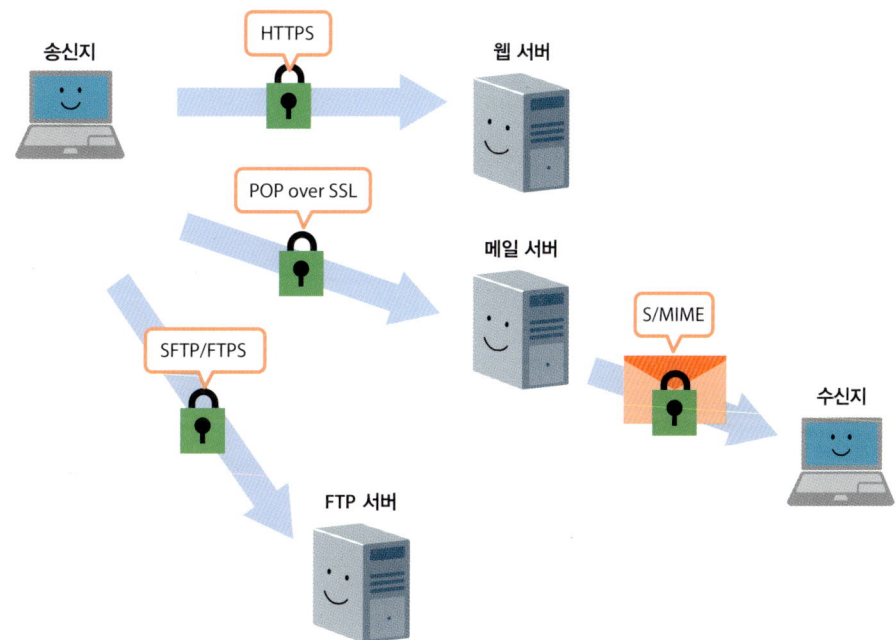

CHAPTER 6

01 네트워크와 보안

네트워크를 사용할 때 발생 할 수 있는 보안 위협에 대비하여 다양한 보안 기술이 만들어져 활용되고 있다.

■■ 네트워크상에서의 보안 위협

네트워크에는 여러 컴퓨터를 연결하여 데이터를 자유롭게 주고받을 수 있게 해 주는 장점이 있는 반면, 악의적인 사용자로부터 데이터를 탈취당할 수 있는 잠재 위험도 있다. 네트워크에서 발생할 수 있는 보안 위협으로는 **정보 유출, 사용자 신분 사칭, 데이터 위변조**와 같은 형태가 있다.

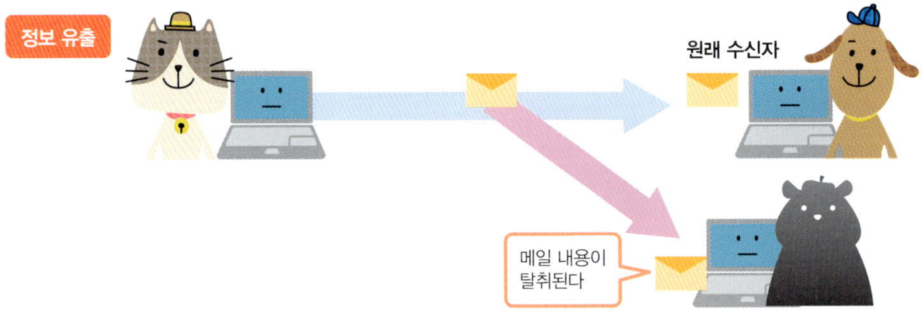

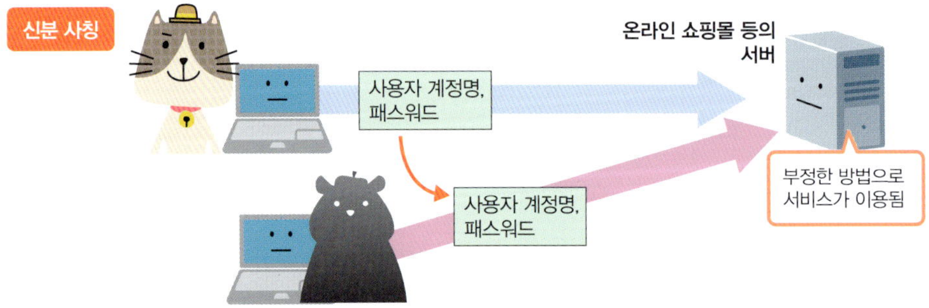

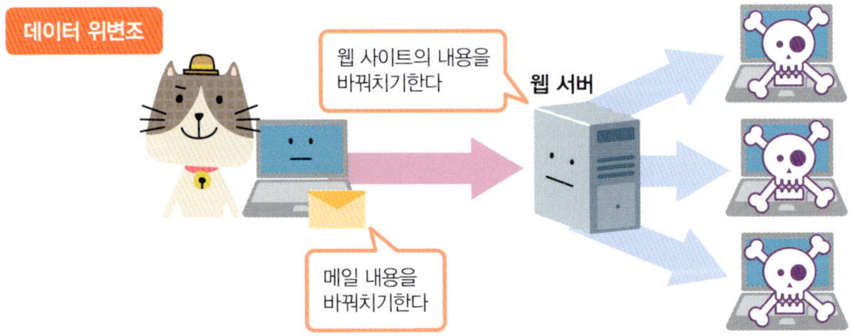

■■ 암호화로 데이터를 보호한다

정보 유출에 대한 방어책으로 데이터 **암호화**가 있다. 암호화된 데이터는 제3자에게 유출되었다고 하더라도 내용을 식별할 수 없다. 암호화를 할 때에는 열쇠 역할을 하는 키(key)가 사용되는데, 키의 관리 방식에 따라 크게 **공유 키 암호화**와 **공개 키 암호화**의 두 가지 방식이 많이 활용되고 있다.

■■ 전자 인증서와 전자 서명

신분 사칭을 막기 위한 방법으로는 **전자 인증서**가 있고, 데이터의 위변조를 막기 위한 방법으로는 **전자 서명**이 있다.

CHAPTER 6
02 공유 키와 공개 키

데이터를 암호화하는 방식은 크게 공유 키 암호화와 공개 키 암호화 방식의 두 가지로 구분된다.

▟ 하나의 키로 암호화와 복호화를 하는 공유 키 암호화

암호화는 데이터를 이해하기 어렵게 만드는 과정을 의미하고, 보안을 위해 할 수 있는 기본 기술 중 하나다. 이때 단순히 암호화를 하여 읽기 어렵게 만드는 것으로 끝나는 것이 아니라 그 내용을 다시 원상태로 만들어 읽을 수 있어야 하는데, 그 과정을 **복호화**라고 한다. 암호화와 복호화를 아무나 하지 못하도록 하기 위해서 비밀번호 같은 것을 사용하는데, 이것을 **키**(key)라고 한다. **공유 키 암호화** 방식에서는 하나의 키를 사용해서 암호화도 하고 복호화도 한다.

▟ 공유 키 암호의 제약 사항

공유 키 암호화 방식은 처리 방식이 간단하고 암호화와 복호화를 하는 속도가 빠르다는 장점이 있지만, 키를 안전하게 공유하는 방법이 다소 어려울 수 있다. 예를 들어, 키가 되는 패스워드를 이메일로 보낸다고 하자. 이 이메일이 유출되면 누구나 간단히 복호화를 할 수 있을 것이다. 그리고 암호화한 데이터를 공유할 모든 사람에게 같은 키를 나눠 줘야 하는 것이 관리 측면에서 적지 않은 부담이 될 수 있다.

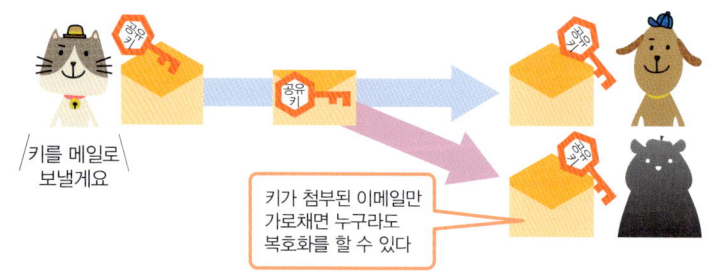

서로 다른 키로 암호화와 복호화를 하는 공개 키 암호화

공개 키 암호화 방식은 암호화를 하는 키와 복호화를 하는 키를 각각 만들어 한 세트로 관리하는 방식이다. 한쪽 키로 암호화한 것은 다른 한 키로만 복호화를 할 수 있는데, 두 개의 키 중 하나는 자신이 가지고 다른 하나는 통신 상대에게 나눠 주게 된다. 이때 자신이 가지는 키를 **비밀 키** 혹은 **개인 키**라고 하고, 다른 사람에게 공개하는 키를 **공개 키**라고 한다.

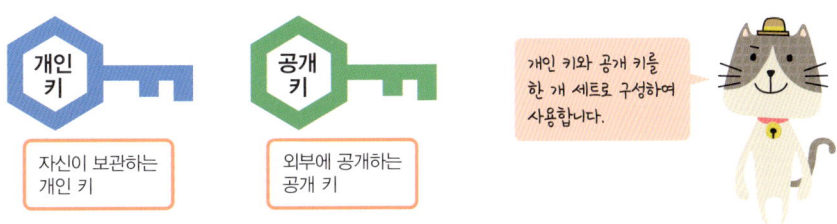

공개 키 암호화로 데이터를 주고받는 절차

공개 키 암호로 데이터를 주고받을 경우, 먼저 상대에게 자신의 공개 키를 사전에 전달해 둔다. 이후 상대는 데이터를 보내고 싶을 때 미리 받은 공개 키로 데이터를 암호화하여 보내는데, 이 데이터를 받은 쪽은 자신의 개인 키로 데이터를 복호화할 수 있다.

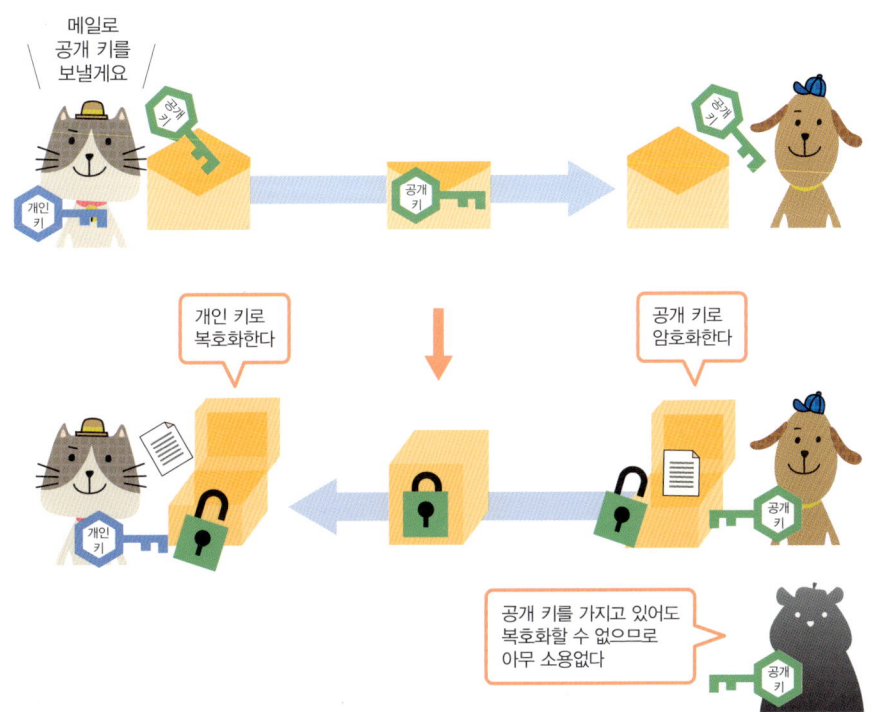

CHAPTER 6

03 전자증명서와 전자 서명

전자 인증서는 신분 사칭을 막을 때 사용하고, 전자 서명은 데이터 위변조를 막을 때 사용한다. 이 두 가지 기술은 서로 상호 보완적으로 밀접한 관계를 맺고 있다.

전자 인증서로 자기 자신이라는 것 증명하기

공개 키 암호화 방식을 사용하면 데이터 유출을 막을 수는 있지만, 공개 키를 보낸 사람이 엉뚱한 사람이라면 누군지도 모르는 사람에게 데이터를 넘겨 줄 수 있는 잠재 위험이 있다. 그래서 인터넷에서 데이터를 주고받을 때는 본인이 자기 자신임을 증명할 수 있는 수단이 필요하다.

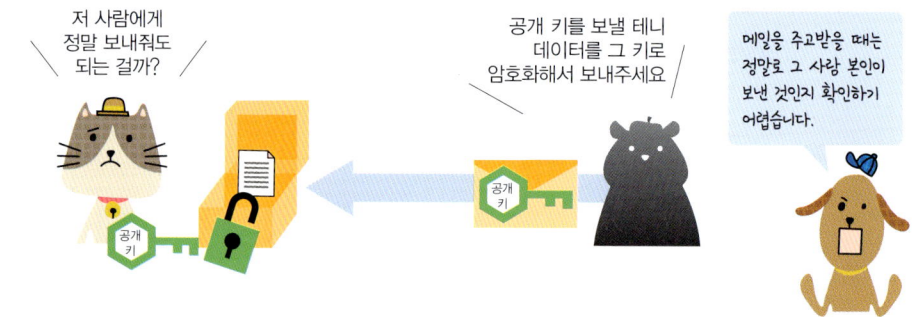

전자 인증서와 인증 기관

신분 사칭이나 메일 내용의 위변조를 막는 방법으로 **인증 기관**이 발행한 **전자 인증서**를 사용할 수 있다.

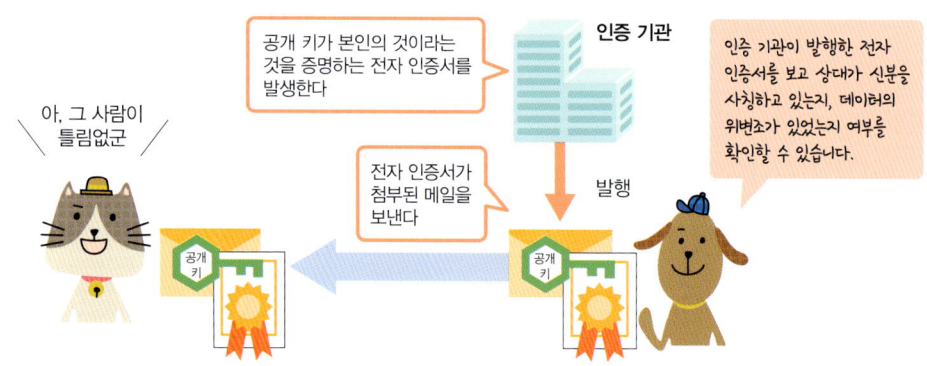

전자 인증서를 사용하여 신분 사칭 막기

전자 인증서는 **인증 기관**(CA, Certificate Authority)에 요청하여 받을 수 있는데, 발급받은 전자 인증서 안에는 공개 키와 인증 기관의 전자 서명이 포함되어 있다. 이 **전자 서명**은 인증 기관이 '이 공개 키는 이 소유자의 것이다'라는 것을 보증하는 역할을 한다. 그래서 이 인증서를 가진 사람은 증명서에 포함된 공개 키를 사용해서 암복호화를 할 수 있게 된다.

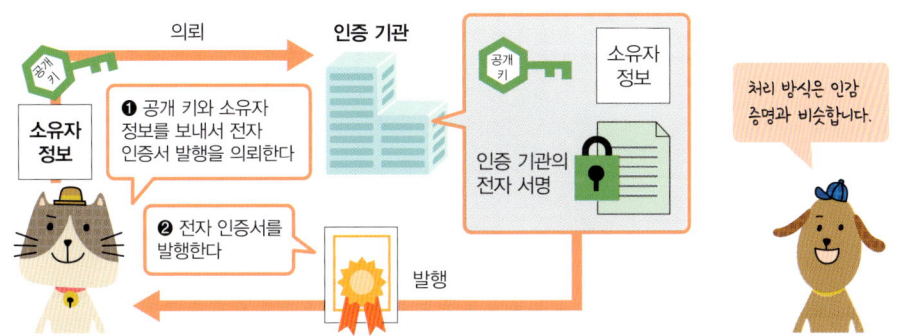

PKI

공개 키나 전자 인증서 등의 보안 인프라를 통틀어 **공개 키 기반 구조**(PKI, Public Key Infrastructure)라고 한다. 주의할 것은 공개 키 기반 구조가 보안 취약점의 많은 부분을 제거해 주기는 하나, 피싱 사이트로 인한 금융 사기나 컴퓨터 바이러스로 인한 보안 위협 등에 대해서는 대응 가능한 영역이 아니기 때문에 막을 수 없다는 것이다. 그래서 이러한 취약점에 대해서는 별도의 방어 대책이 필요하다.

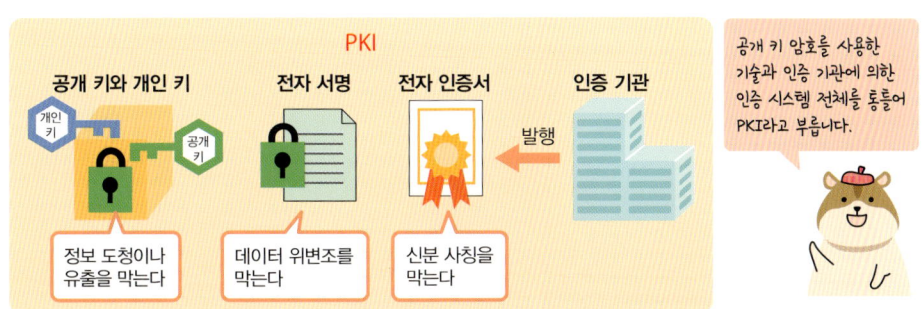

> **NOTE 인증 기관**
>
> 인증 기관(CA, Certification Authority)은 전자 증명서를 발행하는 자격을 가진 조직 혹은 기관이다. 우리나라에서는 한국정보인증, 코스콤, 한국전자인증, 한국무역정보통신, 금융결제원 등이 전자 증명서를 발행한다.

전자 서명의 동작 방식

전자 서명은 데이터 내용이 위변조되지 않았다는 것과 누가 보낸 것인지를 보증하는 역할을 한다. 전자 인증서에도 인증 기관의 전자 서명이 포함되어 있는데, 사용자가 어떤 데이터를 보낼 때 위변조되지 않았음을 증명할 때 사용할 수도 있다.

전자 서명을 만드는 방법

전자 서명을 만들기 위해서는 원본 데이터의 해시(hash) 값을 구한 후, 이것을 공개 키가 아닌 개인 키로 암호화하면 된다.

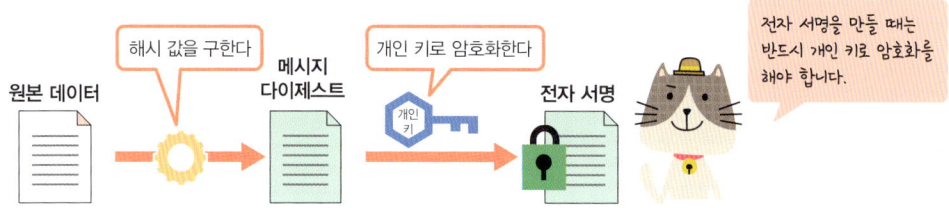

전자 서명을 사용한 데이터 교환

개인 키로 암호화한 데이터는 공개 키로 복호화할 수 있다. 전자 증명서에 포함되는 공개 키로 전자 서명을 복원한 후, 메시지 다이제스트*가 일치하는지 확인하여 위변조되지 않았다는 것을 증명할 수 있다.

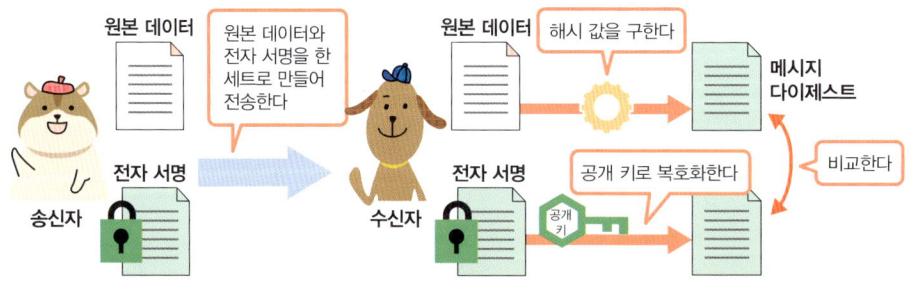

> **NOTE 해시**
>
> 해시(hash)는 특수한 알고리즘을 사용하여 데이터를 요약하는 것을 말한다. 전자 서명에 사용되는 해시는 '원본 데이터가 똑같다면 해시 결과도 똑같다', '해시 결과에서 원본 데이터를 복원할 수 없다'라는 특징을 가지고 있다. 그래서 원본 데이터를 모르는 상태에서도 해시 값만 비교하여 원본 데이터의 일치 여부를 확인할 수 있다.

---

* [역주] 메시지 다이제스트는 일종의 데이터에 대한 요약 정보로, 해시 함수 혹은 다이제스트 함수를 통해 생성됩니다. 동일한 문서에 대해서는 같은 결과가 만들어지기 때문에 위변조 확인 등에 주로 활용됩니다.

이메일의 안전한 전달을 보장하는 S/MIME

이메일을 안전하게 주고받는 방법은 **S/MIME**(Secure/Multipurpose Internet Mail Extensions)이라는 규격으로 표준화되어 있다. 이메일을 주고받는 프로그램이 S/MIME을 지원하고 통신 쌍방이 전자 인증서를 가지고 있는 경우에 사용할 수 있다. S/MIME에서 데이터의 위변조와 신분 사칭을 막는 방법은 이제까지 설명한 내용과 같은데, 이메일을 암복호화할 때는 공개 키 방식과 공유 키 방식을 둘 다 조합해서 사용한다.

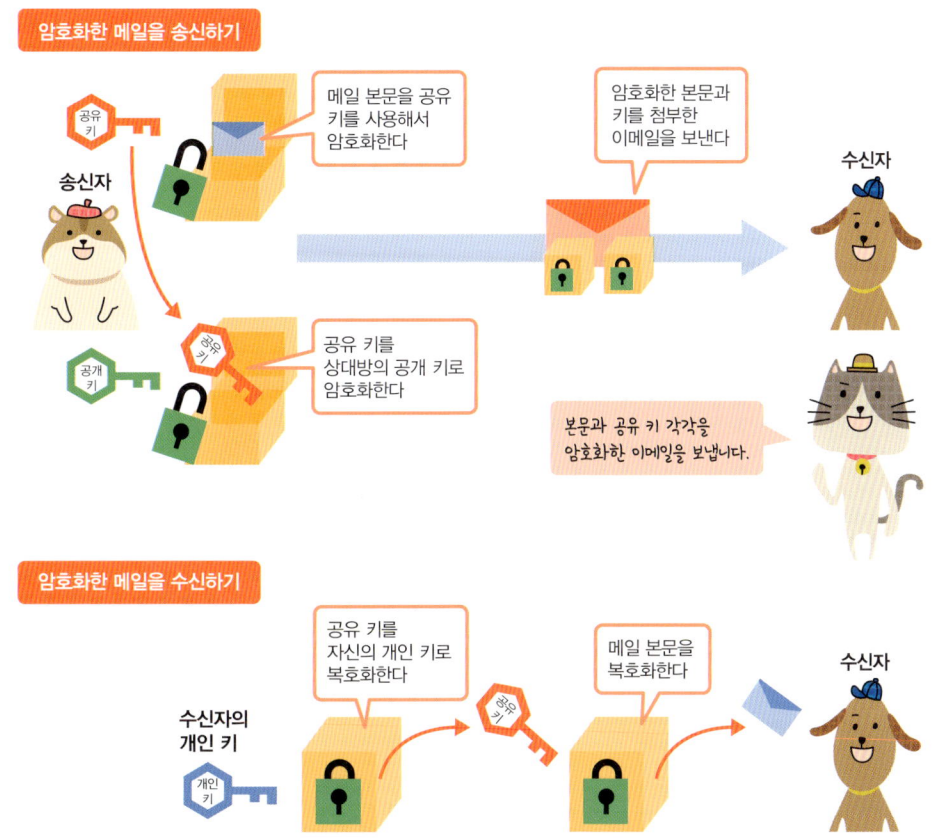

> **NOTE** 공유 키 방식을 조합하는 이유
>
> S/MIME이 이메일 본문을 암호화할 때 공유 키를 사용하는 이유는 공개 키 방식으로 암복호화하는 것보다 공유 키 방식으로 암복호화하는 것이 연산 처리 측면에서 부담이 적기 때문이다. 같은 이유로 SSL이나 SSH에서도 유사한 방식을 채용하고 있다.

CHAPTER 6

04 SSL/TLS

SSL 혹은 TLS는 서버 인증서를 사용해서 서버와 클라이언트 간의 통신을 암호화한다.

■■ SSL/TLS로 암호화 통신을 하는 방식

SSL(Secure Sockets Layer) 혹은 **TLS(Transport Layer Security)**는 서버와 클라이언트 사이의 통신 구간에 대해서 보안 수준을 높이기 위한 프로토콜이다. 인증 기관에서 발행된 서버 인증서를 사용해서 서버를 증명하고, 통신 구간을 암호화하며, 데이터의 위변조를 막는다.

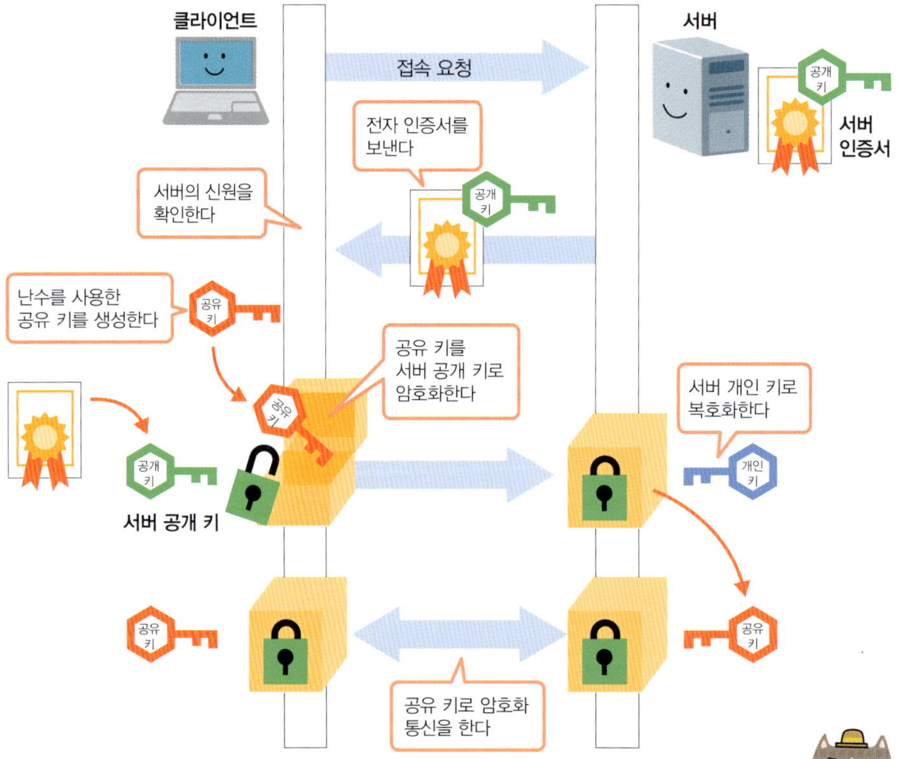

SSL/TLS를 사용한 보안 프로토콜

SSL/TLS를 사용한 보안 프로토콜 중 대표적인 것은 웹 서버에서 사용하는 **HTTPS**다. 그 외에도 FTP나 메일 프로토콜과 조합하기도 한다.

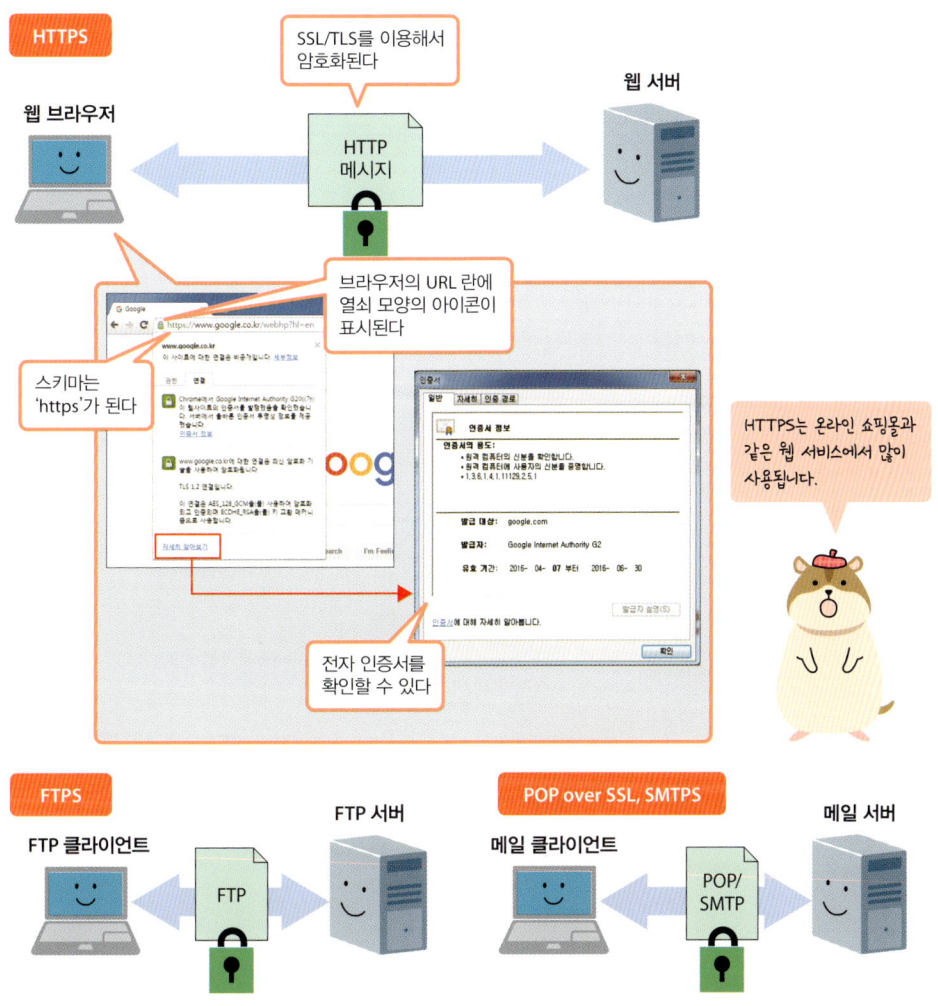

> **NOTE** SSL과 TLS
>
> SSL은 넷스케이프 커뮤니케이션즈가 개발하였고, IETF(Internet Engineering Task Force)는 이것을 TLS로 표준화한 후에 기존의 SSL을 대체하였다. 하지만 이미 과거에 SSL이라는 이름이 폭넓게 사용된 탓에 현재까지도 TLS 대신 SSL이라고 부르는 경우가 많다. 만약 지금 사용하고 있는 보안 프로토콜을 사람들이 SSL이라고 부르는데 도입된 시기가 최근이라면, 그것은 실제로 SSL이 아니라 TLS가 적용된 것이라고 생각하면 된다.

CHAPTER 6

05 SSH

SSH는 원격지의 컴퓨터를 안전하게 제어하기 위한 프로토콜이다.

■■ SSH로 원격지의 컴퓨터를 안전하게 제어하기

SSH(Secure Shell)는 원격지에 있는 서버를 제어하기 위해 만들어진 telnet을 대체하는 프로토콜이다. SSL과 마찬가지로 공개 키와 공유 키를 조합한 방식으로 통신을 암호화한다. 전자 인증서는 사용하지 않는 대신 서버나 클라이언트가 만든 공개 키를 사용한다. 인증 방식으로는 **패스워드 인증**이나 **공개 키 인증** 등을 사용할 수 있다.

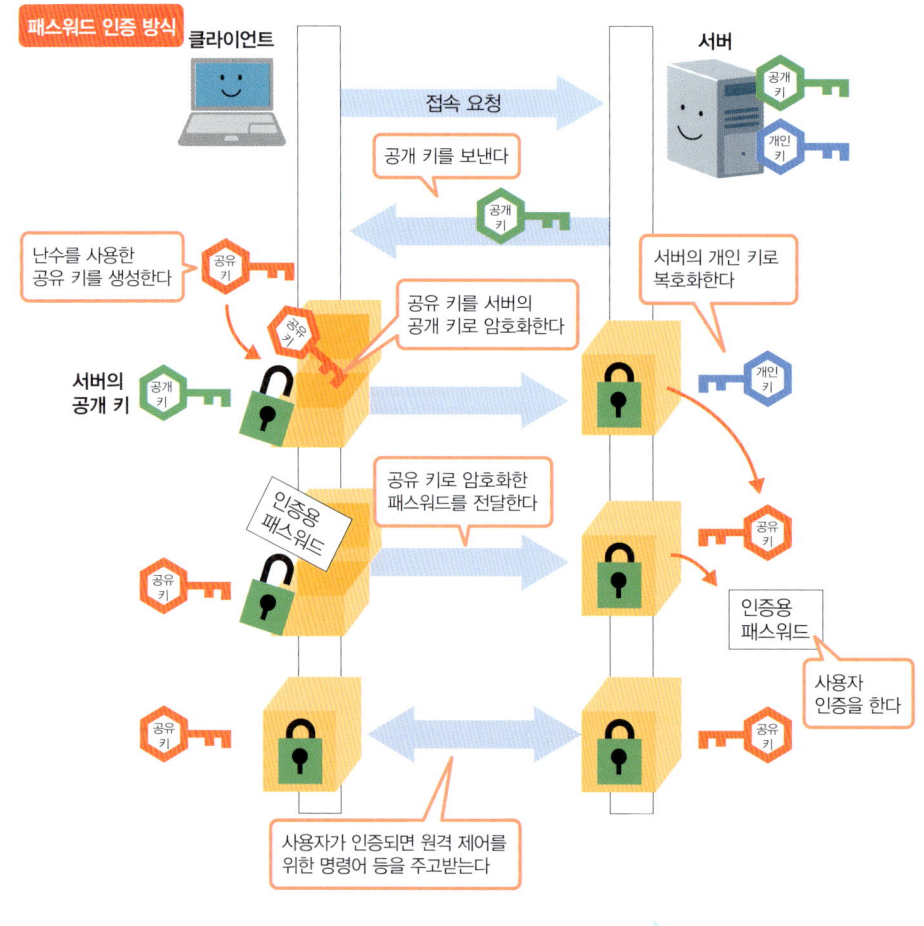

SSH의 공개 키 인증 방식

패스워드 인증 방식에서는 서버 측의 공개 키를 사용했지만, **공개 키 인증** 방식에서는 클라이언트 측에서 공개 키를 만든 후에 그 키를 미리 접속할 서버에 등록해 두어 인증에 사용한다. 사전에 공개 키를 등록해야 하는 번거로움이 있지만, 이후부터는 원격 접속을 할 때마다 패스워드를 입력하지 않아도 된다.

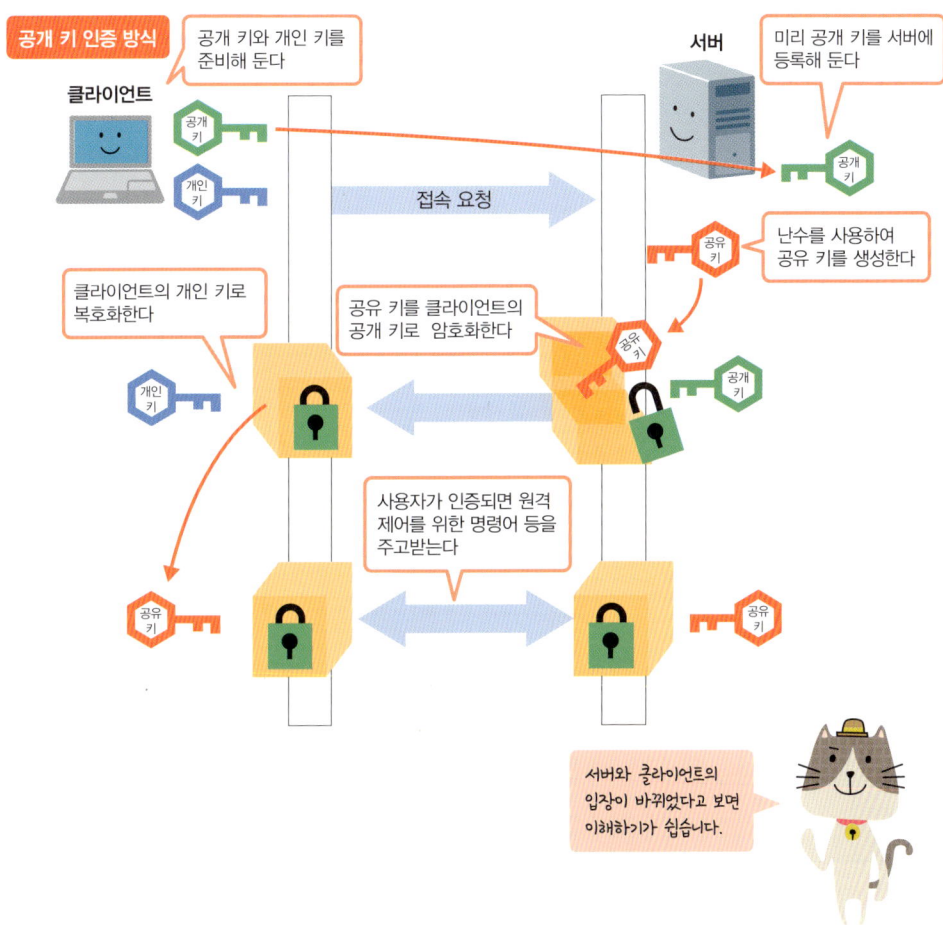

CHAPTER 6

06 방화벽

방화벽은 오래 전부터 사용되어 온 기본적인 보안 기술 중 하나다.

■■ 다양한 통신 접점에서 컴퓨터 보호하기

네트워크에 연결된 서버는 외부에서의 접속을 허용해야 할 경우도 있지만, 해킹과 같은 악의적인 접근을 차단해야 할 필요도 있다. 이렇게 외부로부터의 접근을 차단할 때 사용하는 것이 **방화벽**이다. 방화벽은 허가된 통신 외에는 모두 차단하기 때문에 허용된 범위 내에서만 주의하고 잘 관리하면 서버를 보다 안전하게 지켜낼 수 있다.

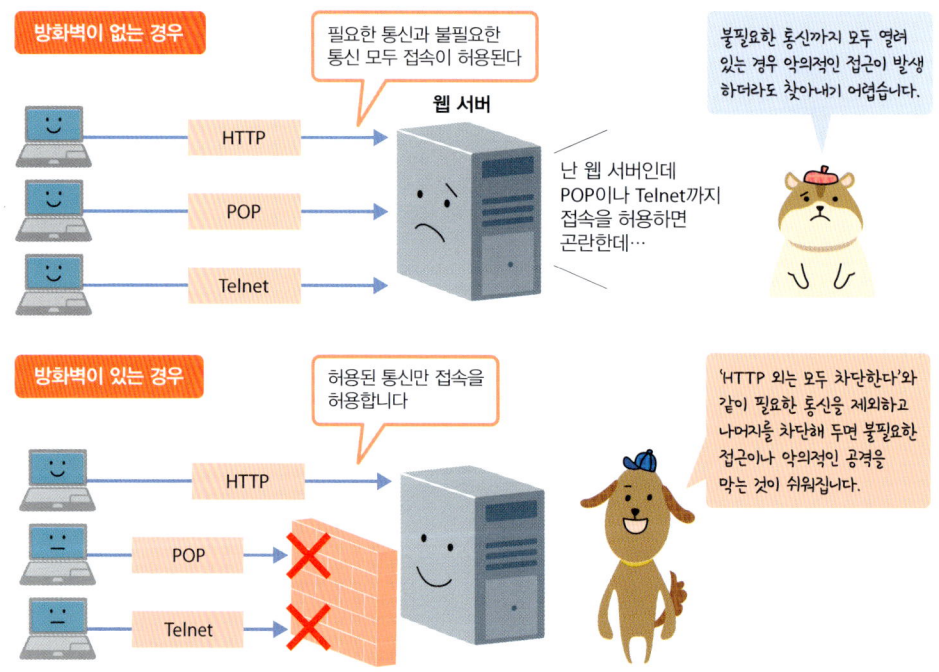

> **NOTE** 시큐리티 홀
>
> 시큐리티 홀(security hole)이란, 정보 유출과 같은 보안 취약점을 잠재한 프로그램상의 결함을 의미하고 그냥 방치해 두면 언젠가는 악의적인 공격으로부터 뚫릴 수 있는 보안상의 구멍을 말한다. 방화벽으로 필요한 통신만 열어두게 되면 이러한 시큐리티 홀에 대해 주의해야 하는 범위가 상당수 줄어들어 보안 사고를 예방하고 관리 측면에서 유리할 수 있다.

접속을 허가하고 차단하는 방법

방화벽은 접속을 허가하거나 차단하기 위해 패킷 내의 정보를 확인한다. 이렇게 방화벽이 접근을 제어하는 방법은 패킷 정보를 점검하는 계층에 따라 달라지며, 크게 아래와 같은 세 가지 유형으로 분류된다.

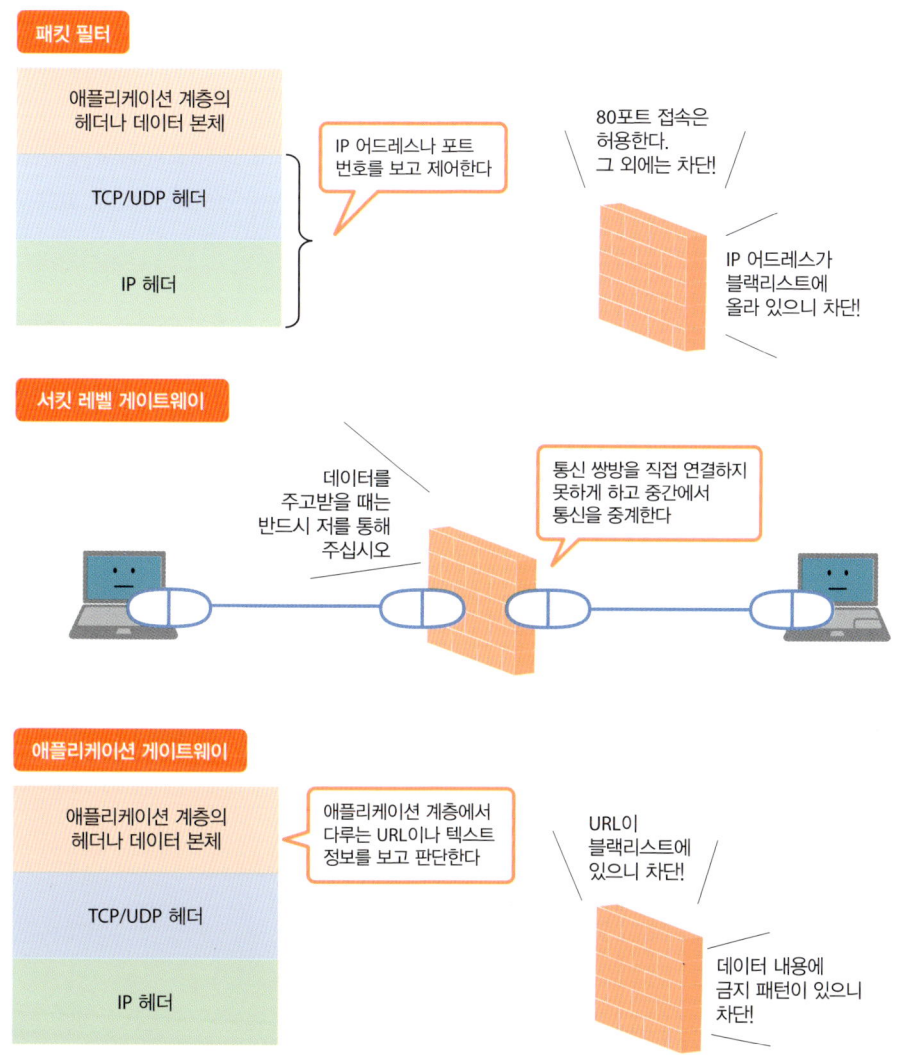

> **NOTE** 가정용 초고속 인터넷 라우터도 방화벽 역할을 한다
>
> 초고속 인터넷 가입 시 설치된 라우터는 특별히 설정을 바꾸지 않는 한 외부에서 시작한 통신에 대해서는 접속을 허용하지 않는다. 이런 기능은 방화벽과 유사한 동작을 하여 가정 내 네트워크의 보안 수준을 높이는 효과가 있다.

CHAPTER 6

07 무선 LAN의 보안

전파로 통신하는 무선 LAN에서는 도청을 막기 위한 보안 관련 사양이 규격으로 정해져 있다.

■■ 무선 LAN의 보안 프로토콜

무선 LAN은 전파로 통신하기 때문에 유선 LAN 비해 상대적으로 도청에 대한 위험이 더 크다. 그래서 IEEE 802.11에는 암호화와 같은 보안 기능에 대한 규격이 추가되어 있다. **WEP**(Wired Equivalent Privacy)나 **WPA**(Wi-Fi Protected Access) 등이 있고, 새로 나온 기술일수록 보안 강도가 더 높다.

규격	특징
WEP	IEEE 802.11의 일부. 사용자가 지정한 WEP 키와 24비트의 초기화 벡터 값을 사용하여 암호화에 필요한 키를 생성한다. 취약점이 발견되어 현재는 사용되지 않는다.
WPA	48비트의 패스프레이즈에 MAC 어드레스의 해시 값을 합친 128비트의 데이터와 48비트의 초기화 벡터 값을 암호화 키로 사용한다. WEP보다는 강력하나, 뒤이어 나온 WPA2로 대체되고 있다.
WPA2	WPA를 강화한 암호화 방식으로, 블록 암호인 AES를 사용한다.
IEEE 802.11i	WPA, WPA2를 표준 규격화한 것이다.

■■ 스트림 암호화 방식과 블록 암호화 방식

무선 LAN 통신은 안전해야 하면서도 동시에 고속으로 처리되어야 한다. 그래서 암복호를 할 때 연산 처리 부담이 큰 공개 키 방식은 사용하지 않고, 대신 공유 키 방식을 사용한다. WPA 이전에는 공유 키 방식의 하나인 스트림 암호화 방식이 사용되었었는데, WPA2에서는 더 강력한 블록 암호화 방식을 사용하고 있다.

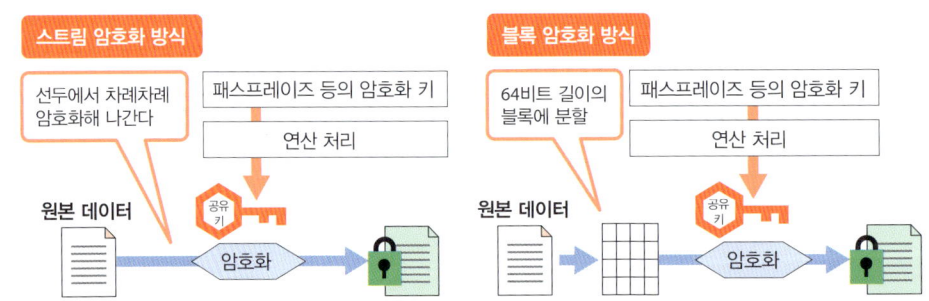

패스프레이즈와 취약성

무선 LAN의 보안 기능에서는 **패스프레이즈**(WEP에서는 WEP 키)라고 부르는 사용자가 지정한 문자열과, **초기화 벡터**라고 부르는 조금씩 변하는 값을 조합하여 암호화를 위한 공유 키를 만든다. 초기화 벡터가 바뀌면서 공유 키도 따라 바뀌기 때문에 암호화는 간단하고 처리 속도가 빠른 반면에 복호화는 어렵게 만들어져 있다.

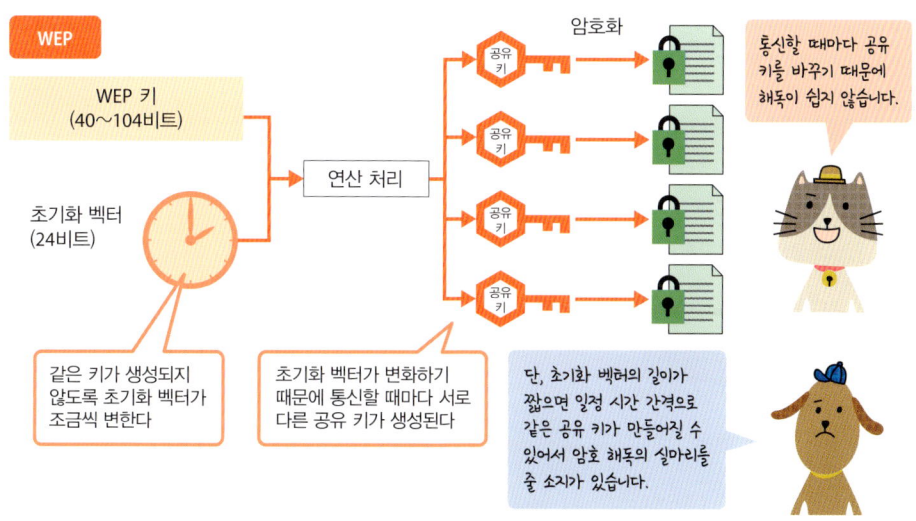

패스프레이즈와 초기화 벡터를 길게 만들기

패스프레이즈와 초기화 벡터 값이 짧으면 암호화한 통신 데이터에서 키를 유추할 수 있다. 따라서 새로 나오는 보안 기능일수록 패스프레이즈와 초기화 벡터 값을 길게 사용하고 있다.

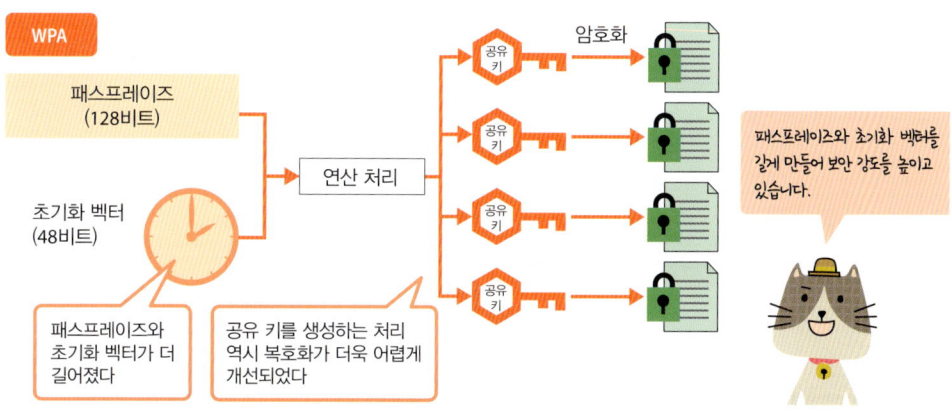

CHAPTER 6

08 VPN

VPN을 사용하면 공중망에 연결된 원격지의 컴퓨터를 사설망에 연결된 것처럼 안전하게 사용할 수 있는 가상의 LAN 환경을 만들 수 있다.

■■ 원격지 거점과 연결된 안전한 LAN 환경 만들기

방화벽과 같은 각종 보안 기술을 적용하면 LAN 내의 보안은 어느 정도 안전하게 구성할 수 있다. 단, 기업 환경에서는 본사와 지사와 같이 원격지와 통신을 해야 할 경우가 있는데, S/MIME이나 SFTP와 같은 보안 프로토콜을 하나하나 사용하는 것은 관리 측면에서 적지 않은 부담이 될 수 있다. 그래서 특정 구간 내의 통신 전체를 안전하게 만드는 기술이 필요한데, 이 것이 바로 **VPN(Virtual Private Network)**이다.

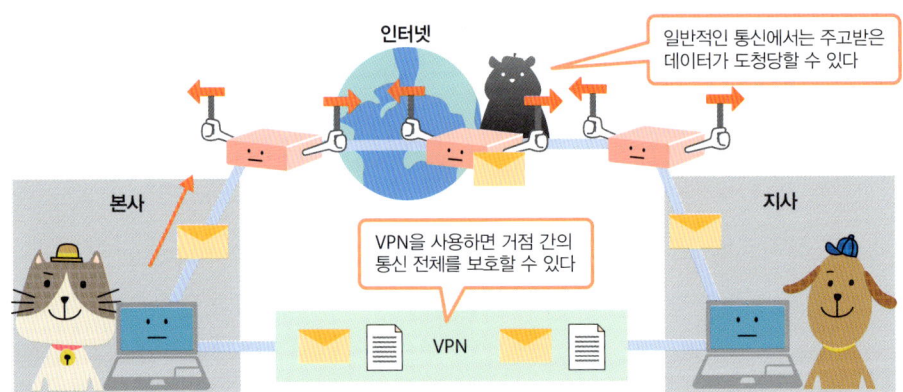

■■ 인터넷 VPN과 클로즈드 VPN

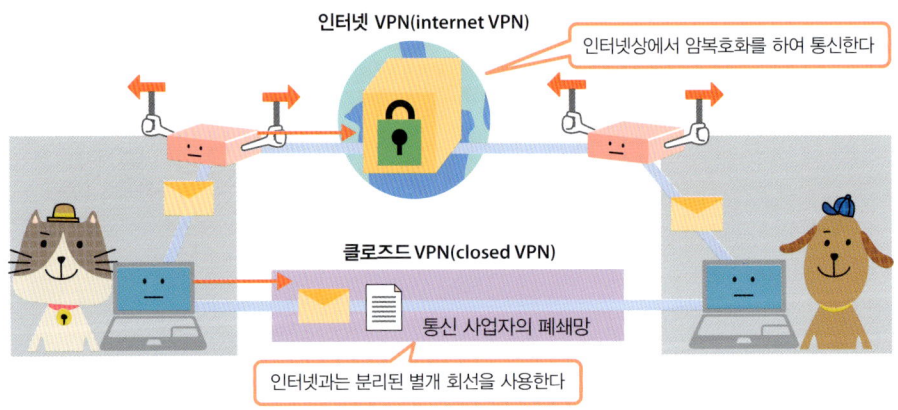

VPN에 사용되는 기술

VPN에 사용되는 프로토콜에는 **IPSec(Security Architecture for Internet Protocol)**이나 **PPTP(Point to Point Tunneling Protocol)** 등이 있다. 또한, IPSec에 **L2TP(Layer 2 Tunneling Protocol)**를 조합한 L2TP/IPsec도 폭넓게 사용되고 있다.

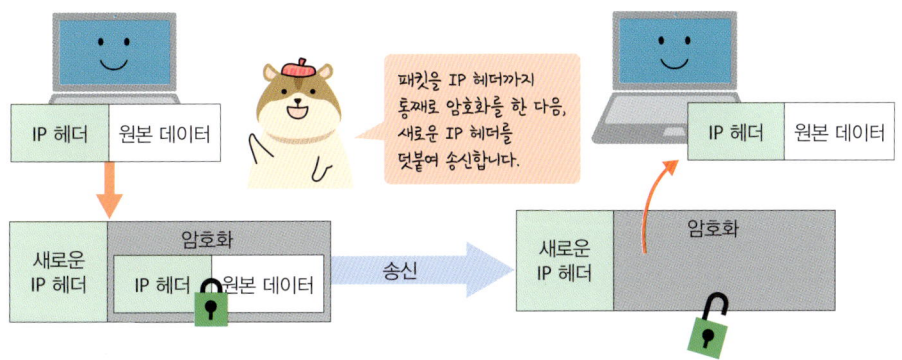

VPN에서 사용자 인증하기

가정에서 사용하는 컴퓨터나 스마트폰에서 VPN을 사용할 경우 **사용자 인증**이 필요하다. 하지만 IPsec에는 사용자별로 인증하는 기능이 없으므로 L2TP를 조합해서 사용한다.

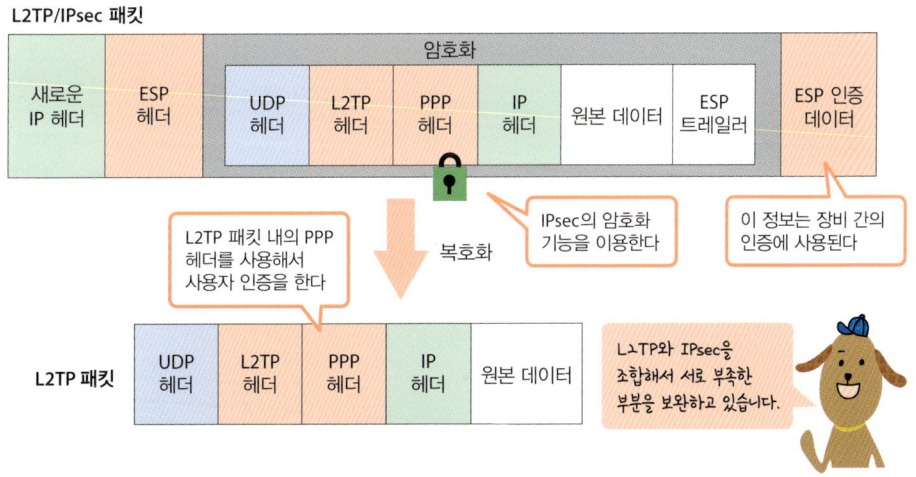

Column 캡슐화와 터널링

VPN에서는 헤더가 여러 개 붙은 복잡한 패킷이 나오는데, 이것은 IP 패킷을 PPP → L2TP → IPsec의 순서로 처리한 후의 최종 형태다(수신할 때는 역순으로 처리). 이런 처리 방식을 이해하기 쉽게 표현한 방법으로 캡슐화와 터널링이라는 개념이 있다.

캡슐화는 통신 데이터의 구조를 알약의 캡슐 모양에 비유한 것인데, 한 프로토콜의 데이터에 다른 프로토콜의 헤더와 트레일러를 추가하는 것을 다른 프로토콜의 캡슐에 넣는 것처럼 표현하고 있다. 반면, 터널링은 이 과정을 통신 중에 만들어지는 가상의 통신 회선을 터널로 비유한 것인데, 프로토콜의 터널 안에 데이터가 통과하는 모양으로 표현하고 있다. 터널링의 예로는 VPN 외에도 HTTPS(HTTP over SSL/TLS), 5장에서 다룬 PPPoE, 4장에서 다룬 IPv6 over IPv4 등이 있다.

L2TP/IPsec 패킷

| 새로운 IP 헤더 | ESP 헤더 | UDP 헤더 | L2TP 헤더 | PPP 헤더 | IP 헤더 | 원본 데이터 | ESP 트레일러 | ESP 인증 데이터 |

암호화: UDP 헤더 ~ ESP 트레일러

캡슐로 표현하면…

IPsec → L2TP → PPP → (프로토콜 캡슐에 넣어서 데이터를 보낸다)

터널링으로 표현하면…

본사 — 원본 데이터 — PPP — L2TP — IPsec — 지사

프로토콜 터널 안을 원본 데이터가 지나간다

찾아보기

숫자 및 기호

10진수	86
100BASE-TX	130
1000BASE-T	130
16진수	122
2진수	86, 122
3G	146
3방향 핸드셰이크	70
404 Not Found	37
4G	146

A

absolute path names	271
ACK	69, 70
ADSL	141
AFP	26, 33, 49
AJAX	41
AppleTalk	25
ARP	138, 144
arp 명령	144
AS	97, 102
AS 번호	103
A 레코드	113

B

BGP	103
Bluetooth	129

C

CA	155
CGI	39
CNAME 레코드	113
CSMA/CA	136
CWR	69, 75

D

DHCP	33, 114
DNS	33
DNS 서버	110

E

ECE	69, 75
ESTABLISHED	79

F

FIN	69, 70
FTP	33, 50, 79
FTPS	159
FTTx	140

G

GET 방식	40

H

hosts 파일	112
HTML	34
HTTP	33, 34
HTTP 메시지	35, 56, 57
HTTP 요청	36, 57
HTTP 응답	37, 57
HTTPS	78, 159

169

I

ICANN	95, 113
ICMP	104, 117
IEEE	28
IEEE 802.11	36, 164
IEEE 802.11 헤더	137
IEEE 802.3	125
IETF	28
ifconfig 명령	116
IMAP	33, 47
IP 어드레스	84, 120
IP 헤더	87
IPsec	167
IPv4	86, 116
IPv6	89, 116
ISO	28

K

KRNIC	95, 103

L

L2 스위치	86, 133
L2TP	167
L3 스위치	117, 135
LAN	4
LDAP	33
LINE	54
LISTEN	79
LTE	54, 146

M

MAC 어드레스	128, 133, 137, 144
MIME	58
MSS	70
MTU	88, 143
MX 레코드	113, 121

N

NAPT	108
NAT	94, 106
NetBEUI	25
netstat 명령	78
NIC	128
NS 레코드	113
nslookup 명령	120
NTP	33

O

OFDMA	146
OSI	28
OSI 참조 모델	15
OSPF	101, 102

P

PC 통신	25
ping 명령	117
PKI	155
POP	33, 44
POP over SSL	159
POP3	46
POST 방식	40
PPP	142, 168
PPPoE	143
PPTP	167
Proxy ARP	139
PSH	69

R

RDP	53
RFB	53
RIP	101
RST	69

S

S/MIME	157
SACK	75
Skype	54
SMB	26, 33, 49
SMTP	33, 44
SMTP Auth	47
SMTPS	159
SOA 레코드	113
SSH	33, 52, 160
SSL	33, 158
SYN	69, 70

T

TCP	63, 68
TCP 헤더	69
TCP/IP	24
TCP/IP 프로토콜 스위트	23
Telnet	33, 52
TIME_WAIT	79

TLS	33, 158
traceroute 명령	118
tracert 명령	118
TTL	87, 105

U

UDP	63, 76
UDP 헤더	76
URG	69

V

VDSL	141
VLAN	135
VNC	53
VoIP	54
VPN	166

W

W3C	28
WAN	4
WEP	164
WiMAX	146
WPA	164

X

xDSL	141

ㄱ

가정용 초고속 인터넷 라우터	51, 98, 114, 163
개인 키	153
거리 벡터형	101, 103
계층 모델	12
공개 키	153
공개 키 기반 구조	155
공개 키 암호화	153
공개 키 인증	161
공유 키 암호화	152
광 섬유 케이블	130, 140
글로벌 IP 어드레스	95
금속 케이블	141

ㄴ

네트워크 계층	15, 135

네트워크 부	90
네트워크 어댑터	128
네트워크 인터페이스 계층	19, 126, 133
네트워크 토폴로지	132
네트워크 허브	132

ㄷ

다이나믹 포트	65, 78
데이터 링크 계층	15, 126, 133
데이터 위변조	150
데이터 커넥션	51
데이터그램	76
도메인	36
도메인명	110, 120
동적 라우팅	100
듀얼 스택	89
등록 대행 업체	113
디렉터리	36
디스커버리 스테이지	143
디팩토 스탠다드	28
디폴트 라우터	100

ㄹ

라우터	85, 139
라우터 요청 메시지	105
라우터 광고 메시지	105
라우팅 테이블	99
리소스 레코드	113
리피터 허브	134
링(ring)형	132
링크 상태형	101, 102

ㅁ

매쉬(mesh)형	132
멀티캐스트	77
모바일 네트워크	5
모바일 통신	146
무선 LAN	136, 164
물리 계층	15, 126

ㅂ

방화벽	51, 162
버스(bus)형	132
버퍼	73
복호화	152
분할 플래그	88
브로드캐스트	77, 115

브로드캐스트 도메인	134
브로드캐스트 어드레스	95, 138
블록 암호화 방식	164

ㅅ

사용자 신분 사칭	150
상태 정보 유지	42
상태 코드	37
생존 기간	87, 105
서버	8, 66
서버 사이드	39
서브 네트워크	93
서브 도메인	111
서브넷 마스크	92, 139
서킷 레벨 게이트웨이	163
선택적 확인 응답	75
세그먼트	68
세션 ID	143
세션 계층	15
수신 포트	65
스마트폰	146
스위칭 허브	133
스키마	36
스타(star)형	132
스테이트리스	35
스테이트풀	45
스트리밍	54
스트림 암호화 방식	164
시간 초과 메시지	105, 118
시큐리티 홀	162
식별자	88
씬 클라이언트	53

ㅇ

암호화	151
액티브 모드	51
어드레스 변환	106
어드레스 클래스	91
애플리케이션 게이트웨이	163
애플리케이션 계층	12, 16, 32
에코 요청	104, 117, 118
에코 응답	104
역방향 조회	121
예약된 IP 어드레스	95
와이어샤크	80, 145
원격 데스크톱	53
웰 노운 포트	65
웹 서버	34
웹 서비스	38
웹 애플리케이션	38
웹 페이지	34
윈도우 사이즈	69, 73
윈도우 프로브	74
이더넷 프레임	131
이더넷	28, 130, 143
이메일	44, 58
인증	47
인증 기관	154
인터넷 VPN	166
인터넷 계층	12, 18, 84, 135
인터넷 레지스트리	95, 103
인터넷	5, 24
일련 번호	69, 70, 71

ㅈ

자율 시스템	97, 102
전자 서명	155, 156
전자 인증서	154
접속 완료	66
접속 요청	66
정방향 조회	121
정보 유출	150
정적 라우팅	100
존 파일	113

ㅊ

초기화 벡터	165
최대 세그먼트 크기	70

ㅋ

캐시 서버	112
캡슐화	168
커넥션 연결	70
콘텐츠 서버	111
컨트롤 비트	69
컨트롤 커넥션	51
컴퓨터 네트워크	4
콜리전 도메인	134
쿠키	42, 57
크롬 개발자 툴	56
클라이언트	8, 66
클래스 A	91
클래스 B	91
클래스 C	91
클래스 D	77, 91
클로즈드 VPN	166
키(key)	152

ㅌ

탑 레벨 도메인	111
터널링	89, 167, 168
트랜스포트 계층	12, 17, 62
트레일러	14
트위스트 페어 케이블	130

ㅍ

파일 공유	48
파일 전송	50
패스워드 인증	160
패스프레이즈	165
패시브 모드	51, 79
패킷 교환	10
패킷 캡처 툴	80, 145
패킷 필터	163
포트 번호	62, 64, 69, 108, 163
포트 포워딩	109
폼	40

표준화 단체	28
프라이빗 IP 어드레스	94, 114
프래그먼트 옵셋	87, 88
프레임	129, 137
프레젠테이션 계층	15
프로바이더	95
프로토콜	20
프리앰블	131
피어 투 피어	9, 48

ㅎ

해시(hash)	156
헤더	14
호스트	36
호스트 부	90
호스트명	110
홉(hop)의 수	101
확인 응답 번호	69, 71
회선 교환	11
흐름 제어	74

진솔한 서평을 올려 주세요!

이 책 또는 이미 읽은 제이펍의 책이 있다면, 장단점을 잘 보여 주는 솔직한 서평을 올려 주세요.
매월 최대 5건의 우수 서평을 선별하여 원하는 제이펍 도서를 1권씩 드립니다!

- **서평 이벤트 참여 방법**
  1. 제이펍 책을 읽고 자신의 블로그나 SNS, 각 인터넷 서점 리뷰란에 서평을 올린다.
  2. 서평이 작성된 URL과 함께 review@jpub.kr로 메일을 보내 응모한다.

- **서평 당선자 발표**
  매월 첫째 주 제이펍 홈페이지(www.jpub.kr) 및 페이스북(www.facebook.com/jeipub)에 공지하고, 해당 당선자에게는 메일로 개별 연락을 드립니다.

독자 여러분의 응원과 채찍질을 받아 더 나은 책을 만들 수 있도록 도와주시기 바랍니다.